CUSTOMER
FIRST
SERVICES REMODEL
HOTEL
COMPETITIVENESS

以客户为中心

服务重塑
酒店竞争力

张川 郭庆／主编

赵莉敏／著

人民邮电出版社

北 京

图书在版编目（CIP）数据

以客户为中心：服务重塑酒店竞争力 / 张川，郭庆
主编；赵莉敏著. -- 北京：人民邮电出版社，2020.6
　ISBN 978-7-115-53663-1

Ⅰ. ①以… Ⅱ. ①张… ②郭… ③赵… Ⅲ. ①饭店—
商业服务 Ⅳ. ①F719.2

中国版本图书馆CIP数据核字(2020)第045814号

内 容 提 要

本书以服务的认知和实践为两条主线，从感性和理性两个视角，相对系统地对酒店服务的内涵和外延进行了深入剖析，沿着"发现问题""认清问题""解决问题"的逻辑思路，帮助读者理解酒店服务，并为读者提供了相应的落地实施工具。

全书共六篇十七章：分析了目前行业中普遍存在的对服务的理解和实践的误区，同时通过详细的调研数据说明了不同类型酒店的顾客对服务的要求不同，以此指引读者了解各类顾客的真正诉求，从而为服务实施提供参考。

除此以外，书中还引入了"关键时刻"的概念，对酒店服务的关键时刻进行了梳理，并给出了具体的实施建议。同时，本书也阐述了如何建立酒店服务管理系统，包含从组织架构的建立到SOP（Standard Operating Procedure，标准作业程序）的梳理和实施。

本书最大的特点是作者基于20余年的酒店实践工作经验，通过丰富的实践案例对书中的观点进行了阐述，帮助读者真正理解"服务是什么""服务为什么"和"服务怎么做"，因此对大部分服务行业尤其是酒店行业的管理者、员工，以及旅游、酒店管理等专业院校师生来说具有一定的参考意义。

◆ 主　　编　张　川　郭　庆
　　著　　　　赵莉敏
　　责任编辑　马　霞
　　责任印制　周昇亮

◆ 人民邮电出版社出版发行　　北京市丰台区成寿寺路 11 号
　　邮编　100164　　电子邮件　315@ptpress.com.cn
　　网址　https://www.ptpress.com.cn
　　北京天宇星印刷厂印刷

◆ 开本：700×1000　1/16
　　印张：16.75　　　　　　　　　　2020 年 6 月第 1 版
　　字数：255 千字　　　　　　　　 2025 年 10 月北京第 11 次印刷

定价：69.80 元

读者服务热线：(010)81055296　印装质量热线：(010)81055316
反盗版热线：(010)81055315

中国酒店服务业的
摆渡者

2020 年的开头注定是个不平凡的春天。当全民禁足在家为抗疫做贡献时，阅读就成为一种享受和成长。上周收到赵莉敏发来的书稿，我用了一周时间仔细阅读，字里行间的叙述与故事，把我带到酒店服务的美好场景以及与中国酒店业共同成长的记忆之中。

与赵莉敏相识已有 16 个年头，当时我在北京第二外国语学院教书，她在一家初创酒店培训公司做培训师，因此就有了很多交集。我们在一起思考酒店行业的发展，分享国内外酒店经营管理的经验和案例，也会一起探讨国内酒店业的问题及出路。从一批批受训过的酒店经理的反馈中，我看到她以及她的同事们对中国酒店行业的热爱及帮助，也见证了她从最初对行业经验的梳理归纳，到后来将经验深化提炼的成长历程，恰如本书的书名《以客户为中心：服务重塑酒店竞争力》。

本书不是严格意义上的教科书或理论专著，没有满篇的引经据典和枯燥的理论说教，但确实是一个对行业有深入了解的人的思考结晶。通过一个个生动的故事和鲜活的人物，将酒店服务的内涵和外延加以生动描述，对酒店服务的标准和体系进行解构，对酒店服务人的酸甜苦辣进行真实展示，并且表达了对酒店服务人的寄语，字里行间充满了对酒店业的热爱以及执着的工匠精神。

本书的一大特点是从实践中发现理论逻辑。作为长期致力于酒店管理咨询和培训的资深人士，赵莉敏接触了各类大大小小、不同地区、不同所有制、不同管理模式的酒店，以及形形色色的酒店管理者、服务人员和宾客，对酒店服务管理中的重点和难点有着深刻的理解，这些都体现在本书的写作风格及框架体系之中。开篇道出酒店服务的"坑"，再诠释服务与经营的关系，进而探讨优质服务的三重境界，并从操盘手视角给出提供优质服务的良方。娓娓道来，层层递进，体现出作者对酒店服务管理细节的关注，对实践问题的深度思考和解决实际问题的能力。例如，"服务接触"和"关键时刻"是 20 世纪 90 年代由斯堪的纳维亚航空公司的总裁简·卡尔森提出来的，也被称为服务管理的经典理论，作者在本书中基于酒店业的实践归纳了 20 个关键服务点及管理要点，具有很强的可操作性。又如，作者对行业普遍盛行的 SOP（Standard Operation Procedure，标准作业程序）存在的问题也进行了理性的评价等。

本书的另一重要特征是对行业发展趋势的把握与思考。作者在书中对技术在服务中的应用及影响做出了充满诗意想象，也对其中服务的本质进行了反思，启发人们对"有温度的服务"的思考。这其实也恰好体现了作者践行终身学习的精神。在这 20 年中，赵莉敏没有停留在做一个普通培训师，而是不断学习、不断提高。从本科到硕士再到博士，一步一个脚印，扎实地行进在产业发展的大道上。这是当今中国酒店人不断奋进的缩影，也是中国酒店业发展的希望所在。

谨以此序致敬中国酒店业的摆渡者！

北京第二外国语学院旅游科学学院教授、院长　谷慧敏

2020 年 2 月 28 日于北京第二外国语学院

做温暖的人，
写有温度的书

受赵莉敏君之托，为其书稿作序，欣然应允。

要说其书，先谈其人。记得二十多年前，她大学毕业后到汕头金海湾大酒店工作。那时酒店恰好处于蒸蒸日上之际，酒店的经营管理和服务要再上一个台阶，需要吸收更多青年才俊充实其管理队伍，对有专业知识的大学生是求之若渴的。她从酒店前厅部的普通员工做起，一步一个脚印，工作扎扎实实。几年时间，就从员工、领班、主管、副经理、一路升任到前厅部经理，能在短短几年脱颖而出，对她来说实属不易。当时酒店各系统不设总监，只设经理，总经理辖下，除了设副总经理，就直面部门经理了。莉敏君是那种对事负责、做人诚实、凡事只求奉献不问报酬的人，因此，既有专业知识，又勤敏肯干的她，在一个公平、透明、正常的工作环境里，职务的升迁是对她工作尽心尽力付出的合理回报。这样的工作历练，为她今后的职业生涯，奠定了一个无可挑剔、无比扎实的功底。

在金海湾大酒店工作期间，她还参与了《前厅实务与特色服务手册》和《星级酒店细致服务步步为赢》两本书的编写。这两书首次将前厅的温馨细致服务进行文字化、制度化，包括殷勤带房、真诚送行、礼宾服务、沟通服务、快捷服务、金钥匙服务等前厅细微服务，并为员工的细致服务的开展建立起培训制度。在前厅部经理这个岗位上，她将专业理论应用到了实践中，在实践中又将服务实践理论化，这是一个渐进的过程，也积累了大量的理论知识和服务案例。

2004年，我到北京东方嘉柏酒店管理有限公司工作。当时东方嘉柏辖下有近二十家四五星级酒店，管理与服务水平参差不齐。当务之急是要有可以遵循的服务理念，通过培训这种最有效的方式，提升这些酒店的管理服务水平。于是，莉敏从金海湾大酒店调到东方嘉柏酒店的培训部当经理，全面负责辖下酒店的培训事务。她与同事们用"温馨细微"的服务理念，对辖下成员酒店实行全员培训，取得了很好的成效。记得为提升集团系统内成员酒店前厅服务质量，她还将金海湾大酒店的前厅"服务六快"进一步完善为"东方嘉柏酒店服务十二快"和"东方嘉柏酒店VIP接待规范"，并形成文字版本，在东方嘉柏成员酒店中推行，为嘉柏系列酒店服务品牌形象的建立做出了卓有成效的贡献。在此期间，她的视角已经从单一酒店的管理和服务，拓展到了一个集团酒店的管理和服务，这是她眼界拓宽、知识和经验升华的时期。

2013年，她转到北京和泰盛典酒店管理有限公司工作，虽然工作仍是酒店服务培训，但受众却已大不相同了，她的服务培训对象从一家酒店集团十几家成员酒店扩展到了全国酒店行业的千家万户，当然还有酒店业之外其他行业的服务培训和顾问咨询等工作。这时，她的视野更宽，空间更大，这是她职业生涯中最具有里程碑意义的角色转换，也是职场知识能量的聚集，一次由量变到质变的华丽转身。正如她所说："从践行视角转成研究视角，与大量酒店同行进行深度接触……仿佛从局内人又重新变为了局外人"。至此，她已站上职业生涯的高峰。站在这样的高峰，重新审视社会的千姿百态，人生的酸甜苦辣，职业经历的跌宕起伏，将会有一种与过往完全不同的全新感受。

在酒店业工作了二十多年，从酒店到酒店集团，再到咨询培训公司，工作性质在改变，而她求索的目标，却高度一致，从未改变。这就是对酒店服务这个课题的探索：从感性到理性，又从理性到感性。从局内人到局外人，又从局外人到局内人。这样的身份转换与职场经历，必定会对同一目标的认知产生出深邃的真知灼见，从而写出极有感染力和说服力的论著。这本书是她二十几年孜孜不倦探索的心血结晶。

拿来她的书稿，从序言开读，一下子就被她那自然、真实、温暖的文字所感染，并随着她那生花妙笔，一起在阅读的愉悦中徜徉。

读完书稿，最深的感触有三。

其一，这是一本有温度的书。作者从 2019 年 2 月开始动笔，到 2020 年 2 月准备完稿，整整花了一年的时间，近三百多个日日夜夜，要经过多少次的修改、充实、完善？甚至还有多少章节是推倒重来的？可以说，在这本书的字里行间里，处处都留下了作者的温馨气息和汗水，这是一本有温度的书，是和我们这个仍有温度的时代，相向而行的作品。

其二，这是一本对行业充满责任感的书。作者在博士研究生快毕业时，面临着是先写博士论文还是先写这本书的痛苦选择。面对这种超出常人常规痛苦的选择，她不计较个人名分得失，而是考虑这本书尽快完稿出版，让酒店行业的众多员工和管理者，以及专科学校的众多学生和老师能够早日阅读受益，这是对行业怀有强烈责任感的真心奉献。这种真心奉献，无比高尚，极为难能可贵。

其三，这是一本解答"酒店服务的知与行"这个难题最"好用"的书。"好用"就是"实用"，"好用"就是"好看"。作者从服务中发现问题，认清问题，再到解决问题，并给出了相应的解决方法。书中的绝大部分案例，无一例外都是作者在酒店二十余年的实践和探索中亲身经历和体验的，所以描述起来得心应手，自然又真实，让读者读到那些事件时，如身临其境，这就极大地增加了这本书的可读性和趣味性。作者殚精竭虑，厚积薄发，写出如此有针对性的论著，对业界来说，不能说是绝无，但可说是罕有的。好用，也是这本书的一大特点吧。

在本书即将付梓之际，衷心祝愿作者百尺竿头，更进一步，在今后的职业生涯中，有更精彩作品问世，我们期待着！谢谢！

汕头金海湾大酒店原总经理　方伟群

2020 年春

从心出发，
知行合一

从心出发，知行合一

与莉敏相知了十几年，也同行了数载。

人如其书。她是一本可读的书，清新的章节里浸透着醇香的过往。曾经的她，羞怯夹杂着洋洒的感性，直情又些许大条，怀揣着海天的憧憬与职业的梦想在京城与我不期而遇。后来的她，求实而具有精益的理性，坦诚又些许执念，挥动培训的彩笔画出了东方天际的一道彩虹。今天的她，表现出张弛亦有度的知性，成稳中依旧存留着当年的盎然志趣。

书如其人。书是她成长的诉说，挥洒的言语里回荡着热爱的激情，循循善诱中蕴含着贴心的温暖，读来怎不让人心动？专业而富有哲理的方法深入浅出，读来怎不让人采取行动？

酒店行业是一个需要爱的行业。兴趣是爱的前奏，它能不断激发你的潜能，让你飞得更高；它能支撑你的挫折，让你走得更远。

酒店行业是需要付出爱的行业。付出是爱的过程，它能不断提升你的职业技能，让你钻研得更深；它能陶冶你的心智，让你更爱自己。

如此，从心出发，知行合一。

北京和泰盛典酒店管理有限公司总裁　赵晓川

2020 年 2 月 25 日

理解宾客的思路，
提供"好服务"

这是我第一次为新书写推荐，而且作者是我带的学生中一名优秀的博士生——赵莉敏，当然义不容辞。

记得第一次见莉敏是在 2017 年年初，我在给博士生上一门研究方法的课，莉敏是其中一个学生。2017 年年底，她也上了我另一门高层管理研讨的课，我们是挺有缘分的！莉敏给我的印象是高挑、知性、成熟大方，后来知道她是为酒店旅游做培训的专家，怪不得那么有亲和力，这种形象特点在以人为本、以宾客为先的旅游服务行业不就一个很重要的先决条件吗？当她来找我当她的博士论文导师的时候，我几乎不用考虑就答应了。从课堂上观察到的她认真学习的态度，以及她为平衡工作、家庭、学习甚至牺牲个人休息时间的拼搏精神令我感动和感慨：感动的是她对老师、同学们的尊重和关爱；感慨的是她在事业上已是一家公司的掌门人，在家庭中则是一个温柔贤惠的母亲和妻子，那么在职读博应该是自己职业生涯中的一次历练和升华吧！

这够忙了吧？还不止，她更利用闲暇时间写了这本为酒店旅游服务行业做贡献以及关于如何提供给宾客"宾至如归好服务"的佳作。这本书结合了学问的专业知识，尤其是她自己二十余年在行业打拼的工作经验，引用大量来自服务业酒店业的实际案例，非常容易理解。文中很多贴切的例子，如"宾客永远是对的吗""什么样的宾客最不受人欢迎""哪类酒店的服务受宾客欢迎""什么是宾客眼中的好服务""酒店如何做到无微不至的服务细则"以及"如何提供有效的员工培训和其体系"等读来引人入胜。

好的员工能为企业带来满意的宾客，同样，顾客满意度取决于企业为员工提供有效的培训，员工与顾客服务链紧密相连。这本为宾客提供"好服务"的佳作应该能打开服务从业人员的视野，十分具有参考价值。我自己也是学术界的一分子，这本综合作者二十多年工作经验而编写的书，其中的服务案例为我的教学提供了重要而有趣的参考资料，可作为组织管理及市场营销课的案例参考书。

酒店旅游从业人员、服务业的管理者以及将会阅读此书的读者们，此佳作是作者结合多年工作经验，异地求学，常穿州过省，在马不停蹄的百忙工作生活中编写而成的。作为其中一位读者，希望大家在阅读此书时，能够从案例中了解到作者在看问题、想问题以及解决问题上的独特见解，这就好像看课题研究案例一样，需要有反复分析、推敲的思考过程，有时甚至推倒重来，一次又一次重构，这样对"好服务"的概念及其定义就更加清晰，也能更理解宾客的思路。

最后寄语作者，我亲爱的博士生兼好朋友赵莉敏：学习道路跋涉起伏，并不容易，但路上的美丽风景从不间断，依然历历在目！

祝工作生活蒸蒸日上，佳作大受欢迎！

香港理工大学酒店与旅游管理学院副教授　韩晓莹

2020 年 2 月 27 日

总有一天，我们会怀念这个
有温度的时代

20 年前，我们生活简单。家人亲密，手足情深；睦邻友好，鸡犬相闻。

2 年前，我们突然发现，一部小小的手机竟然颠覆了我们的生活，而自己与或大或小的屏幕相处的时间已远超与家人相处的时间。

2 个月前，我亲眼看见一个机器人服务员端了杯咖啡送到我桌前，口齿不清地对我说："您点的餐，请慢用。"

20 天前，全世界的人们都看见，"AlphaGo"让人类"棋王"李世石汗如雨下，黯然离场。

如此，20 天后，2 个月后，2 年后，20 年后，甚至 200 年后，我们和我们的子孙将会生活在一个怎样的世界？

艾萨克·阿西莫夫（Isaac Asimov）在他极负盛名的科幻小说《永恒的终结》里这样描述主人公哈伦眼中 24 世纪地球的景象："一切物体的表面都在反光或者闪光，到处都是完整无缺的倒影镜像，360 度无死角……"而在 2015 年获得第 73 届雨果奖最佳长篇小说奖的《三体》里，作者刘慈欣这样描写未来的城市："行人的脚底与地面的接触处压出了发光水样的波纹，就像在他自己的时代用手指接触液晶显示屏时出现的一样 。"其实，这样的情景，我们并不难想象，即便科学家们不预测，作家们不推理，单靠我们今天的所见所闻，也大抵能够猜测到未来社会所拥有的这样几个关键词："科技""智能""完美"和"清冷"。

这几个词看起来都很"高大上"，可它们统统缺少了一件东西——"温度"。

而在过去的漫长岁月里，我们却曾与温度浑然一体。

当38亿年前，地球上的第一颗种子在生命元素和温度的共同作用下，从黑暗中顽强地拱出第一片嫩芽；当尼安德特人和智人茹毛饮血的生活被热烈的火焰彻底改变；当再强壮的人类也无法承受42摄氏度以上的高温；当"路有冻死骨"的悲剧不仅仅是一个传闻……我们明白，原来温度，与生命息息相关。

当婴儿离开温暖的子宫，哇哇大哭着面对陌生的世界，只有母亲的双手和唇能让他安宁；当您爱上一个人，牵挂和思念最终会化成满心的热盼，盼着牵手，盼着拥抱，盼着亲吻，盼着他（她）的温度能毫无阻隔地与您传递和交互……我们明白，原来温度，孕育着爱和信任。

当在黑暗中久航的舵手突然看见了不远处的灯塔；当离家万里的旅人梦见了故乡村口的昏黄灯光；当在雪地里迷路的孩子蓦然见到了燃起的篝火，他们因为这些火光喜极而泣……我们明白，原来温度，也意味着希望。

所以：

当手机承载的功能已远超它的发明者马丁·库帕（Martin Lawrence Cooper）本人的想象；

当各种各样的机器人已经慢慢走近人类并且即将与人类共生；

当科技的发展最终让冰冷的机械取代温暖的躯体；

当人们的生活已完全被机器控制得精准、细致、分毫不差；

当高超的智能技术最终可以让生命获得永恒；

当人类终于可以消灭疾病、消灭遗憾；

当这个美丽的蓝色星球最后变成一片死寂的冰冷；

当那一天最终到来时，您是否会怀念这个曾经有温度的时代？

总有一天，您会怀念这个有温度的时代。

总有一天，您会怀念，在小小的弄堂里，孩子委屈的啼哭和大人淋漓的痛骂。虽然这些情景会让您感受到人生的不圆满，但它真实，并且温暖。

总有一天，您会怀念，在融融的春意里，您和爱人牵手徜徉在油菜花田。

他（她）为您折花，您为她（他）歌唱，四目相对，十指紧扣。当指尖的温柔与幸福的战栗合二为一，您会深感，不枉此生。

总有一天，您会怀念，在长途跋涉后走进或大或小的酒店抑或客栈里，一位明眸皓齿的女子为您送上一杯冒着热气的花茶，巧笑倩兮，美目盼兮。那一声悦耳的问候瞬间为您驱除倦意，助您酣梦。

是的，作为酒店人，我们的感受愈发真实而真切。

在过去那一段很长很长的岁月中，我们早已习惯了：

在清晨的薄雾中，穿过依然沉睡着的街道，在这个城市的大多数人还没有睁开惺忪的睡眼之前，我们已经做完了所有准备工作，只为当您带着美好的心情走进餐厅时，可以看到散发着诱人香气的食物已经在光洁如新的器皿中热切地翻腾着，期待着您的光临；

在太阳调皮而急切地向中午飞奔的时候，我们也在满心欢喜中跳起了陀螺的舞蹈，在准确而快速地铺床、抹灰和吸尘的过程中，等待着您的每一个召唤，机器人应该不会理解，为什么我们在您房间看到一本倒扣于桌面的书时会默默地加上一枚精致的书签，以及当您看到这枚书签时为何会有微笑浮上嘴角；

午后的时光温暖而闲适，静静地坐在茶廊里，享受着从窗外倾泻进来的阳光温柔的抚摸，嗯，此时此刻，还有什么能比看着一位面容姣好的姑娘娴熟而极富美感地为您冲泡一壶下午茶更赏心悦目的事情呢？当袅袅的香气在空气中弥漫时，您是否也会希望时间的钟摆就此停住？

夜幕下的大堂静谧而祥和，"Tonight I celebrate my love for you（《今晚为你庆祝我的爱情》）"的钢琴曲浪漫温柔，像极了窗外的白月光，忙碌了一天的您突然就觉得原本有些疲惫的心就这么慢慢地妥帖起来。穿过大堂，走进房间，台灯是开着的，窗帘是合好的，拖鞋已经帮您放在了床脚，咦？这儿还有一张小纸片，密密麻麻的字迹写满了温暖的叮咛——这样的夜晚，恐怕不做个美梦都难吧？

是的，我们无法阻止滚滚前行的历史车轮，我们无法拒绝未来的阵阵硝烟，但我们至少可以珍惜，珍惜眼前的一切悲欢离合，珍惜身边的所有喜怒哀乐。

它们的存在，固然会让我们的生命爱恨交织、痛乐相伴，但也同样只有它们，我们才能得以繁衍生息，并在这浩渺无垠的宇宙里，成为那个独一无二、不可复制的群体。

是的，尽管未来已来，但请让我们——珍惜这个仍有温度的时代！

这篇文章是笔者在 2016 年 3 月 28 日观看人类棋王李世石与阿法狗的人机大战后有感而发，因为内容贴合本书主题，所以放在了这里。

赵莉敏

"局外"与"局内"，
理性与感性

20多年前，作为一名酒店管理专业的大学生，笔者常常和同宿舍好友一起到学校图书馆借书，在厚重而充满书香的巨大落地书架边徜徉，最喜欢停留在摆放服务类书籍的那一列。只要一书在手，笔者就会被书里所描述的那些发生在酒店的服务案例吸引，总觉得那些例子是那么具有吸引力，让人不由得对未来的工作充满了向往。

毕业后笔者如愿进了酒店工作，而且在酒店一待就是10多年，那些曾经读过的服务案例早已在一线工作中变成一个个发生在身边的故事，而自己竟也在这些故事里扮演了不同的角色。不知不觉间，自己就从一个看案例的"局外人"变成了做服务的"局内人"。那段在酒店工作的日子，至今都是笔者人生中最值得纪念和回味的峥嵘岁月，每每想起，心里都是暖流如注。从2013年开始，笔者的工作性质发生了变化，开始以第三方身份给酒店提供咨询和培训服务。于是，从践行视角转成研究视角，并与大量酒店同行进行深度接触，对酒店服务的体会又有了很大的不同，对很多当时觉得或理所当然或匪夷所思的事又有了全新的认识和理解，仿佛从"局内人"又重新变回了"局外人"。

正是这从"局外"到"局内"，再从"局内"到"局外"；从理性到感性，再从感性到理性的过程，促成了本书的写作。

先从"局内人"和"局外人"的变化来谈谈笔者写本书的初衷。

最初，笔者和很多同行一样，作为"局内人"很少带着思考来看酒店服务。

从踏进酒店行业甚至再早一点学习酒店管理专业课程的那一刻起，"客户第一，宾客至上""与宾客发生争吵，无论如何都是员工不对""发生宾客投诉，必须先道歉"这些已经被写进课本和培训教材的理念和认知，对做酒店服务的人来说就是金科玉律，无须多问，照做就行。

随着时间的流逝，当越来越多的人对曾经奉为经典的上述结论提出质疑时，很多同行的心里都充满不安和疑惑：是啊，宾客怎么可能永远正确？没做错为什么要道歉？在个性化服务成为主流的时候，那些规范却不灵活的标准作业流程还有什么用？那些看上去墨守成规的服务项目，在人力成本急剧攀升的今天，真的有必要再提供吗？更为关键的是，那些在自己内心都不确定的答案，应该如何传递给员工？

以上这些都是笔者在近年来为同行提供服务的过程中遇到的跟酒店服务相关的典型问题。这些问题中，有些属于对服务的认知层面，而有些则属于实践层面，但无论属于哪个层面，都激发了笔者想要一探究竟的欲望。

幸好，第三方的"局外人"身份给了笔者进行深度思考的可能。于是，在从事酒店行业多年以后，笔者开始第一次认真地思考这些问题：那些曾经被我们奉为经典的观点和理念到底源于何处？他们为什么要这么说？为什么不只是酒店行业，其他很多行业的顶尖知名企业也在引用这些理念？换句话说，这些貌似经不住推敲的观点的逻辑和本质到底是什么？

当对上述问题的思考有了一定的结果，甚至有些想法刚刚从脑海中浮现时，竟让自己都吃了一惊。笔者突然发现，无论思考过后得到的结论正确与否，换个角度看问题，的确会让人对很多事物的感受，甚至是自己曾经笃定的信念产生不一样的变化。

这些思考，笔者把它放在了本书的第一篇和第二篇。在第一篇里，笔者从认知和实践两个层面由点及面地进行了阐述。读者可以按图索骥，来看看自己对笔者所描述的那些存在着"坑"的理念是否认同，以及是否解答了自己曾经有过的某种困惑。在第二篇里，笔者选取了几种比较典型的不同类型的酒店作为案例，并简要分析了不同类型酒店的服务、管理人员对服务的理解以及他们将服务做好以后对酒店经营和品牌的影响。这些内容也呼应了第一篇里提到的一些理念和认知。

再来说说从感性到理性的视角对服务的理解。

曾经，笔者是一位偏感性的人，因此在多年的工作和授课过程中，更多时候是在用真诚与情感来提供服务和解读服务。但随着时间的流逝，笔者发现有一些问题通过感性认知确实无法回答。例如，为什么同样的服务有人喜欢有人不喜欢，有人满意有人不满意，有人在乎有人不在乎。即便您用了百分百的心，做出来的服务有人觉得感动无比，有人却认为多此一举。在这里要特别感谢在笔者就读博士期间，各位老师所教授的让笔者获益匪浅的系统性思维方式，让笔者能够通过更加理性的视角和科学的数据去挖掘现象背后的内涵。

所以在本书中，笔者也稍稍借鉴了一点理论，并且提供了一些数据收集和调研分析的案例，目的是想让读者可以通过对数据的解读更客观地看到那些单纯靠情感无法解读的东西。例如，为什么同一位宾客入住不同的酒店，对服务的要求大相径庭；不同档次和消费的酒店提供的服务应该按照什么样的逻辑去操作和安排。为了回答这些问题，笔者找了三种不同类型的酒店，并通过对这些酒店的宾客发放调研问卷和对网评信息进行归纳总结两种方式对不同类型的宾客需求进行了收集、归纳和总结，并给出了调研结果和建议以供大家参考。

但需要说明的有如下两点：一是考虑到本书的受众绝大多数是酒店从业者，为了保证可理解程度，所以在整个调研分析的语言表述上尽量通俗明了和简单易懂，但这也导致了描述过程中的学术系统性和严谨性有所不足，还望阅读本书的在校师生们谅解；二是基于时间和资源问题，本次调研尽管已尽最大可能去收集更多的样本，但中国酒店众多，笔者收集的数据并不能代表所有酒店，结论仅供同行参考。

笔者将上述数据调研和分析的内容放在第三篇。

无论是第一篇和第二篇中的感性描述，还是第三篇中的理性分析，其实都还是认知层面的思考。俗话说："一语不能践，万卷徒空虚。"在笔者看来，仅有理念的认知而没有实践的突破也是对读者不负责任的，因此本书的第四篇和第五篇则完全围绕着"实践"展开。而这两篇的区别在于：第四篇描述的是员工在面对宾客时的具体做法，即宾客能够感受到的结果，也可以说，这一部分关注的是"外"；而第五篇则关注的是那些宾客不能直接感受到的但却对他们的体验结果有着巨大支持作用的管理系统，也就是说，这部分内容更加强调"内"。

本书的最后一篇是分别写给酒店行业的三个重要群体——酒店宾客、酒店员工和酒店管理者的心里话，也可以说是全书最感性的部分，都是笔者过去在酒店工作的过程中陆续完成的一些随笔，虽文笔笨拙但发自肺腑。成书时笔者觉得这些随笔或许有一定的代表性，所以分享出来送给上述三个群体中的每一位，感谢翻阅，如能认同，幸甚至哉！

最后还有一些非说不可的话。

在旅游和酒店领域，关于服务的书可以说是汗牛充栋且不乏精品，其中有很多笔者非常仰慕和尊敬的前辈、老师的专业书籍，这些书籍也给我自己的成长带来了非常深刻和深远的影响。因此，尽管笔者在很长一段时间里都想把自己的一些工作感悟形成文字，但真的要将这些文字出版，心里还是十分不安和惭愧。在惶恐与汗颜之余，稍作纾解的便是：结集成册的目的是更好地与同行交流，倘若能以自己的思考触发更多同行的思考，哪怕有截然相反的理念也是一种碰撞，或许还能成为更优秀思考的基石。每念及此，心里稍安。

因此，需要说明的是，由于笔者水平有限，书中所列观点均为笔者基于自身经历和思考的个人观点，无论从专业深度还是广度上都还有许多不足，欢迎各位读者朋友指正。

最后，非常认真地感谢以下这些良师益友，是他们有形或无形的帮助促成了本书的写作。

感谢在笔者职业生涯中给予巨大影响和帮助的两位领导：一位是广东汕头金海湾大酒店的原总经理方伟群先生，是他对酒店服务的真知灼见深深影响和滋养了初出茅庐的笔者，而这正是本书的写作源泉；一位是开启笔者下半生职业生涯的和泰盛典酒店管理公司总裁赵晓川先生，感谢他将笔者从企业引领到了行业，给了笔者更大的视野和空间，在他身边工作的这些年，获益良多。

感谢在笔者求学生涯中遇到的两位恩师：北京第二外国语大学的谷慧敏教授和香港理工大学的韩晓莹副教授。二十多年前和同学一起从图书馆复印谷老师文章的记忆仍历历在目，那是最初的指引和向往；韩老师是笔者的博士导师，从她身上笔者感受到了理性和感性的完美结合，尤其要感谢的是在先写博士论文还是先写本书的痛苦选择中最终选择后者时，导师给予了最大的理解和包容。

感谢美团酒店培训中心的小伙伴们，是他们的诚挚邀请，激发了笔者的热情，并圆了自己打小就有的写作梦。感谢书中提供所有案例和数据的同行们，是他们的帮助让笔者的心里有了更多的勇气。

感谢人民邮电出版社的老师们，对一个非常业余的作者，他们给予了足够多的包容和耐心，并且很专业地从读者视角给了很多有益的建议。

做一个有温度的酒店人，服务他人，成就自己——这是笔者在 20 年前就已深深植入内心的坚定信念，20 年来未曾改变，并且将永不改变。

与君共勉！

赵莉敏

2019 年 8 月 22 日

第二篇
酒店服务与经营之间的关系

第五篇
酒店服务管理系统

终结篇

写给最爱的人

第 一 篇

关于酒店服务的
那些"坑"

酒店服务好，业绩真会高吗

对"服务"的理解，的确是老生常谈。

说起"服务"这个词儿，酒店从业者当然不陌生，几乎所有酒店人从进入酒店工作的第一天起就会接受"宾客至上，服务第一"这种关于服务意识和理念的培训。但培训归培训，"服务"毕竟是一个看上去有点虚的概念，相对于有形的酒店产品，它看不见摸不着。都说服务重要，它到底如何重要？这么无形的东西真能给酒店带来收益？或者换句话说，服务到底能给酒店带来什么价值？

在回答这个问题前，大家先来看一个真实的案例。

案例 1　　　　　　　　　　**一道并不复杂的计算题**

2016 年 6 月 25 日，笔者回到自己曾经工作多年的酒店讲课，刚到酒店大堂，就有一个仍在酒店工作的老部下兴冲冲地告诉笔者，曾与笔者相交甚厚的酒店贵宾郑先生今天恰好也下榻本酒店且此刻正在茶室喝茶。听到这个消息，笔者非常惊喜，连忙跑到茶室去向老朋友问好。

当 10 年未见的满头白发的老先生以惊喜的神情出现在笔者眼前时，笔者的脑海里竟然很快完成了一道计算题：当年笔者离开酒店时，郑先生成为酒店常客已达 10 年，加上笔者与郑先生未见面的这 10 年，这位忠诚客户竟已与酒店结缘长达 20 年。那么，这么忠诚的宾客，到底为酒店带来了什么？郑先生住的房的房价是每晚 800 元（套房特惠价），平均每个月入住酒店 10 天，每天在酒店的其他消费是 800 元（含餐饮和其他消费），那么他 20 年来究竟为酒店带来了多少收益？当这个问题的答案被计算出来时，笔者着实吃了一惊——一个忠诚客户，20 年为酒店带来的收入是 3 840 000 元。看到这个数字，您吃惊了吗？继续想下去，如果您的酒店有 10 个这样的忠诚客户呢？20 个呢？30 个呢？

故事还没有完。

第二天上课时，笔者就将这个案例分享给学员们，大家纷纷表示一定要用更好的产品和服务来回报忠诚客户给酒店带来的收益。课间休息时，一位曾经的同事专门找笔者，回忆起了另外一个关于这位郑先生和酒店的故事。

多年前，郑先生曾经有一个朋友和他一起入住酒店，他的朋友在入住期间丢失了一块手表，当时这位朋友非常生气，强烈表示手表丢失一定是酒店员工造成的，并要求酒店赔偿。这类投诉对酒店来讲通常都很棘手，又因为当事人是贵宾的朋友，酒店就更加重视。当时，酒店安排了彼时作为前厅部经理的笔者和这位与笔者共同回忆往事的同事一起处理此事。值得庆幸的是，最终这件事得到了圆满的解决，最后，投诉的宾客非但没有追究，反而主动道歉，因为他误会了我们。

听到这里，您可千万别以为我们的客诉处理技巧有多厉害，其实我们什么都没做，是郑先生帮我们解决了麻烦。他对朋友说，自己过去 10 年里经常入住这家酒店，从来没有发生过类似的事件，酒店的服务远超他的期望，员工待他像家人，更不可能辜负他的朋友，所以他认为朋友的手表很可能是自己忘记放在哪里了。郑先生甚至还跟朋友说，如果真的找不到了，他愿意帮朋友再买一块手表……

同事的提醒瞬间唤醒了笔者的记忆，原来，20 年来郑先生为酒店带来的除了这可见的 3 840 000 元的收入，还有这些无法测算却真实存在的隐性财富啊……

看完这个关于酒店忠诚客户的真实案例，刚才那个问题的答案应该已经浮出水面。酒店希望每一次服务都能让宾客满意，并努力将每一位宾客转化为酒店的忠诚客户。正如案例中的郑先生，20年来其他酒店多次以高礼遇和低价格吸引他，但他依然选择在这个酒店入住，不就是因为享受了酒店员工提供给他的各种服务并与酒店上下结下深厚友谊以至不舍得离开吗？如果您认同上述观点，那么对于服务的价值，不难得到如下结论。

（1）服务能为酒店带来可见的物质财富。

（2）服务能为酒店带来隐性的精神财富。

上述两种财富，到底哪一种价值更高，其实很难明确衡量，但可以肯定的是，前者能够通过计算得到准确答案。不信，您可以立即打开计算机，调出您酒店的客史档案仔细查阅，找到那些熟悉的名字，算算他们已经或即将为酒店带来的收益，如果没有猜错，计算结果很可能会远超您的想象。

而后者则有更大的想象空间。想想在多少酒店管理者未曾亲临的情况下，像郑先生一样的忠诚客户作为酒店的代言人和守护者，帮酒店安抚了宾客并解决了一些可能产生的投诉事件；又在另一些本可能引致不满的场景下，忠诚客户出于对酒店的理解和爱，放弃了投诉。看到这儿，您还会觉得，服务看不见摸不着吗？

"宾客永远是对的"是对的吗

这是一句酒店服务行业从业者耳熟能详的名言。

这也是一个近年来在酒店服务行业内饱受争议的观点。

随着改革开放以后酒店服务行业的发展，大量的酒店人是听着"宾客永远是对的"这句话成长的。无论是在岗前培训，还是在实际工作中，这句话对于酒店服务行业从业者而言绝不陌生。

但近年来，有不少业内人士，甚至是很著名的行业精英们都针对这句话提出了不同的观点，甚至表达出了明显的反对意见——理由显而易见，因为在实际的酒店服务工作中，不对的宾客为数不少且特征明显。既有宾客高高在上、颐指气使，也有宾客毫不尊重地对员工恶言相向。还有一些宾客不分青红皂白甚至颠倒黑白，这让很多酒店员工都饱受委屈。管理者们面对这样的情景一方面因为心疼员工而气愤不已，另一方面又因为行业要求而不得不容忍宾客的行为并安抚宾客。因此，"宾客永远是对的"这句话的正确性正在被越来越多的人质疑甚至诟病。

的确，大家的疑惑和评价都很有道理，俗语云："金无足赤，人无完人。"纵观历史，再优秀的人都有犯错的时候，更何况是芸芸众生呢？换句话说，世间几乎不存在永不犯错的人。但问题来了，这么简单的道理难道最初说出"宾客永远是对的"这句话的人对此一无所知？而这个明显存在谬误的句子为什么能够流传至今并被很多优秀企业奉为经典呢？

如果您也有同样的困惑，那就不妨从下面两个角度看看笔者对这句话的理解。

一、员工视角的理解：生意人求财不求气

在说出具体观点之前，大家先来看一个案例。

案例2 **无论如何，宾客走了，今晚的房费没了**

在19世纪60年代的美国，有一个家境贫寒的男孩，为了生计，他在13岁时就跑到家乡水牛城的一个小旅馆里做行李生。有一天晚上，他在当班时看到一位宾客在前台登记后入住了房间，但没过多久这位宾客就面露不悦地回到前台，向前台员工愤怒地说着什么。前台的员工看起来也很生气，也用非常激烈的语言跟宾客发生了强烈的争执。最后，这两个人谁也没有说服谁，而这个宾客则怒气冲冲地拉着自己的行李箱离开了酒店。

目睹了全过程的男孩打开随身携带的笔记本，在上面记了些什么，这个情景恰好被他的主管看见，于是主管凑过去看他的笔记本。男孩的笔记本上竟写着这么一句话："宾客永远是对的！"主管非常吃惊，马上问他："你离前台那么远，并不了解刚才到底发生了什么，究竟是员工的错误还是宾客的责任你也并不清楚，为什么会写出这么肯定的答案？"

男孩抬起头，缓慢但一字一句地对主管说："因为无论如何，宾客走了，今晚酒店这间房的房费也没了。"

这个故事对很多酒店人来说并不陌生，因为故事里的男孩就是酒店行业鼎鼎有名，并为行业做出过杰出贡献，被誉为"世界饭店标准化之父"的埃尔斯沃思·密尔顿·斯塔特勒（Ellsworth Milton Statler）先生。他一手创建的斯塔特勒旅馆集团在鼎盛时期拥有 5 500 间客房，而这个故事也恰好是本节讨论的主题"宾客永远是对的"这句话的由来。

原来，斯塔特勒先生的本意并不是为了强调"宾客永远是对的"这句话本身的正确性，而是在用这句话背后的逻辑来给服务行业提供参考，这个逻辑就是：生意人求财不求气！再深入解读一下就是：并非所有宾客都是对的，酒店服务者只是为了让宾客心甘情愿地在这里消费，以及为其他宾客提供更好的消费环境（因为一旦发生争执，影响的可不只有当事人）。于是，作为服务者的酒店人需要把"对"让给宾客。

先不讨论上面这个小故事是否真实存在抑或是后人杜撰，但斯塔特勒先生的第一家酒店开业时，"宾客永远是对的"这句话就成为该酒店所有员工的座右铭，并被全球服务行业中的诸多知名企业效仿。可以想象的是，那么多知名企业愿意效仿，是因为他们深刻地理解了斯塔特勒先生这句话背后的意义：将服务的理念进行到底。

所以，除了"宾客永远是对的"这句话，斯塔特勒先生还有下面这些名言流传于世："决不可傲慢、尖酸刻薄与无礼，宾客支付了我们的工资，是我们的衣食父母""本酒店的任何员工无权在任何问题上与宾客争执""无论从宾客角度还是酒店角度，在斯塔特勒酒店，员工与宾客的任何小的争吵都是绝对错误的"……

"宾客永远是对的"这句话里，"对"的不是某个具体的宾客，而是服务者将"对"让给了"宾客"这个群体，因为这个群体要在酒店消费，同时跟这些人打交道的情况又会影响其他宾客对酒店的印象。

所以，理解"宾客永远是对的"这句话不是看它的字面意思，而是要深入探讨它背后的逻辑和意义，而这个逻辑就是：生意人求财不求气。

所以，对"宾客永远是对的"的理解就变成了：不是真的对，而是让他（她）对。

二、管理者视角的理解：不完全契约理论与酒店服务

如果您是一名在酒店工作的普通员工，那么理解上述的结论似乎也就够了。事实上，只要您是酒店从业者，明白"生意人求财不求气"的道理比只会背"宾客永远是对的"这句话重要且有价值得多。但如果您是管理人员，那对这句话的理解还需要再进一步。

但无论如何，将酒店服务与诺贝尔奖放在一起估计还是会让很多人笑话："聊服务还能扯上诺贝尔奖？"

2016 年 10 月 10 日，来自美国哈佛大学的奥利弗·哈特（Oliver Hart）和麻省理工学院的本特·霍姆斯特罗姆（Bengt Holmstrom）两位经济学教授因为对契约理论的研究做出了巨大贡献而获得诺贝尔经济学奖。

有意思的是，当笔者仔细重读契约理论，尤其是奥利弗·哈特教授的不完全契约理论以后，惊奇地发现，这个纯经济学领域的理论居然跟酒店服务有着非常密切的关系。

关于不完全契约理论，百度百科上是这么解释的：以合约的不完全性为研究起点，以财产权或剩余控制权的最佳配置为研究目的，是分析企业理论和公司治理结构中控制权的配置对激励和信息获得的影响的最重要分析工具。太拗口，看不懂？没关系，举一个吴晓波先生曾经举过的例子您就明白了。

如果马路上有两个人吵架，其中一个人倒在另一个人的车前，说是车子撞倒了他，而另一个人却说是对方摔倒故意"碰瓷"，现在您是闻讯而来的警察，面对此情此景，该如何解决？

这就是不完全契约所对应的情况：由于世间万事都存在不确定性，人们不能预见所有可能出现的情况并对此做出大家都接受且便于第三方裁决的约定，因此一旦发生纠纷，就很难对矛盾双方应承担的责任做出公平判断。

将场景切换到酒店，类似的事情也时有发生。

案例③　　　　　　　　　　到底应该相信谁？

小铃是一家五星级酒店的大堂经理。一天下午快下班时，她正在办公室里写交班记录，突然听到大堂里传来一阵喧闹声。她赶紧快步走到大堂，恰好看到一位宾客正在怒气冲冲地对前台员工小王发脾气："你这是什么态度？叫了你三声你都假装听不见？我开了半天车累死了，在你面前站了半天你都假装看不见，你们这是什么破酒店，我要投诉！我要找你们领导！"小铃随着宾客的目光看向当事员工小王，只见此时的小王非常委屈，一边哭一边说："我都不知道发生了什么事，我什么都不知道，明明正在好好地给其他宾客办理登记手续，没有看到这位宾客，结果他突然出现，一上来就对我横加指责，说我不理他，还使劲骂我，简直不可理喻。没想到原来在酒店工作竟然要遭受这么大的委屈，这样的工作不干也罢……"

一边是暴跳如雷的宾客，一边是委屈的员工，作为一名很想做出公平决断的酒店管理者，小铃觉得十分为难。事情的真相到底是什么？到底要怎么处理才能做出最符合事情真相的判断？

所谓"屋漏偏逢连夜雨"，就在小铃一筹莫展的时候，她又接到了餐厅主管的电话，这次的事件更加复杂。原来餐厅刚刚来了一个宾客，这位宾客声称昨晚是在酒店吃的饭，但酒店的食物卫生不过关，导致他半夜因食物中毒被送进医院急救且花费不菲，因此要求酒店支付医疗费和精神损失费，还说如果得不到赔偿就去法院告酒店！餐厅主管还说，这个宾客肯定是无理取闹，因为昨晚餐厅业务繁忙，一共有好几百人在酒店用餐，食材都是新鲜的，并且也没有接到其他宾客对食物的投诉，现在就是要看怎么跟这个宾客交涉……

真是令人头疼的一天！

小铃想："这一个个棘手难题，究竟应该相信谁？信宾客，还是信员工？信宾客或员工的理由又是什么……"

案例中的酒店管理者小铃碰到了让人崩溃的难题，如果是您，您会怎么办？

别忘了不完全契约理论，它可是解决这类事情的有效工具。

无论是上文提到的"碰瓷"事件，还是在酒店发生的让小铃难以处理的宾客投诉的事件，都是不可能被事先预测且写进双方都认可的契约的突发事件。人们因为无法将事件还原而不能做出最接近事实的公正判断。不完全契约理论对如何处理上述情况给出了清晰而明确的指引和解决方案：如果出现契约中无法预料或证实的情况，那么这类事情的事后剩余控制权将会交给对投资决策更重要的一方或者对社会总产出更重要的一方。用通俗的语言解释就是，判断更应该相信谁的标准是谁付出的沉没成本（由于过去的决策已经发生了的，且不能由现在或将来的任何决策改变的成本，如时间、金钱、精力等）更多以及事件的发生对谁的影响更大。说得直白些就是，谁在此事件的产生过程中投入多和损失大，就该听谁的。

所以，以发生在马路上的事件为例，警察来了以后，应该首先看那位摔倒的人是否受伤。倘若此人毫发无损，而开车者却需支付带对方赴医院检查的费用和履行保险程序等成本，那么警察的判决可能会对开车者有利；但如果摔倒的人真的受伤，且需要住院治疗，他将要比开车者付出更多的精神、物质和时间成本，那结果就很可能完全相反。

明白了这个道理，事情就变得简单了许多。

在上述投诉酒店食物中毒的案例中，如果酒店确定近来并没有其他宾客出现过类似问题，那么酒店除了尽可能不要让这位投诉者影响其他宾客，以及给予被服务人员该有的礼貌外，并不需要再多做些什么。因为即便是法官在裁决此事时也必须考虑到，酒店作为餐厅投资者，一旦与宾客发生争执，则需付出更多的金钱、精力以维护形象，而这位投诉者几乎什么都不必付出，甚至有极大的可能得到潜在的收益。所以，根据不完全契约理论，判断结果自然呼之欲出。

而在宾客投诉员工怠慢的案例中，尽管看上去员工可能需要付出被批评甚至被惩罚的成本，但这些成本都是可变的机会成本而不是已经必须要支付的沉没成本。但宾客显然就没有那么幸运了，他要付出的可都是沉没成本。例如，宾客来消费付出的物质成本，从开心转为愤怒需要支付的情绪成本，投诉本身需要的时间成本以及投诉得不到妥善解决的精神成本，等等。从这个角度来看，宾客需要付出的沉没成本显然要比员工尚未付出的机会成本多。因此，在大多数宾客与员工发生冲突的情况下，酒店会选择相信宾客。

从另外一个角度说，不完全契约理论恰恰也可以为"宾客永远是对的"这句话做一个理论注解：不是那些服务意识非常强的企业领导偏心宾客，而是因为"相信"的背后确实具备一定的逻辑推论。在大多数情况下，基于员工、宾客双方付出的成本差异，宾客所述情况的真实性的概率大于员工所述情况的真实性。

于是，从感性层面的"生意人求财不求气"，到理性层面的"不完全契约理论"，可以构建一种对"宾客永远是对的"这句话的正确认知：

（1）在大多数情况下，宾客的确是对的；

（2）如果宾客确实错了，那就把"对"让给他（她）。

最不受欢迎的投诉宾客，到底是谁

毫不夸张地说，让绝大多数员工头疼或者怎么都爱不起来的人一定是那些动辄叫嚣"把你们领导给我叫过来""怎么会这样？我要投诉"的宾客。"跟我说不行吗，非得找领导？""好好说不行吗，非要投诉？""多大点事儿，至于气成那样吗？"更何况，一旦有宾客投诉，无论员工是否有错，无论员工是否受到惩罚，都不是一件让人觉得光荣的事情。所以，对投诉宾客的抵触情绪在酒店员工心中普遍存在。

对于这个不太容易看得出来的"坑"，笔者想提醒大家考虑这样一个问题：什么人会对酒店的服务不满意？

笔者第一次在课堂上跟学员探讨这个问题时，答案让很多人吓了一跳。因为细数过往的人生经历，人们总会惊奇地发现，那些对自己最不满意的人，竟然大都是身边最亲近的人：父母、兄弟、姐妹，以及对自己真心关切的师长等。

"这道题明明会做为什么还会做错？""隔壁的小强不如你聪明，为什么成绩比你好？""再不努力，考不上好大学将来工作怎么办？"从小到大，很多人听着"别人家孩子"的故事长大，成长途中总是不停地被打击、被要求、被鞭策，无论怎么做都没法让亲人真正满意，至少表面上是这样。考了 70 分挨骂，考了 90 分也挨骂——跟自己争吵最多，对自己挑剔最多，批评自己最多的永远都是那些最疼爱自己的人。

奇怪吗？一点儿也不。

因为他们不满意的核心原因是仍对您抱有期望！

他们希望您能够做得比现在好，有希望才会失望，因此才恨铁不成钢。

将这种思维方式切换到酒店的服务场景，您是否会有不同的感受？有没有发现，除了那些突发事件外，那些越经常投诉和表达不满意的宾客其实越经常过来消费？您有没有想过，对这些喜欢投诉的宾客而言，比投诉更简单的方法是永远不来，甚至是传播不满？您有没有想过，他们之所以选择投诉，把自己的不满表达出来让酒店知晓，只是因为他们还想再来？您有没有想过，他们的苛责与不满，只是因为他们对酒店依然抱有期望？

再来看一个真实的案例。

案例 4　　　　　　其实你不懂我的心

A 酒店的预订主管小张刚一上班，就看到了常客禹女士的订单，她叹了一口气，在这张订单后面写了如下的备注：酒店常客，极其挑剔，每次入住必投诉；客房部注意房间卫生，房间不能有一根毛发，也不能有一点灰尘，牙刷一定要换成超软毛的，不然一定被投诉；餐饮部注意早餐时不要询问宾客要茶还是要咖啡，宾客只喝白水，而且是由依云矿泉水和白开水各一半兑成的温水（费用另付）……

原来，禹女士是一家跨国公司的业务代表，这两年来每年总有几个月的时间住在酒店，有时候一个月来几次，有时候几个月来一次。但她几乎每次过来都会发生一两件不愉快的事情。要不就是投诉客房的牙刷太硬，把她的牙刷出了血；要不就是嫌房间卫生不到位，到处都是浮尘，让她呼吸不畅；再不然就是嫌餐厅服务员每次询问咖啡还是茶很烦人。刚才小张备注的所有内容都是这两年整理出来的教训。想到这里，小张又开始不安起来，她觉得写备注还不行，还得亲自跟客房以及餐厅经理通一个电话，好好安排一下禹女士的接待事宜。

下午 3 点，禹女士如期到达。但这次她不是一人前来，而是带来了她公司专门负责接待安排的行政经理，她们要跟酒店签署一个数额巨大的合作协议。经过沟通得知，原来禹女士所在的医药公司从今年起每年都要在这个城市召开一次国际会议，届时每次都会有来自全球的数百名呼吸系统方面的顶级医学专家参会。而在召开会议的酒店选择上，他们公司颇为踌躇，因为既要考虑房间和餐饮条件，又要关注这些专家们对酒店卫生的特殊要求。而经过禹女士的鼎力推荐，公司最终决定在 A 酒店召开会议。原因是禹女士通过自己的入住经验发现，这家酒店的员工非常热忱友好，并且愿意接受宾客的意见改善服务……

原来，正因为禹女士对 A 酒店印象不错，所以才有了在此处召开重要会议的想法。她希望酒店更好地改善服务以满足会议的要求和她自己的期待！

听到这个消息，小张长长地舒了一口气，原来这么久以来，我们错怪了一位真心支持我们的宾客啊！

正如上文中的禹女士一样，绝大多数投诉宾客不是抱着挑刺儿或者投诉的目的来的。消费者的本意是寻求快乐和满足而不是自找不快。更何况上文已经说过，一旦产生投诉，这些宾客需要付出物质成本、精神成本和情绪成本等诸多沉没成本，他（她）为什么还要投诉？

因为他（她）对酒店还抱有希望，因为他（她）还打算再来，所以他（她）希望酒店做得更好，所以他（她）在用他（她）的方式帮助酒店。那这些投诉的宾客到底是谁？

如果酒店管理者和员工理解了这一点，那么再次面对暴跳如雷的宾客时，心理感受会不会发生一丝微妙的变化？

责之切，方显爱之深。

说到这里，可能有很多人会提出不同的观点：虽然确实存在上文描述的宾客，但那些真正挑剔且未必对酒店真心热爱的宾客也大量存在，那么，面对这样的宾客，又要用什么心态去面对呢？

再来看一个笔者亲身经历的案例。

案例 ⑤　不知道您现在好不好？原来您对我真的很重要！

汤姆先生来自荷兰，是 B 酒店的一位常客，也是当地一家中外合资企业的总经理。他身材魁梧，衣着考究，性格直率，又非常注重商务礼仪。他是一位非常典型的欧洲宾客，但同时又是让 B 酒店所有员工最敬而远之的一个人。原因是这个人实在是太挑剔啦！

如果他来到餐厅，刚好发现餐桌上的胡椒盐瓶有一丝裂缝或者是有一点残损，毋须怀疑，他肯定会把这个瓶子当场砸碎，原因是不能让这种不符合星级酒店要求的东西出现在其他宾客面前。

如果他在热闹而嘈杂的泳池畔室外烧烤晚会上招呼服务生两次而员工都因为太吵没有听见他的召唤，那么这个员工将会有被他一把推下泳池的危险，原因是即使再忙，关注宾客也是员工的首要责任。

如果您的酒店只能提供外币兑换人民币的业务，而他又有用人民币兑换美元的需求，请千万不要直接或者委婉地拒绝，因为无论您怎么回答，这个目的他必须达到，您只需要记得无论用什么方法都必须为他提供个性化服务。

如果在复活节的早上，他看到酒店大堂里摆的象征新生命的毛茸茸的小鸡公仔后对您说让您买 100 只真的小鸡，您千万别把他的话当笑话，因为这确实是他的要求。当然，过不了一个月小鸡们的绒毛褪去而变得越来越丑时妥善处理它们也自然是您的工作任务。

如果您是酒店的大堂经理，那么在您当值时接到一个又一个的厅面电话反映有一个宾客在消费后极其不满地把账单撕得粉碎的事情时也请不要觉得奇怪，因为这件事，几乎在他入住期间的每一天都在上演。

是的，如果那个时候您也在 B 酒店工作，就会知道酒店的员工们在听说他要结束在中国的工作准备启程回国时有多么兴奋，他们居然将那个与汤姆先生说再见的日子称为酒店的第二个店庆日！

还有很多很多个"如果"，相信通过这些"如果"，您已经大体了解了这位宾客的性格以及行为。而碰巧的是，上述的所有"如果"都是笔者见证的真实事件。那么，你想过吗？如果您碰到了这样的宾客，打算如何对待他？

不知道各位如果碰到上述案例中的宾客会如何对待他，但当时酒店的确有很多人认为不应该对宾客这么无原则地妥协。持该观点的管理者认为，尽管服务很重要，但酒店原则也很重要。值得庆幸的是，当时笔者所在酒店的总经理是一位非常睿智而英明的长者，记得当时他在经理例会上问了大家这样一个问题：如果我们不接待这位宾客，你们认为，他能找得到入住的酒店吗？这位宾客有没有可能露宿街头？

这句话如同当头棒喝，所有在场的管理者幡然醒悟：对呀，无论是多么挑剔的宾客，怎么可能找不到入住的酒店？既然如此，如果别的酒店可以接待这位宾客，我们又有什么理由不接待？

这个案例还有精彩的后续。

案例⑥　　不知道您现在好不好？原来您对我真的很重要！（续）

其实这位宾客，并不是一味地对所有酒店员工和管理者都横加指责，他一直对一位员工青眼有加。这位员工当时只是一名实习生，汤姆先生开始入住酒店时她到酒店实习还不到一个月，但每次汤姆先生到西餐厅用餐时都能得到这位员工——温暖亲切的小迪非常热情的欢迎和服务。后来汤姆先生也说，他曾多次观察过小迪的言行，发现无论是对他还是对其他宾客，小迪的笑容永远都是那么灿烂，服务永远都是那么热情。就是这个傻乎乎但工作踏实的姑娘打动了汤姆先生，以至于他竟然直接向总经理提出让这位实习生提前结束实习期，直接穿上黑衣服（升职）的要求！

后来事情的发展还是很有意思的，汤姆先生离开酒店后没多久，小迪也实习结束回到家乡，在家乡的一家外资企业做了一名客户服务专员，两年以后她就从一名普通的员工升职为大中华地区的客户服务负责人。当笔者听到这个消息时，深深地为当年汤姆先生的远见折服。原来，优秀真的是一种习惯，而这位习惯了投诉的宾客还是一名伯乐。

更重要的发现还在后面。

不久以前，笔者与在那个时期一同在酒店工作过的同事说到汤姆先生的故事时突然惊奇地发现，汤姆先生入住酒店的那 8 个月竟然是酒店开业 20 多年间服务质量最好、水准最高的一个阶段。就是在那 8 个月里，酒店第一次为常客建立服务档案；就是在那 8 个月里，每一个营业厅里面都没有残破的餐具和器皿，卫生和清洁状况也令人欣喜；就是在那 8 个月里，酒店的每个员工每天上班都战战兢兢、如履薄冰，生怕被汤姆先生投诉，但同时也打起十二分精神对待每一位宾客，酒店的顾客满意度情况特别好，同时也积累了大量的优秀服务案例；也是受那 8 个月的影响，酒店的相关人员编撰了服务手册和案例研究手册，将这些闪烁着光芒的故事做了记录，并且直到现在，那当中发生的很多故事都还在温暖着酒店员工的心。

原来，一个成天投诉的宾客，不仅是酒店免费的服务质量监督员，还一不小心就让一众年轻人得到了飞速的成长。20 多年过去了，汤姆先生，您还好吗？谢谢您当年的"爱"和"恨"！

写完这个案例，笔者的心情久久不能平静，汤姆先生只是众多员工最不喜欢的投诉宾客中的一个。很多时候，酒店员工对他们充满了抵触和埋怨，笔者当年只是一名普通的前台员工，也被他刁难过、怒斥过、投诉过。当时笔者的心里也同样充满了委屈和不平，但时隔多年，心里对他只有深深的感激。感激他让我们有了面对不同声音的经历；感激他让我们的"逆商"得以提升；感激他在我们需要快速成长的时候换个方式为我们提供了帮助。笔者突然想起了曾经在网上看过的一句话：那些曾经伤害过你的人，其实真的都是你的贵人。

真的，原来那些愿意投诉的宾客，才是最可爱的人。

我们为什么要道歉

如果您听过任何有关宾客投诉处理的课程，不难发现，在几乎所有处理宾客投诉的流程里，第一步都是"真诚道歉"。

反对的声音再次出现："为什么要道歉？又不一定是我们错了。明明很多时候都是对方的错，为什么要道歉？"所以，尽管酒店在处理投诉的流程中已经有了明确要求，但员工在实际执行的时候很难做到。大部分情况下，员工在面对宾客的质疑抑或是投诉时，更多的是选择解释，而不是道歉。

之所以出现上述情况，一个很重要的原因是，很多员工认为道歉就意味着承认错误，而这并不一定是事实。所以很多员工试图通过解释来让宾客理解自己，当然最后的结果往往不尽如人意。更多的时候，面对员工的解释，宾客不会变得更理解，相反很可能变得更生气。

所以，人们需要换个思路来解决这个悖论。

先思考一下，人们一定是做错了事情才需要道歉吗？

案例⑦　　　　　不是你的错，你为什么要道歉？

小宇和小阳都在 C 酒店工作，两个人在工作中是好同事，生活中也是好朋友。有一次，她俩第二天都轮休，于是小宇邀请小阳来家里做客，小阳很开心地答应了！

为了迎接好朋友的到来，小宇提前给家里做了一次彻底的清洁。擦窗户，抹灰尘，拖地板，等等。小宇知道小阳在客房部工作，对地面卫生特别关注，所以特意用洗洁精擦了好几遍地板。

下午两点，门铃响了，小宇赶紧跑去开门——小阳微笑着站在门口。小宇让小阳先去沙发坐着，她自己则到厨房去倒茶，结果意想不到的事情发生了：小宇刚刚走到厨房，就听到客厅里传来了"砰"的一声响，以及小阳的一声尖叫。

小宇赶紧跑到客厅，眼前的情景让她吓了一跳。原来小阳今天特意穿了一双非常时尚的胶底鞋，很漂亮但是鞋底很滑，所以踩在小宇擦得干干净净的地板上时，小阳一个趔趄就摔了一跤！

见到小阳摔在地板上的狼狈样，小宇赶紧上前搀扶，心里很内疚，她一边扶小阳，一边不停地说："对不起对不起，都是我的错，地板太滑了，还让你摔了一跤……"

小阳在旁边笑着说："没事没事，又不是你的错，是我的鞋子太滑了……"

那么问题来了，到底是不是小宇的错呢？

小宇擦地板是为了迎接小阳，要不是小阳的鞋底那么滑，肯定不会摔跤的。可为什么小宇会发自内心地觉得对不起小阳呢？为什么一个没有做错事的人要那么真诚地道歉呢？

看了上面这个案例，不知道大家是否得到了答案？小宇肯定是没有错的，但她向小阳道歉却也是应该的，因为她是家里的主人，就待客之道而言，只要宾客在自己家里发生了不愉快的事情，无论是不是自己的原因，作为主人都应该道歉。不为别的，就因为发生不愉快的场所就在小宇家里。

如果您能接受这个观点，那么请把这个场景切换到酒店服务现场，就会有似曾相识的感觉和不一样的体会。作为酒店管理者或者员工，酒店就是我们的地盘，我们是主人，而来此消费的人就是我们要服务的宾客。无论是不是自己的错误，哪怕是宾客自己的失误造成问题，只要宾客在自己的地盘上发生了不愉快的事情，作为主人，是否应该发自内心地说声"对不起"？"对不起，让您不开心了。""很抱歉，在我们酒店发生了让您不愉快的事情，真的很抱歉。"亲爱的酒店同仁们，这么一想，把这句道歉的话说出口是否容易多了？

更何况，前文已经交代过，"宾客永远是对的"这句话的意思并非说宾客全对，而是要把"对"让给宾客，而让"对"的目的则是给宾客台阶。如果您的第一句话用"解释"代替"道歉"，是不是很容易让宾客将您的解释理解为"辩解"？而您的辩解是否在试图让宾客承认他错您对？

如果宾客投诉您不理宾客且态度生硬，您说："不是的，先生，我真的没有不理您，一看到您我就赶紧打招呼了。"这背后的意思是不是宾客无中生有？

如果宾客投诉员工工作效率低，登记手续办了 10 分钟还没办完，您解释说："我们前台的员工都是老员工，我们要求 3 分钟内办完入住手续。"这言下之意是宾客胡说八道？

因此，之所以让大家在面对意见和投诉的时候第一句话就说"抱歉"，其实只是让大家向宾客表达一种身为主人面对宾客不愉快时的真诚态度。其实在很多时候，投诉宾客要的就是一个理解的眼神和一个泄愤的渠道，一句真诚的道歉往往就能四两拨千斤。

宾客素质差，怪我吗

这些年来，笔者没少给一些非标准或中小酒店的管理者讲课。在跟这部分朋友分享关于酒店服务的理念和经验时，总会有一些朋友问笔者这样的问题："老师，您讲的好多都是高星级酒店的服务案例，我们也觉得特别好、特别感动，但这些宾客都是高素质宾客，而我们这些小酒店的宾客的素质根本无法跟他们相提并论。很多人素质很低，动不动就跟员工吵架，还有一言不合就动手打人的，对待这样的宾客，我们还需要给他们提供这么好的服务吗？"每每听到这样的问题，笔者都会给他们讲这样一个故事。

案例⑧ 　　　　　　　　　　**你还是你，我却不再是我**

1996 年，小旻还是天津某大学酒店管理系的学生。在学院的专业课堂上，小旻曾听多位老师介绍过当地一家非常著名的 P 酒店。这家已有 100 多年历史的酒店在中国酒店业的历史发展中有着重要的地位，很多名人曾下榻该酒店，且在该酒店也发生过很多知名的历史事件。小旻作为一名打算投身于酒店行业且热爱历史的大学生，每次听老师讲这家酒店的历史时，心里都激情澎湃，很想去离学校并不远的 P 酒店参观一下，尤其想去看一看位于酒店内的国内唯一一家酒店博物馆，满足一下自己的心愿。

于是，在某一个周末的下午，小旻拉着自己的同学小璐坐上了公交车直奔 P 酒店而去。两个姑娘下车以后兴冲冲地往酒店的方向走。可是，她们越走越慢，原因是离酒店越近，她们越能感觉到自己和其他到酒店的人不一样：绝大多数去酒店的人都不是步行的，他们大多坐着名牌轿车，当车还没开到酒店大门时，就已经有穿着一身笔挺制服和戴着雪白手套的酒店行李生快步走到大堂门口，等车停稳时将手搭在车门上方请宾客下车；偶尔有几位步行出入酒店的宾客，他们也都是衣着华丽，神采飞扬。

看了看自己身上穿的从小商品市场淘来的T恤，再看看脚上的凉鞋，她俩突然心虚了起来。她们越走越慢，简直就是一步一蹭地走到了酒店的大门口。这时候，礼宾员看到了她们，迎上前来询问："请问你们来找谁？"她俩愣了一下，对视了一眼，然后异口同声地说："没事儿没事儿，我们不找谁。"然后动作出奇一致地"落荒而逃"……

20年以后，小旻已经是酒店行业的一位专业人士。这一年的暑假，她想带自己的女儿在北京附近度个周末，突然又想起了这件往事。阴差阳错，20年过去了，她竟然一次都没去过这家曾经很向往的酒店。于是在征得了同样喜爱历史的已经是初中生的女儿的同意后，小旻立即在网上花了800多元预订了该酒店的房间。

到酒店的那天下午，恰好也是阳光明媚。小旻一家三口在行李生的招呼声中走进了P酒店大堂，当前台服务员热情礼貌地为她和家人办理入住登记时，她则在脑海里迅速地回忆当年见到的P酒店的样子。然后她突然发现，虽然过了20年，酒店的历史文化氛围犹在，但大门外的那块空地仿佛变小了，大堂也没20年前那么富丽堂皇了，行李生好像也没有过去那么英气逼人了。准确地说，是酒店给她带来的那种无法企及、需要仰视的感觉已荡然无存了……

20年前的小旻和20年后的小旻为何会有如此不同的感受？

估计很多读者的答案是：因为20年前没钱，而20年后有钱了，所以心态发生了变化。这倒也没错，但是还要再追问一个问题：为什么没钱就会从酒店门口"落荒而逃"呢？

是不是因为酒店这个看起来特别高贵典雅的地方给了没钱的穷学生一个特别明显的信息，即穿着和身份无法和所处的环境相匹配？换句话说，环境对人的心态和意识是否有着很大的影响？

再给大家介绍一下后来发生在小旻身上的另一个例子。

案例 ⑨　　　"大老虎"为何变成"小花猫"？

大学毕业以后，小旻来到中国南部沿海城市的一家五星级酒店做大堂经理。那时候出入酒店的宾客很多都是当地做生意的人。因为南方天气炎热，很多本地人喜欢把不是拖鞋的鞋当拖鞋穿着出门，而这恰恰是这个酒店的管理者所不能接受的不得体的行为。所以，作为大堂经理，小旻每天有一项工作就是在大堂制止这样穿鞋的宾客进入。其实最初接到这样的指令时，小旻的心里是有点不安的，就怕跟别人说"请穿好鞋再进入大堂"这样的话，会让对方觉得不礼貌，进而发生宾客坚决不穿好鞋，甚至投诉或者吵架的事情。

但让人惊奇的是，当小旻回首往事时，脑海中竟然没有因为要让宾客穿好鞋而招致不理解或者投诉的记忆。绝大多数人都在听到这样的要求后一边笑着说抱歉，一边弯下腰来将原本不是拖鞋的鞋穿好；另一部分人就不好意思再往里走而留在了大堂门口，在等到要等的人后赶紧离开。

说实话，当这样的事情发生时，小旻心里还是觉得很奇怪，为什么这些宾客会这么配合？

当小旻将这两件事情联系在一起的时候，她突然想明白了一件事：原来环境对一个人的心态和行为的影响这么大。在一个人声鼎沸的菜市场或者大排档，您穿条正式点的连衣裙都可能会让人觉得格格不入；但如果到一家充满高雅艺术气息的美术馆，想大声说话都无法做到，即便是不小心说话声大了一点，旁边随便飘来的一个眼神都会让人瞬间安静。

同样的道理，如果到一个充满温情的地方，无论这地方装修是否豪华，地段是否优越，面前的人都是温柔的，是有礼的，是满面笑容的，是随时都会送上一声亲切问候的；听到的话语是"欢迎您的光临""舟车劳顿，您辛苦啦""这里有杯热茶，您先润润嗓子""麻烦您稍等，我马上为您找订单""有问题请随时联络我们"。请问，有多少人在面对这样一张张温暖的脸和一句句温柔的话语时，会刻意去破坏这一片祥和的气氛呢？

除非，当他走进一个陌生的环境时，感受到空气中弥漫的不是爱和香，而是机械、冷漠甚至不耐烦。

20年前，P酒店高档优雅的环境轻松打败了小旻和她的同学，让她们裹足不前，落荒而逃。

20年后，小旻的专业和自信已经能承受大酒店的环境带来的压力，所以可以潇洒自如，闲庭信步。

18年前，小旻所在酒店的氛围影响了不遵守酒店规定的宾客，让他们感到羞愧。

18年后，您的酒店为宾客提供了一个什么样的环境和氛围？是优雅高尚的，温暖亲切的？还是冷若冰霜或者不理不睬的？

在客我双方的心理博弈中，到底是谁占据了优势？是您影响了他（她），还是他（她）影响了您？

俗话说，只有梧桐树才能引来金凤凰。同理，只有高素质的环境才能吸引高素质的宾客，所以当您在抱怨您的宾客素质不高的时候，是不是可以先问问自己，是否已经为宾客营造了一个高素质的环境？

知名度越高，真的越好吗

随着互联网的普及和人们对网络点评的依赖，很多酒店越发重视酒店宾客的点评。诚然，获得好评以及宾客的长文点名表扬能够提升酒店知名度和美誉度，从而吸引更多的宾客入住酒店，有更多回头客，酒店能赢得物质和精神上的双重丰收。这似乎是无懈可击的逻辑推理，但是，知名度高，就真的一定是且只是好事？先请大家来看下面这个案例。

案例10　　　　**网评得分，酒店的命根？**

暑假里，袁女士准备带家人到一个风景秀丽的旅游城市度假。因为同行有老人和孩子，而他们又难得出游，所以选择一家适合家人入住的酒店就成了非常重要的事情。

她打开计算机，在某知名第三方网站上查看该城市符合要求的酒店，并重点关注了这些酒店的宾客点评。但她连续看了好几个酒店都不是很满意，有的是因为地点太远不方便出游，有的是因为酒店无特色、太普通。就在此时，袁女士突然被一条长评吸引了："这是一家服务非常周到的酒店，能够针对不同的宾客给予个性化的安排和服务，我们一行5位，有老人有孩子，来到酒店后发现员工为孩子们准备了非常可爱的卡通拖鞋和糖果，孩子们开心坏了！酒店还给老人们准备了放大镜，方便他们阅读，另外还特意安排了安静的房间让老人们居住，晚上还提供了助眠牛奶。我们离开酒店时服务员还主动多送了几瓶矿泉水让我们路上喝，太周到了！这样的酒店，我们一定还来！"进行点评的宾客还配了图来证明他们获得的礼遇，照片里的内容确实显示出了酒店的专业和细致。

安静的房间，儿童拖鞋和糖果，贴心的放大镜和牛奶，这些小细节瞬间打动了袁女士，袁女士心想："这不就是我想要的酒店吗？能够给老人孩子不一样的关怀，太好啦！"于是，袁女士毫不犹豫地在网上下了订单。

这一天下午6点，袁女士一家按照原计划来到酒店。酒店生意很不错，很多利用暑期带孩子出游的家庭入住。当袁女士跟前台说明有老人能否安排一个安静的房间时，服务员回答房间早已安排好了，今天生意很好所以没法调整了。袁女士想了想觉得能够理解就没再说什么，最终他们入住了两个靠近电梯的房间。

晚餐时间，袁女士进房间放下行李就带家人出去用餐，等她们再回房间已经晚上9点多了。

打开房门，夜床确实已经开好了，但酒店并没有提供袁女士期待的儿童拖鞋和糖果。袁女士也没有看到很多人提到的助眠牛奶和贴心纸条，更别说放大镜了。袁女士的心里非常不是滋味："要说这酒店吧，也没有什么特别过分的言行让人觉得服务很差，但不知怎么，因为之前对这个酒店抱的期望很大，所以发现酒店满足不了期望时落差就非常大。唉，要是之前什么都没看过，没准还觉得这个酒店不错呢。"

品牌知名度提升是一个非常积极的信号，预示着酒店在行业内拥有了更多的潜在消费者和推广渠道，同时也因此有大量不了解酒店的宾客源源不断地前往酒店。宾客们通过对酒店的体验发表赞赏酒店优质环境或悉心服务的点评，那些被点评吸引而来并享受了美好体验的宾客又自觉成为下一位酒店品牌文化的积极传播者。

但是，正如谚语"每个硬币都有正反两面"，任何一件事物的存在都有积极和消极两方面。但是品牌知名度提升对企业来讲不是好事吗？它的消极方面在哪里？

最近笔者查看的一份针对酒店业数家企业进行调研的有关消费行为与顾客满意度关系的研究报告的结果显示：在影响消费者行为的 5 个因素中，购买动机不能显著影响顾客满意度，价格和服务质量显著正向影响顾客满意度，而产品认知和品牌认知显著负向影响顾客满意度。也就是说，宾客因为什么来消费与最终他对消费场所的满意度没有关系；而他对价格和服务质量的满意度越高，对消费场所的总体满意度就越高。但需要注意的是：宾客对产品的认知越到位，其满意度就越低；宾客对酒店的品牌认知度越高，其满意度就越低。

以上两个研究结论开始看仿佛令人难以接受，细想一下才发现确实如此。

可不是吗？一个人对某一种产品越了解、越熟悉，是不是就越难买到让他满意的商品？因为他更专业，他懂的不比营业员少。就像酒店行业的暗访专家，让专家和普通宾客同时为一家酒店打分，专家打分肯定更低。因为专家比宾客更了解酒店产品，更知道哪里是问题所在。

品牌认知与顾客满意度的关系也是如此。您对某个企业的品牌认知度高，在您没去之前就知道这是一家优秀的企业，是否会对它产生更高的期望？而顾客满意度 = 顾客感知 - 顾客期望，是否意味着宾客期望与顾客满意度呈负相关关系？从实践经历上看，您是否曾经有过这样的感受：一个名不见经传的小企业刚进入市场时，大家都觉得这家企业产品价廉物美，于是大家都非常支持这家企业。但是当它发展壮大后，大家开始有这样的不满："在我们这些客户的支持下你们发展了，但是怎么产品质量越来越次，服务越来越差？"当您有这样的感受时，有没有想过，到底真的是对方产品不好了，还是大家的期望提升了？

就像上述案例里的袁女士，因为看到别的宾客点评而对该酒店产生好感，被吸引入住酒店本身是好事。但因此袁女士又增加了对酒店的期望，以致看不到标准化产品时对酒店的满意度反而降低了。那么这些夸赞酒店的点评，对酒店来说到底是好事还是坏事？

所以想要跨过这个"坑"，我们就得意识到，品牌知名度的提升对酒店来说确实是好事，但还要警惕因品牌知名度提升而导致顾客的期望增加，以致顾客满意度下降的现实。酒店应充分认识到这个现实并在原有基础上继续提升产品和服务质量，而不是在原来已经被充分认可的产品和服务上止步不前。换句话说，提供一次优秀服务很容易，长期坚持却很难。但只有长期坚持下去并将看上去是点状的"服务做法"变成系统性的"服务阵法"，酒店才能真正经受住检验。

常来的，就是满意的吗

很多经营管理者在评价自己或其他酒店的服务质量时会陷入一个误区，那就是只要这家酒店的生意很好，回头客很多，自然而然地就会放松对服务的关注。原因有二：一是既然生意好、回头客多，那么该酒店的服务应该做得不错，这个思考逻辑很简单，因为只有服务做好了，宾客才会满意，宾客满意了，才会成为常客；二是做服务的目的就是培养忠诚客户，让他们满意，既然现在有很多回头客，说明有宾客对酒店忠诚了，换句话说，终极目标已经实现了，那还关注服务干什么呢？这两种想法普遍存在，尤其是第二种，尽管很多人并不直接表达这种想法，但心里有这种想法的大有人在。

在笔者看来，这也是一个隐形的"坑"，因为人们混淆了顾客满意度和顾客忠诚度这两个非常重要但并不一样的概念。

所谓顾客满意度，指宾客对酒店提供的各项硬件或者软件产品的满意程度。而顾客忠诚度则一般用两个指标来衡量：一个是宾客的复购率，即宾客再次消费的概率；还有一个指标是推荐率，就是宾客自己消费完了以后推荐其他人来消费的概率。

理论上来说，无论是顾客满意度还是顾客忠诚度，这两者应是高度契合并且呈正相关关系的。一般来说，宾客一定是先满意再忠诚，就是先喜欢酒店的各类产品，才可能考虑再次消费以及向他人推荐。也正因为如此，才有了上文所述的这种认知，只要生意好，有回头客，就说明酒店的各项服务做得不错，不然宾客为什么要来呢？

其实事情并没有那么简单，再来看一个案例。

案例11　　　　　　　　　　**假忠诚和真满意**

H公司是一家为文化旅游及酒店行业提供企业顾客满意度调研服务的专业咨询公司。近年来，该公司已连续多年通过现场收集问卷的方式为很多知名连锁集团及酒店提供了顾客满意度和忠诚度的调研服务，通过数据分析，他们发现了一个非常奇怪的现象，很多酒店的顾客忠诚度得分远高于顾客满意度得分，而这个现象并不合乎常理。怎么会有顾客在并不满意酒店的服务的前提下依然选择再次前来？

以2019年刚做完调研的一家酒店为例，这家酒店的顾客满意度得分很低，而顾客忠诚度得分却很高，得分情况如图1-1所示。负责这家酒店调研统计分析工作的李老师陷入沉思：为了保证问卷收集的真实性和科学性，对该酒店进行调研时，公司调研员到酒店前台或自助餐厅现场收集问卷，而参与调研的这两位调研员又都是经验非常丰富的老员工，数据的有效性不会有问题；从问卷的设计上看，采用的都是非常成熟的量表且经过多次测试和使用，个别调整过的问卷题目也都经过了信效度的检测，那么这种有违常理的现象的原因到底是什么呢？

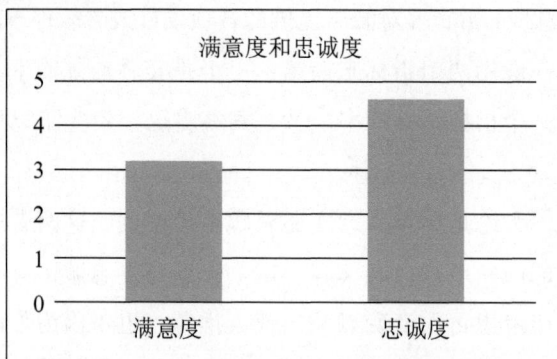

（数据来源：根据和泰智研管理咨询有限公司数据整理）

图 1-1　某酒店顾客满意度和忠诚度得分情况

作为一名专业咨询师，李老师最大的特点就是喜欢打破砂锅问到底，她对自己说：一定要找到数据背后的原因！于是，她做了一个很有挑战性的决定，即随机挑选参与调研的酒店宾客进行回访，通过深度访谈了解这些宾客为什么不满意了还忠诚。

重新整理问卷，确定访谈对象，挑选回访礼品，开展深度访谈——经过一系列的准备工作，李老师开始了一个一个给宾客打电话或见面访谈的工作。随着受访者提供的信息日益丰富，李老师脑海里的脉络也逐渐清晰起来。大约是采访了 23 名顾客的时候，李老师觉得信息已经基本达到了饱和，她也终于可以给出一个让人信服的理由了。

原来，这家酒店处于一个景区附近，距离高铁站和机场也都非常近，酒店的宾客要不就是来附近景区参观的游客，要不就是在市区内进行商务活动希望住所附近交通便利的商旅人士，所以尽管酒店的硬件设施因为多年没有改造而显得非常陈旧，服务也不尽如人意，但基于上述两点因素，这些宾客都有如下表示。

"唉，没办法，谁让它方便呢？我查过很多次，这高铁站附近确实没什么好酒店，这家酒店其实服务一点都不好，员工也不亲切，但是没得选啊……"

"主要就是这家酒店离景区太近啦，一家人过来打车很不方便，这家酒店走路就能到，省了很多事儿，但很多地方我都不满意，房间旧，好多地方都破了，也不修。要不是因为没得选,我第二天就换地方了……"

"这家酒店不是我自己选的,是接待单位帮我选的,离办事的地方不远。如果是我自己订房肯定不会再来这里,跟接待单位也说过,可他们也为难,因为附近确实也没什么酒店,只好睁一只眼闭一只眼了,希望附近会有新酒店开业,到时候肯定不住这儿!"

…………

看到上面的这些答案,李老师突然想起了什么,再次打开手中的调研报告,翻到了她想看的那张图,如图 1-2 所示。

果然如此——无论是在调研报告里,还是见到酒店的总经理,她已经知道自己应该写些什么以及要给对方提出怎样的建议了。

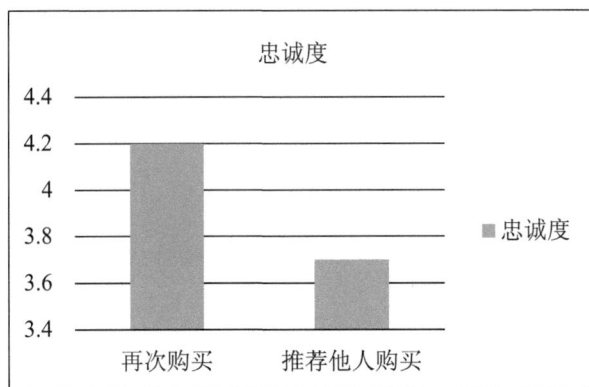

(数据来源:根据和泰智研管理咨询有限公司数据整理)

图 1-2 某酒店忠诚度得分情况

不知道大家有没有发现,在刚才的 3 个宾客反馈里,每个人都提到了一个特别重要的概念,那就是:没得选。

原来该酒店做得并没有那么好。宾客会来,不是因为他们对酒店有多么满意,而是因为满足各种需求的产品有限,宾客不得已而做出这样的选择。

这个结果,会带给您什么启示吗?

或许有人会说,即便这样,那又怎样?只要宾客最终选择入住,忠诚度大于满意度又有何关系?反正生意没有跑,宾客还能来,有何不可?

存在这种想法的朋友可以考虑一下这些问题：您考虑未来了吗？未来还有哪些可变因素？举例来说，如果某一天上文所述的景区已经不再是旅游热点，对游客的吸引力已经没有那么强，或者该城市又开发了新的景区吸引走了大部分该景区的客流，该怎么办？如果某一天，在该酒店附近又出现了一家或者几家各方面均比该酒店更好的竞争对手，该怎么办？试问，酒店是否还有把握让顾客忠诚度保持不变？如果酒店把竞争力仅仅寄望于外部优势而不是内部竞争力，那么一旦外部条件发生变化，是否还能让顾客的忠诚度继续保持不变？

祝愿亲爱的同行们能够真正拥有核心竞争力，抛弃假忠诚，赢得真满意。

客户体验等于酒店品质吗

本章前七节说的都是顾客满意和客户体验的重要性，但是到了第一章的最后一节，笔者要说说看上去好像跟前文所说内容不那么协调的问题。这个问题就是：客户体验真的能直接等于酒店品质吗？

之所以提出这个问题，是因为"客户体验"这个词，这些年来太火了。

的确，它的产生和流行代表了一个新时代的来临。人们对大数据从陌生到逃避再到拥抱和应用并没有经过太长时间，因为无论您是否接受，大数据已经融入您的生活。在您买东西、看电影、住酒店时，看点评已在不知不觉间成为您产生消费行为的重要参考依据。于是在酒店行业里，"客户体验好＝顾客满意度高＝酒店品质优"就变成了理想等式，"增强客户体验，提高网评得分，提升酒店品质"也就成了同行们近期的目标。

真的是这样吗？

笔者其实也曾是"客户体验"这个词的忠实拥趸，作为一直对一线服务充满热爱的职业培训师，笔者无论课上课下都无数次与同行们讨论并剖析过客户体验的重要性以及随之而来的各种实施细则。直到不久前看了一篇文章后，笔者突然觉得心里有些不安，再往深了想便越发觉得有些想法需要与同行们交流。

这篇文章提到了对某家酒店的某次服务品质的评估，从评估结果看，有关该酒店前厅部服务质量的网络点评和现场顾客满意度的得分都很高，但由酒店专家进行的服务质量暗访的得分却很低。原因是专家入住时发现前厅接待员在接待一位询问宾客房号的人时直接将房号报给了询问人，而这显然违反了酒店前厅部的标准工作流程。文章中的观点是：客户体验体现酒店品质，酒店专家关注的并不一定是宾客真正关注的，酒店更应该把注意力放在那些容易对客户体验产生影响的服务上，而不应该照搬那些已经可能不再符合宾客需求的工作流程。

客观地说，这个观点乍听还颇有道理，在人力资源成本急剧上升的今天，既要保证服务质量又要降低人工成本、优化工作流程、减少人力支出已是迫在眉睫。但细想起来，再有道理的事情也不能一概而论。

什么是品质？

我们不写论文，不需要从教科书里寻找有关品质管理的定义。但可以明确的一点是：品质至少包含产品和顾客满意度两个层面，只有当产品合格和顾客满意度高这两个条件都实现，才能被称为真正的高品质。仅考虑顾客满意度而忽略酒店本身产品的建设则显得有些片面。而在酒店行业里，想要打造合格产品，有些要素不可或缺，比如安全。

说回刚才那个例子，我们有理由相信，大部分宾客不会关注接待员是否会把房号告诉自己的朋友，因为在多数情况下，到前台来问房号的的确会是宾客的朋友。可能在客户眼里，这样既给自己省事儿又给朋友提供方便，岂不两全其美？但不关注不代表不重要，凡事都有例外。如果您曾因房号泄露而丢失过财物，如果您曾在睡梦中被房间电话惊扰，您还会觉得保护宾客信息安全这件事不重要吗？

再看一个真实的案例。

案例12　　一个难忘而惊心动魄的夜班

小肖是一家商务酒店的房务经理。这天晚上，轮到她值夜班。像往常一样，她换好工服，神采奕奕地在大堂和其他工作区域认真巡查，观察员工的工作状态以及做好准备随时帮助他们为宾客提供服务。

凌晨 1 点，小肖的手机突然响起，原来是保安主管打来的，电话里的保安主管小林有些着急："肖经理，赶紧去一下 5 楼 502 房间，我也马上到，可能要出事儿……"话没说完小林就挂了电话，小肖不敢怠慢，赶紧三步并作两步向 5 楼赶去。

来到 502 房间门口，小林已经到了，小肖一看现场情况也在心里暗暗说了一句："糟糕！"原来，此时此刻，502 房间门口已经聚集了五六个人，为首的是一名中年妇女，她一边指挥其他人往 502 房间门口搬小板凳，一边说："我就在这守着，看他们什么时候出来，来来来，我们轮流值班，不把他们等出来坚决不走！"

小林正在跟他们沟通，请他们安静，不要影响酒店的其他宾客。小肖通过与对方的沟通和交流基本搞明白了事情的经过。

502 房间住的王先生和外面这位中年妇女的丈夫李先生是合作伙伴，两个人五年前一起开公司，做得还不错，两家人走得也很近，彼此都是朋友。但是去年因为金融风暴的影响，公司业务遭遇寒流，最终破产，一拍两散，因为在公司利益和债务上的纠葛，两个合伙人也从朋友变成了仇敌。听堵门的这位李太太说，房间里的王先生欠了他家很多钱却一直躲着不肯见面，明显就想赖账，今天他们意外得知王先生今天来住这个酒店，所以想抓紧时间跟对方见面解决此事。谁知道怎么打这个人电话都不接，气急之下才赶到酒店，问了服务员得到了王先生的房号于是就来等他出门找他算账。这时房间里的王先生已经知道外面有一群人正在气势汹汹地等他出来问责，当然吓得瑟瑟发抖完全不敢开门。

弄明白这本来只有小说里才会出现的情节，小肖的头都要大了。一边是下定决心要讨公道的人，一边是胆战心惊不敢开门的酒店住客；一方面是酒店的住客安全，另一方面是酒店的公共安全。作为一名酒店管理者，到底应该采取什么立场，以及如何处理这件事？维护酒店安全和纪律是酒店管理者的责任。所以，在公德、私德、安全的前提下，小肖究竟应该如何处理此事？

小肖对小林使了一个眼色，两个人走到楼层工作间仔细讨论了一下，商量出了工作计划，他们的处理目标是：安全第一，绝不能在酒店发生治安事件；

在此目标指引下，他们订出下列计划：（1）由小林以安全为由劝告众人不要聚集在该楼层，将门口的小板凳撤回自己房间；（2）留保安密切关注现场，有情况随时报告；（3）尽量联系上 502 房间的宾客，询问宾客是否需要酒店报警或采取其他处理方案。

接下来的事情很惊险，但最终问题得到了妥善解决。在小林的努力下，502 房间门口的人慢慢离开，最后只留下李太太和她的弟弟在自己房间内开着门关注对面的情况。期间 502 房间的宾客与酒店取得联系表示不想报警，但希望酒店能够协助他离开。

凌晨 4 点，等了一夜的李太太肚子饿了，于是叫了夜宵让服务员送到房间，一直密切关注情况的小林趁着他们吃东西的时候通知了王先生，于是这位先生借此机会迅速离开了酒店；第二天一早，李太太听说了王先生已离开的消息，也退房离开。

终于避免了一次纠纷，紧张了一宿的小肖和小林都松了一口气。但这个过程也着实惊险，写交班记录的时候小肖想，如果员工能够执行工作标准和流程，不把宾客的房号告诉其他人，那么就完全可以避免这种情况的发生。

经历过此事以后，小肖更加深刻地认识到一些工作标准尤其是与安全有关的标准制度的必要性，再做这些培训时她就变得更加笃定，上面的这个案例也便成了她常用的教学案例。

其实，在酒店管理工作中，类似的工作规范还有很多。例如，宾客开门规范，住客忘带钥匙，让服务员开门，可服务员却没完没了地核实身份；勿扰房处理规范，住客明明挂了"请勿打扰"牌，可到了下午 3 点，还是会有人往房间打电话甚至假借送开水的名义敲门查看；开窗规范，开房以后宾客想马上开窗透气，可是窗户最大只能开个 30 度角……

上述种种工作规范，从宾客角度看，仿佛不够人性化，客户体验非但不能说好甚至可用差来形容，但它们却是为宾客提供合格服务的保障，因为安全是体现酒店品质的最低要求，没有之一。

在一本写服务的书里把本节内容跟读者分享的原因是：服务固然非常重要，

客户体验也是酒店管理者必须要关注的，但作为专业人士，我们对服务和安全的认知也应该远高于消费者。所以我们应该用更专业的眼光去观察和体会"客户体验"背后的深层意义，将对服务的认知从浅层的直接认知上升到深层认知，明确酒店对安全的重视其实是服务的另一种体现，从而让我们在被各种信息裹挟的今天不至于人云亦云。

第二章
做酒店服务的实施"坑"

员工不急领导急，怎么办

在第一章里，我们主要分析了业内对服务的认知方面存在的某些误区，本章主要介绍在服务实施过程中也可能会踩到的"雷"和遇到的"坑"，希望能对读者有一定的帮助。

常常听到酒店管理者这样无奈地说："作为管理者，我们都深深地知道服务对酒店的重要性，没有服务哪来的宾客和生意？但问题是，不管我在会上强调多少次'客户第一'的理念，不管我要求大家多少次一定要重视服务，不管培训部组织了多少场有关服务的培训课程，最后实施的效果还是不尽如人意。愿意服务的只有那几个员工，大部分人对服务的理解还是不到位，对宾客服务总是很被动，有的时候甚至刚刚开完服务质量会议，转眼就接到宾客投诉。看到不尽如人意的网评分和大堂经理拿来的宾客投诉意见记录，作为管理者的我一筹莫展，可员工却一点都不着急，或者是表面着急，心里却不以为意。面对这个难题，我应该怎么办？"

笔者还是想给大家讲一个故事。

案例13 **经理的行为，是为了谁？**

在一部与酒店经营服务相关的日本电影里，讲述了这样一个故事。

　　Y酒店是日本一家知名的高级酒店，在新年前夕，酒店生意繁忙，各个营业厅面的宾客络绎不绝。晚上11点，正在大堂忙着跟熟客们打招呼的酒店值班经理藤野先生（化名）突然被餐厅主管山田先生（化名）拉到一边，山田焦急地说："餐厅有麻烦，请藤野经理帮忙处理。"

　　山田将藤野带到厅面，悄悄地用眼神示意藤野关注正在用餐的一对中年男女，并告知藤野："这位先生错把餐桌上的烟灰缸当作餐盘在使用，虽然烟灰缸也清洗得很干净，但毕竟是烟灰缸。如果被宾客发现自己用来装菜品的容器竟然是烟灰缸，肯定会很不舒服；但如果上前提醒先生，又怕先生在女士面前丢了面子，这可怎么办才好？

　　藤野思考片刻，告诉山田："立即收掉其他桌子上所有与宾客误当餐盘的同款烟灰缸，换成其他不同款式的烟灰缸。"山田听了吃惊地张大嘴巴："这动静也太大了吧？宾客用错餐具并不是我们的错误，为什么要如此大动干戈？"

　　看着山田一脸惊诧的表情，藤野一边随手掸掉身边值班台上的烟缸灰并把烟灰缸放进自己的上衣口袋，一边笑吟吟地告诉山田："让宾客将烟灰缸和餐盘混淆，本来就是酒店的错。"

　　看着藤野走出大厅的背影，山田流露出若有所思的神情。

　　故事讲完了，但有两个问题必须要问大家。

　　（1）您赞同藤野先生的做法吗？

　　（2）无论您赞同与否，请告诉我们为什么。

　　每当笔者在课堂上放出这一段影片并且提出上述两个问题时，学员们的答案各不相同。有人说藤野先生小题大做，就算是宾客最终发现自己用错餐盘那也是他自己的问题，与酒店无关；也有人非常赞同藤野先生的做法，因为在酒店工作中，要时刻从宾客的角度出发，只有让宾客满意才能获得他们的认可与支持，将来才能成为酒店的回头客。说这句话的学员一般都是刚刚听完笔者关于"宾客永远是对的"的解读，所以他们一般说完自己的答案会再跟着说一句："生意人求财不求气，就算是宾客自己认错餐盘我们也应该把这个责任承担下来，这样他就会感动于酒店的服务，成为酒店的忠诚客户。"

这两个答案，您赞同哪个？

很显然，选择前者的学员缺少了一点同理心，倘若是自己面对这样的状况，您是否愿意在同行的女士面前因为认错餐盘而羞窘难当呢？那么选择后者的学员呢？藤野先生这样做真是为了让这位有可能遗憾出丑的宾客满意吗？

于是一些关键的问题浮出水面：藤野先生这么做，这位宾客会知道吗？让员工默默地更换所有烟灰缸，他会知道吗？让他的面子不在女士面前受损，他会知道吗？酒店在背后默默付出的这一切应该在事后告诉他吗？如果答案都是否定的，那么怎么才能实现让宾客满意甚至惊喜的目的？

如果听完这段分析您有点懵，那就请您继续考虑这样的问题：藤野先生这么做，到底做给谁看？是给宾客看，还是给员工看？

故事讲到这里，是揭开本节主题的时候了：在笔者看来，藤野先生的做法，不是为了让宾客满意以争取回头客，而是在为员工上一节现身说法的培训课，而培训的主题也不是解决宾客难题的处理技巧，而是一种时刻将宾客放在首要位置的服务意识。试问，若藤野先生每次面对宾客的问题时都采用这样的处理方法，是否就在向他的下属们传递这样一个非常清晰的信号：在我们酒店，宾客的事情就是最重要的事情，我就是这个原则的践行者，希望大家也都这么做。

所以，当酒店管理者发现自己的下属对宾客和服务不够重视时，请先问问自己是否已经对宾客和服务足够重视。不是语言的重视而是发自内心的重视。酒店管理者不用天天开会告诉员工服务如何重要，只需要每天在大堂迎来送往；不用让员工天天背诵"宾客是上帝"，只需要在员工向您询问各种与宾客相关的事件的处理方式时给他们一个正确并且坚定的方向。

再给大家看一个很有意思的例子。

笔者曾经做过一个关于管理者的日常表现对顾客满意度影响的研究，其中有一个话题是"是否看到管理者现场管理"对顾客总体满意度等的影响。相关统计数据如图 2-1 所示。

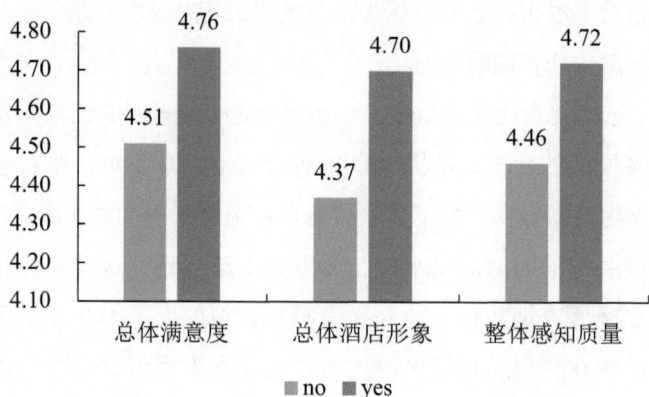

（数据来源：根据和泰智研管理咨询有限公司数据整理）

图 2-1 "是否看到管理者现场管理"对顾客总体满意度等的影响

看到这样的结果，您有没有哑然失笑？您以为在现场对员工指导和培训只是为了发现问题以及提升员工水平，殊不知您的行为本身已经成了宾客眼中一道靓丽的风景线；您以为您的管理行为是在间接为提升顾客满意度贡献力量，谁知这"无心插柳"的结果并不比您苦心经营所带来的收获逊色。当您了解到宾客仅仅是看到现场管理和培训就能让总体满意度得分提高 0.25，让总体酒店形象得分提高 0.33，让整体感知质量得分提高 0.26 时，是否可以问问自己，当自己在讨论现场管理时，到底在讨论什么？

不知道您是否与笔者一样有过这样的经历：当您走到一家陌生的酒店时，能够很快感知该酒店的文化和管理水平。这个酒店是不是重视服务，是不是管理到位，几乎用不了十分钟，您就能有一个大致的判断。没错，因为每一个员工的笑容和举止，每一件设施设备的保养情况，每一个出入酒店大堂的管理者的表情和动作，都已经准确无误地向宾客传递了酒店的重要信息。换句话说，如果您在大堂碰到一位对所有宾客视而不见的管理者，可以想象的是，就算他在例会上说过多少次服务很重要，他的员工也不可能真正信服并且践行，因为他自己已经是一个负面的典型。

所以在课堂上，笔者常常这样告诉学员：对于员工而言，服务是一种技能，他们需要学会服务的基础动作，例如如何铺床上菜、如何清洁抹尘；而对于管理者而言，服务意味着文化，需要管理者践行，用自己的言行准确无误地向员工传递思想和见地，并将这种看不见但完全能够感受到的文化变成具体行为传递给员工。

而管理者的行为，就已经是一个鲜活的例子，会刻进员工和宾客的心里。

原来，重视不是说出来的，而是做出来的。

原来，文化不是贴在墙上的，而是刻在心里的。

可做可不做，您说做不做

上文谈到酒店员工服务的实施力度不足时，笔者提到了酒店管理者践行酒店文化对员工的影响。这一节，笔者依然从管理者的角度来深挖酒店服务难以真正实施的另一个原因：工作要求似是而非、不坚定、不彻底。

请看下面一个案例。

案例14　　　　　**真没看见，还是装没看见**

现下，酒店行业的光环不再。日益激烈的竞争和持续下滑的经济效益让很多酒店的管理者在人工成本上动起了脑筋。开源和节流，永远都是降低成本的两大法宝，"减员增效"也就成了这些年在酒店行业非常热门的词汇。

小李是一家城市商务酒店的行李主管，过去他有一项重要的工作是带领自己的礼宾员在酒店门口帮助所有带行李的宾客提行李，并帮宾客送到房间，但这几年，礼宾处在行李方面的工作量减少了许多。当有一次笔者在课堂上问小李为什么工作量会减少时，小李做出了如下回复。

（1）与过去旅游和出差常常携带大量行李的宾客不同，现在宾客的行李越来越简便，带着厚重行李的宾客数量减少，工作量自然减少。

（2）即使有些宾客带了行李，但行李箱越来越先进，方便运送，所以很多时候宾客并不需要别人帮忙。

情况果然如此吗？笔者恰好在不久前到小李所在的酒店进行了服务质量暗访工作，当时看到的情况是这样的：好几次有提着两三件行李的宾客走进大堂时，礼宾员并没有上前询问，而是一直低着头在礼宾台忙着什么。还有一次笔者看到，本来有一位礼宾员当值时是正对酒店大门的，这时突然从正门进来一位拿着两个箱子和两个包的宾客，这位礼宾员的目光突然游离起来，原本抬起的头低了下去，开始在礼宾台找些什么。

当笔者将这个信息告诉小李时，小李也像是突然意识到了什么，告诉笔者，这事儿可能根源就在他自己身上。原因是今年生意不好，收入下滑加上人工成本大幅增加，所以酒店开展了减员增效的行动。经过一段时间的努力，酒店总员工人数减少了80人，礼宾处的员工也从原来的5人变成了3人，所以礼宾处员工的工作量骤然增加。员工又要拿行李又要提供其他服务，留下的员工怨声载道，纷纷表示再这么干下去，他们也要被逼辞职。小李心里很清楚，老员工离职将会对礼宾处的工作造成很大影响，于是有一天他对礼宾员们说："看到提行李的宾客一定要帮助，如果确实太忙或者不在礼宾台，那就不做硬性要求了。"

听到这里，笔者追问小李，这样有什么问题呢？

小李回答，这就为员工不再主动服务提供了借口！例如，不是说"看到有行李的就服务吗"，那我看不到行不行？不是说"确实太忙"就可以通融吗，那我就可以随时"忙起来"啊，于是"装看不见"和"突然很忙"就成了礼宾处员工的家常便饭，而服务质量的确也下降了很多。

说实话，小李确实很聪明，在笔者的引导下，很快找到了问题的症结：管理者的态度影响了员工的行为。管理者说"必须做"并有相应的管理方法和奖惩条例，那么员工执行的力度和效果必然较好；但如果管理者传递的信息是"可做可不做"，那员工在执行的时候往往会选择"不做"，这是造成该服务项目质量降低的根本原因。

听完笔者的分析，小李连连点头，但同时他又提出了一个让他困惑的问题：现在人少是事实，有些服务必须做也是事实，但问题是现在的人力确实做不到逢行李必送，那该怎么办？同时，关于这两个问题——宾客行李少和行李不需要送，该怎么要求和科学地衡量员工的意愿、态度呢？

对此，笔者给出了下列建议。

（1）鉴于宾客行李减少和不需要服务的情况确实存在，可以修改逢带行李的宾客必须帮助提行李到房间的工作标准和流程。

（2）将原来的"必须拿"改成"必须问"，也就是说，对带了行李的宾客必须要有一个询问宾客是否需要送行李到房间的流程，将是否帮助宾客送行李到房间这件事的主动权交给宾客。

这么一来，员工人在大堂但"看不见宾客提行李"的情况果然少了很多。

无论是需要服务的宾客，还是不需要服务的宾客都得到了恰当的服务，礼宾处的服务质量提升了，顾客满意度也得到了提高。

笔者根据近年来进行服务品质诊断和质量暗访时的所闻所见发现，类似上述案例的情况在现有酒店中普遍存在，而存在上述情况的原因与管理者自身有着必然的联系。正如案例所说，当管理者告知员工一件事情"可做可不做"时，几乎所有员工都会选择"不做"。因为员工很清楚地知道"可做可不做"意味着两个信息：一是这事儿本身并没有那么重要，至少领导对这事情并不是真正重视；二是本来已经很忙了，那些"必须做的"的事情都忙不过来，哪还有空做"可以不做的"事情。

员工的行为就是管理者思想的镜子，它折射出了管理者的思想。

需要跟管理者分享的是，对大多数员工而言，服务是一种技能，这种技能通过工作标准的形式来体现。对客服务应该采取什么具体行为、面对问题怎么处理和解决等，都需要有明确的要求和做法，不能似是而非，不能模棱两可，更不能把不够精准的信息传递给员工。所有的管理者都应该记住以下几句话。

（1）您的坚定，才是员工工作的方向。

（2）不要指望您没有说清楚的事情员工能够做好。

（3）所有想让员工做到的事情都要自己先想清楚、说明白、教到位。

人这么少，服务肯定好不了

根据近年来行业知名咨询公司发布的各种国内酒店服务质量报告数据，以及笔者和业内多位专家持续多年进行酒店业服务质量暗访获取的信息，整体而言，当前酒店业的服务质量明显偏低，而当笔者在跟各位酒店管理者交流相关情况时经常听到的一个服务质量变低的理由："这些年酒店行业竞争太大，生意不好，各酒店都在节约人力成本，所以员工越来越少，员工少了，服务肯定好不了啊……"

缩减成本—员工数量减少—服务质量下降，这个看似逻辑性很强的思路真的对吗？

如果上面这句话是对的，那么这里就有一个隐藏的假设。这个假设就是，服务质量是由员工的数量决定的。这个假设对吗？

先来看一看，酒店在服务质量方面到底有哪些问题。

笔者根据行业发布各种服务质量报告以及对检查的酒店服务质量方面的问题的总结，我们把酒店目前存在的服务质量方面的问题归为如下 4 类。

一、酒店服务项目缺失

这类问题普遍存在于传统星级酒店。因为员工减少、人手不足，曾经提供的服务现在不再提供，其中有两个非常典型的服务项目，一是在上个案例中提到的送行李服务，二是在每天下午和晚上要为高星级宾客提供的夜床服务。上述两种服务项目在传统星级酒店中属于标配服务项目，也对过去的几十年中为提升宾客的服务体验做出过很大的贡献，但在员工数量紧张的今天，很多酒店都不再提供这两项服务。

二、服务意识普遍缺乏

大量数据表明，酒店服务中，有服务项目但服务质量差的现象也比比皆是。例如，宾客去酒店应有人接待，但接待人员直到宾客走到眼前才愿意招呼，接待过程缺乏微笑和敬语，服务语言随意和粗糙；酒店员工在面客区域遇见宾客不再朝气蓬勃、热情洋溢，而是漠然和漫不经心。上述现象都是酒店员工服务意识缺乏造成的直接后果。

三、员工水平参差不齐

很多酒店管理者认为服务质量暗访存在偶然性，认为检查人员到店时恰好碰到了水平较低的员工是导致酒店服务质量得分不高的主要原因。而这恰恰也反映了当下酒店存在的一个明显问题，即员工水平的参差不齐影响了酒店服务水平的稳定性和延续性。这种水平的差异体现在不同部门员工水平的差异上，同一位宾客在前台的体验非常好，但在客房的体验却很糟糕；也体现在同一部门不同班次的差异上，宾客上午走过前台时前台员工会热情地打招呼，下午再走过前台时另一个前台员工却冷若冰霜。因此，员工水平的差异是导致酒店服务质量不稳定的重要因素。

四、现场管理力度不足

酒店业是一个看起来技术难度不高但管理起来却异常复杂的行业，原因是其主要产品是服务，而服务是由人来提供的，人是最复杂也最难以把控和管理的一个群体。落实到具体酒店服务工作中不难发现，管理者对服务现场的跟进、管理和指导也是影响酒店服务质量的一个重要因素。毫不夸张地说，在同一个服务场景下，有管理者和没有管理者的氛围差异甚大。在近年来的检查中有一个典型现象，就是管理者的现场管理力度不足，造成很多服务问题无法及时得到处理，一些员工的行为无法得到及时的监督和指导。

以上便是对当下国内酒店存在的服务质量方面问题的总结，笔者尝试过，拿出任何一个具体的服务质量方面的问题，都能将其放进上述的一个或几个类别中，不知您是否认同？

如果您认同上述对当下酒店服务质量方面的问题的总结，那么此刻需要您思考的就是另外一个问题了。

请问上述 4 类问题中，哪些与员工的数量有关？

仔细观察思考以后不难得到以下结论：除了第一项服务项目缺失与员工缺乏有直接关系外，其他 3 项与员工的数量都并没有直接的关系。

更进一步的问题是，难道服务项目缺失，只是因为员工数量不足吗？

在上一小节中，笔者已经分析过，对于因为人手不足而无法提供行李服务的情况应该怎么处理。从"全部拿"到"全部问"其实只是一种认知的变化，而这种认知的变化一方面保证了宾客对于服务项目的主动权，另一方面也有利于合理配置员工数量。

换句话说，员工是一种资源，如何合理调配和使用有限资源，让其既满足宾客需求又与员工成长和实际情况相符，是管理者应该考虑的问题。

例如，当管理者发现人手不够时，首先要考虑的不是"加人"，而是以下几个问题。

（1）我的员工排班合理吗？他们的工作效率是否得到合理开发与调配？

（2）我的员工每天的有效工时是多少？我利用、安排好了吗？

（3）我们的工作流程有没有需要改进的地方？

如果管理者对这几个问题的认识还有一点模糊，那么请看下面这个案例。

案例15　　　　　　　　　　一张神奇的排班表

小林是一家四星级酒店的前厅部经理，近3年来一直苦恼于酒店"没人"和"抓品质"这两个看上去矛盾的词带来的问题。这一天她在朋友圈看到一家酒店行业知名培训机构H公司组织的"酒店人力资源管理培训班"的广告，非常感兴趣，立即报名参加培训，希望能够找到有效的方法来解决酒店提高服务质量和人手缺乏之间的矛盾。

在课上，拥有多年酒店行业从业经验的授课老师什么都没说，先在PPT上展示了一张酒店的排班表，让学员们仔细观看后提出自己的观点和想法。"真是一堂有趣的课"，小林想，一张排班表能看出什么问题呢？

PPT上显示的是以下文字：倘若有一家拥有300间客房的中端城市商务酒店，酒店客房出租率为周末高、平时低，且每天开房高峰时段为中午1点左右，晚上8点以后很少有宾客进店。表2-1是该酒店前厅接待处的排班表，请说出您看了这张排班表后的感受。

表2-1 某酒店前厅接待处的排班表

日期	周	出租率	早班（人）	正常班（人）	中班（人）下午3点至晚上12点	夜班（人）晚上11点半至次日清晨
5.29	日	53%	2	2	3	1
5.30	一	39%	2	2	3	1
5.31	二	47%	3	1	3	1
6.1	三	75%	3	3	2	1
6.2	四	93%	2	2	3	1
6.3	五	86%	2	2	3	1
6.4	六	84%	2	2	3	1

（数据来源：根据和泰智研管理咨询有限公司数据整理）

看了半天，小林都还有点懵，觉得好像哪里不太对，又说不出具体的理由，直到听到其他学员的发言和老师的总结以后，才恍然大悟。天哪，原来一张看似简单的排班表竟然能够反映这么多的问题。

（1）表上显示该酒店生意淡旺分明。客房的出租率周四到周六比较高，从周四开始出租率均在80%以上，甚至有93%的超高出租率。但周日到周三的出租率却很低，绝大部分在50%左右，尤其是周一，竟然只有39%。对于前台员工而言，出租率代表工作量，如此波动的出租率竟然没对员工的排班造成影响。无论是出租率极高的周四，还是出租率极低的周一，前台每天安排的上班人数完全一样，可见排班人完全没有动态排班的意识。而未参考经营情况安排班次必然导致两种后果：一是出租率高时人手不够，二是出租率低时人浮于事。但问题是，如果酒店一直以来都处在一个员工忙闲不均的情况，努力的员工累，讨巧的员工闲，长此以往，必然影响优秀员工的工作积极性。

（2）文中说明该酒店的经营高峰在中午1点，晚上8点后很少有宾客进店，这也是排班人需要考虑的重要因素。但上述排班表中不仅没有将更多的员工合理安排在经营高峰期，反而是晚上中班的员工数量较多。这同样也会造成员工工作量分配不均和工作效率不能充分发挥的问题。

（3）如果按照这样的思路安排班次，那么在经营高峰时就很可能需要安排员工停休加班，而加班就意味着一方面需要增加加班费，另一方面也会增加员工的心理负担，在工作量少时会造成员工资源的浪费。

（4）排班时应该充分考虑前一天的出租率对次日工作的影响。前一天的出租率高必然导致第二天上午的退房工作量大，因此在排班时应该倾向于安排更多员工上早班，但在上述排班表中却出现了相反的情况。

小林认认真真地将上述结论整理在了自己的笔记本上，她一边想一边反思自己："这样的排班表，我们有吗？作为管理者，我好像从来没有想过一张小小的排班表竟有如此神奇的作用，回去以后赶紧看一下前台的排班表。原来排班是要有动态排班意识的，不能一周一排甚至半月一排，而是需要根据不同的出租率进行实时调整。只有这样才能把资源分配得当，不至于员工多的时候很多员工无事可做，员工少的时候因员工疲于应付而导致服务质量下滑严重……"

上述案例只是讲述了影响员工服务质量和工作效率的一个原因，但还有很多其他原因。例如，员工素质和工作流程等会对员工工作效率产生影响，一个优秀员工和一个新员工的工作效率可能相差数倍，而一个流程的改变可能就能让员工更关注宾客的感受，以及减少缺乏人手带来的影响。回到本节的主题，原来员工人数并不是影响酒店服务质量的主要因素，缺乏人手也不能成为服务质量降低的理由。管理者应该记住下面两句话。

（1）当您觉得员工不够用的时候，先问问自己是否已经用好员工；

（2）与服务质量密切相关的不是员工的数量而是他们的质量，所以与其关注员工的数量，不如把更多的精力放在对员工的培训和帮助老员工成长上。

"失宠"的SOP，到底要不要

标准作业程序（Standard Operation Procedure，SOP）曾经在中国酒店业系统化发展进程中起到关键作用，但这些年来其境地非常尴尬。时不时地会听到一些关于SOP的负面言论，稍微总结一下，大致有以下两种说法。

（1）酒店的SOP过于传统和保守，不符合酒店实际运营情况，实用性不强。

（2）当下酒店业强调客户体验，好的客户体验主要依赖于员工而不是SOP。

表面看来，这两种说法均很有道理：一方面，的确有很多酒店在执行 SOP 的过程中存在诸多问题；另一方面，酒店高水准的服务也确实需要员工有更多的人性化以及个性化的思考。但如果从更深层次思考，其实对这两种说法仍有值得商讨之处。

针对目前很多酒店的 SOP 实用性不强的原因，笔者总结为以下几点。

一、酒店的 SOP 与实际运营情况完全不符，没有任何参考价值

这种情况的产生主要是因为编写酒店的 SOP 的人并没有依据酒店实际运营情况来编写，是为了编写而编写。其可能大量借鉴了行业内知名酒店的 SOP，并在此基础上进行删减增补，最后形成一个只是看起来很像样的 SOP。但因为酒店的具体情况不一样，所以编写的内容与本酒店需求完全不匹配。这样编写出来的 SOP 大部分都会被放在酒店总经办的书橱里，供参观和检查，但对员工的工作毫无指导意义。

二、酒店的 SOP 曾经满足实际运营需要，后因工作内容调整未及时更新

这类 SOP 是根据酒店实际运营情况编撰的，因此曾经为酒店员工提供过具体且可参考性强的指导。但由于行业发展和变化，导致大量酒店服务项目和工作内容发生了变化，员工的行为改变了，可 SOP 的内容却没有被及时更新和修改，导致 SOP 里说的和员工做的不匹配，原本可执行性很强的 SOP 不再符合酒店的需要。

当然，出现这种情况有一个很重要的原因，就是酒店管理者的认知和能力不足。理论上来说，酒店员工和管理者在对 SOP 的认知和执行上是有明显差异的。员工是 SOP 的执行者，而管理者是 SOP 的制定者。也就是说，当酒店的实际情况与原有 SOP 发生冲突和变化时，管理者应该根据变化及时调整 SOP 并将其优化，同时对员工进行培训让员工掌握新知识。但遗憾的是，大多数管理者不具备这样的认知和能力，他们也把自己当成了执行者，在实际工作发生变化时不能主动并且高质量地完成对酒店原有 SOP 的完善、升级和优化。这是一种普遍现象，也从侧面反映了部分管理者对此问题的认知和能力不足。

三、酒店的 SOP 写得非常好，但员工执行不到位，导致 SOP 形同虚设

酒店的 SOP 不能物尽其用的原因还有一个，SOP 写得很具体，完全依据酒店实际运作情况而写，但员工执行起来不那么理想。这种现象其实也反映了两个问题，一是 SOP 的呈现方式不尽如人意，二是培训效果不够好。

从 SOP 的呈现方式来看，很多酒店的 SOP 只写了员工应该怎么做，而没有写员工这么做的原因是什么。而对于任何人而言，让他知道为什么要这么做其实比告诉他应该怎么做要好得多。尤其是面对当今"90 后"和"00 后"这样一群非常有主见的新生代员工，让他们理解行为背后的逻辑比仅仅告诉他们怎么做更有价值。

从培训效果来看，任何一本 SOP 编写成功后，酒店都需要对员工进行系统化的培训和学习，让员工熟练掌握 SOP 的内容。但是否能够让员工掌握并且执行所有内容，其实需要管理者掌握很强的培训技巧。一方面，笔者建议所有管理者尤其是一线管理者必须要参与本酒店 SOP 的编撰工作，这样管理者对 SOP 的理解就会更加深刻；另一方面，管理者应掌握一定的专业培训方法（如四步培训法），因为专业培训方法也是将知识有效转化的另一种"武器"。

看完上述对 SOP 相关问题的解读，不知您对 SOP 是否有了新的理解。至于 SOP 和员工个性化服务之间的关系，请读者翻到本书第一章第六节，再看看案例 10。

如果您还记得这个案例，那就可以对本节的内容有更深的理解。我们相信之前宾客享受的服务是真的，我们也相信袁女士的案例不是个案，而产生这种现象的一个重要原因就是员工的服务行为并没有接受系统化的可执行标准和流程的指导。应该让每一个员工在碰到同一类事件时可以按照同一种方式来操作，而不是依赖某一个或几个员工，甚至可以说是依赖这些员工的心情和状态——今天心情好，个性化服务就好，明天心情不好，那么对客服务也就敷衍了事。完全依赖员工的个性造成的结果就是服务质量不够稳定。

至此，笔者可以很负责任地说：

（1）酒店的 SOP 决定的是服务质量的最低标准，而员工意识则决定了服务

质量的最高标准；

（2）没有 SOP 的个性化服务是无源之水、无本之木，缺乏持续成长的动力；

（3）没有员工服务意识的 SOP 是"一本丧失了灵魂的书"，读起来味同嚼蜡；

（4）想要保证酒店有稳定且创新的服务质量，SOP 和员工服务意识一个都不能少。

有关酒店的 SOP 具体应如何理解并执行的内容笔者将会在本书第五篇"酒店服务管理系统"中的第十三章"SOP 是服务水准的保证"里做系统阐述。

酒店服务的"法"与"情"

有时候，我们会有这样的困惑，当宾客需求与酒店规定产生矛盾而宾客又无法理解时该怎么办？第一章中提到，酒店关于安全方面的标准和制度可能会与宾客的便利性需求产生矛盾，例如，不能向外人透露入住人房号，宾客要求开房门时必须核实确认身份等。往往这种时候会有宾客不理解，甚至是投诉。而员工在面对这种问题时，大多数情况下只会用"这是酒店规定"等来回复，但一般是越用规定来说明这件事的必要性，宾客越不买账。"为什么要有这样的规定？""规定是'死'的，人是'活'的。"类似这样的话，估计做过一线服务工作的人并不陌生。那么，这个矛盾，该如何解决？

说也简单，只要明白每一项规定背后的逻辑，并辅以相应的语言沟通技巧，就能有不一样的结果。下面笔者将从大家常常提到的很难处理的矛盾着手，深入分析员工的工作逻辑和思路。

案例16   您的心里有什么，世界就是什么

2018 年 4 月 27 日，《中华人民共和国反恐怖主义法》（2018 修正）正式实施，法律规定，所有宾客入住酒店时必须登记，如果发现有宾客不登记情况，

酒店将被重罚。该条法令刚刚实施，就对酒店前台服务产生了很大影响。据不完全统计，短短一年内，因涉及酒店宾客登记规定而正式被媒体曝光的相关事件有数十起，其中有酒店未按规定给宾客登记而遭受巨额罚款的；有员工因为要求宾客登记而惨遭殴打的；甚至还有更加恶劣的事件发生……

每每看到这样的新闻，笔者都十分心疼。不严格登记——被罚，严格登记——被打，不得已反抗——被抓。无论是上述哪种情况，酒店显然都是弱势群体。记得当时每一条新闻下面的评论几乎都是一边倒的意见，把这些意见归纳起来，主要有如下几条。

（1）所有宾客要登记是法律规定，无论是酒店还是宾客都必须遵守。

（2）为了不被罚款，即使宾客投诉也要坚持原则，因为酒店的行为被法律保护。

（3）国家应该加大普法力度，让宾客更配合，而不是让酒店承担所有风险。

毫无疑问，上述意见完全正确，于是，在这样的指引下，很多员工是这样与不肯登记的宾客交流的。

（一男一女两位宾客来到前台要求开房）

员工：请两位出示证件。

宾客：登记一个人不就行了？麻烦死了，不登记了！

员工：不好意思，公安局有规定，所有宾客必须登记。

宾客：我身份证没带，没法登记。

员工：这是法律规定，不登记不能入住，您可以去公安局补一个临时证件。

宾客：我就不登记怎么了？你们怎么那么烦？

员工（急了）：不登记就不让入住，这是法律规定！

上述员工的做法好吗？面对不肯登记的宾客，前台员工到底应该怎么做？

不知道有多少酒店员工看到这样的对话会觉得熟悉？或许酒店不同，说辞不会完全一样，但要求出示证件被拒后就立即搬出法律规定，确实是不少酒店员工的共识和实际做法。这样的做法乍一看，员工确实是在遵守规定，没有过错，但无错就意味着完美吗？这样做，真的好吗？

回到刚才的 3 条意见，我们有没有做出以下的思考。

（1）当员工真的与宾客发生冲突时，法律能立刻"跳"出来保护员工吗？

（2）基于酒店行业的服务特殊性，对一个期望在这里满足受尊重需求的宾客，除了用法律的"帽子"去约束他，就没有更好的处理方式了吗？

如果上述几个问题引起了您片刻的沉思，那么除了有感性的愤慨外，您再来看看笔者做的一些理性的分析。

一、前台登记之"法"——对法律规定的认知

一方面，尽管法律的核心思想是"惩戒坏人""保护好人"，但反映在社会现实中，它的惩戒功能要远强于保护功能。在本案例里，如果员工被施暴，最终或许行凶者会得到惩戒，但员工被伤害的事实已经无法改变。所以，面对人身安全问题，我们更加需要的是事前的预防和自保，而不是事后的追责和惩罚。

另一方面，法律是最低限度的道德，也就是人们的行为底线，而一旦某人的行为被告知需要用法律去约束，他可能会认为这是藐视他的道德水平。所以，尽管您的态度并没有无礼，但您的语言正在向对方传递着这样的信息："看，你就是那个需要用法律才能约束的人。"而对方最有可能想的就是："原来你把我看成这样的人，既然如此，那我就偏不登记，看你怎么办。"您有没有看到过不提法律还好，越说法律越生气的宾客？其实很多时候，那些最终闹得不可开交的宾客最初并不是真的那么差，而是员工的语言刺激了他。

说到这里，笔者想请大家再回忆一下第一章"宾客素质差，怪我吗？"这一节内容，是否与上述内容有相同之处？无论是酒店创造了什么样的环境，还是员工用什么方式跟宾客沟通，其实最后的结果都跟服务者的心态密切相关。

（1）用法律约束他，他就是违法者。

（2）用规定约束他，他就是不服管的"刺儿头"。

（3）用真心感化他，他才是有爱的人。

换句话说，您的心里有什么，世界就是什么。

二、前台登记之"情"——对服务行业的认知

酒店行业是一个有"情"的行业，每个进入酒店行业的人都应该接受过这样的理念，而服务本身也是情感堆积的外在表现。微笑、礼貌用语、行为规范、个性化服务，哪一个不是在体现"情"？又有哪一项不是在"尊重宾客"这个前提下进行"情"的渗透和设计？因为有情，员工才会在宾客误会时先说"很抱歉，一定是我没有表达清楚让您误会了"；因为有情，员工才会在宾客忘了买单边聊天边离开时用"您的东西忘带了"替代"您还没有买单呢"；因为有情，斯塔特勒先生才将"宾客永远是对的"这句话刻在了数代酒店人的心里。其实我们都明白，我们只是在用"情"构建一个美丽的"家园"，而这个"家园"，既让宾客感到舒适和满足，也成就了我们的光荣和梦想。

是的，是"情"让我们成就了彼此。

所以，当面对不肯配合的宾客时，是"法理慑之"还是"情理化之"就成了一道很有意思的选择题。

代入刚才的案例，倘若"法理慑之"，那么可能造成的结果如下。

（1）宾客欣然接受。

（2）宾客勉强同意，但心生不满，换场景随时爆发。

（3）宾客越发生气，矛盾激化，后果严重。

显然，后两种不是我们期待的结果，那么如果选择"情理化之"呢？

请允许笔者将上面的场景更改如下。

（一男一女两位宾客来到前台要求开房）

员工：先生女士晚上好，感谢二位光临我们酒店！麻烦出示一下二位的证件，我马上办理入住手续，好让二位早点回房间休息。

宾客：就登记一份证件就行了，我老婆就不用了，太麻烦了。

员工：非常理解您的心情，看您风尘仆仆一定很辛苦，不过为了您和太太的安全和便利，还是建议做好登记。因为只有登记才是宾客入住酒店的唯一证明，不管两位谁的钥匙忘带或者丢失，都可以在核实信息后立即重新获得钥匙以保障您的财物安全。

宾客：好像有点道理。

员工：呵呵，还有啊，万一太太不小心忘带钥匙，您又不在身边，而为了保障安全，服务员又必须核对身份信息后才能开门，要是不登记的话得多麻烦啊。太太得楼上楼下奔波不说，还要耽误很多时间！登记手续很简单，我马上给您办理，您看好吗？

宾客：那倒也是，好吧，证件给你。

员工：谢谢张先生和张太太，我们也会根据登记资料为您二位建立客史档案，等到下次生日的时候，会有祝福送给二位哦！祝二位入住愉快！

怎么样？如此"情理化之"，效果比之"法理慑之"，如何？

当然，仍然会有人问，并不是所有宾客都讲道理，那么碰到不讲道理的宾客又该如何？

笔者给出如下决策。

关于优化"宾客不肯登记"情况前台员工工作流程的备忘录。

原则：履行法规，保障安全。

方法：守法容情，先礼后兵。

关键点如下。

（1）沟通中的语言技巧。

① 把宾客当"天使"，或许就真的会遇见"天使"。

② 抓住需求，让宾客自愿做我们想让他做的事。

（2）安全第一，员工第一。

优化后的前台员工工作流程如下。

（1）用微笑和问候给宾客留下良好的第一印象。

（2）与宾客寒暄，营造更加和谐的交流气氛。

（3）使用"感谢您的配合""麻烦您出示证件登记"等礼貌用语。

（4）如果宾客还是表示不想登记，从安全、便利和服务3个层面告知宾客登记的好处。

（5）对再三表示忘记带证件的宾客，站在宾客的角度表示理解和同情，同时上报管理者处理（从员工到管理者的转换是为了向宾客展示确实这事儿很为难，但酒店正在积极处理）。

（6）管理者到场后依然以完全相信宾客及帮助宾客的立场提出解决方案，例如，提出将行李暂存，或先请其在休息处休息，再告知办理临时身份证明的地点以及酒店能提供的协助等，总之就是用行动让宾客感觉到登记这事儿必须办，但也给宾客留了足够的面子。

（7）如果当时没有管理者在现场，员工可以表示要向管理者请示（原因同上条，虽然仍是同样的结果，但有一个缓冲，给宾客传递的是积极的信息），到后台请示后回复，可按上一步的程序办理。

（8）如果宾客已经表示出很不愿意合作的态度，其他员工要立即通知酒店保安部密切关注。

（9）交流过程中不要首先将法律规定作为登记理由，但必须提出时可以采用"为了保护您的安全和权益，公安机关也做出了相关规定"这样的说法。

（10）碰到醉酒的宾客，不要试图讲理，可以先提供服务，例如倒杯温水，请其在休息处休息等，同时请大堂经理出面处理，并通知保安部密切关注。

（11）如果遇到无理的宾客，"先礼后兵"，控制情绪，与宾客保持距离，通知保安部，上报领导，并报警。

注意事项如下。

（1）管理者应主动承担起沟通协调的责任，因为不管处理任何棘手问题，管理者出面解决的效果更好，不要因为畏难而只让员工承担责任。

（2）对员工进行明确而清晰的工作流程培训（培训计划另行确定）。

（3）对员工进行判断宾客身份素质和辨别语言真伪的技巧培训。

如此详细地对此案例做出解读，其实有两个原因。

一是笔者经常听到一些中小酒店管理者提到类似宾客不肯登记的事例。说实话，每次听一些朋友义愤填膺地表示宾客素质差导致员工安全无法得到保障时笔者都会就上述观点跟对方沟通，而当他们改变了自己的态度和方法后基本都获得了令人满意的效果。

　　二是希望通过这个案例为大家提供一种进行管理和服务的工作思路，即凡事预则立，不预则废。只要做了充足准备，即便不能完全防患于未然，也一定会有效减少突发风险。

　　管理者面对变化不应被动应付，而应该主动思考以获得解决之道。"思考—分析—决策"是"预"的过程，也是管理者能力提升的过程。

第 二 篇

酒店服务与经营
之间的关系

第三章

智能时代，酒店的服务会消失吗

智能时代对酒店业的冲击

2016 年 11 月，笔者到桂林出差，晚上在阳朔的西街闲逛时，第一次看到机器人服务员出现在一家餐厅。这个机器人眼睛里冒着蓝光，能够把食客点好的餐送到桌前。

2018 年 11 月和 12 月，有两件事对酒店业产生了很大的影响。一是已经宣传了许久的阿里"未来酒店"（菲住布渴酒店）终于开业了。这是一家"无人酒店"，所有的服务均由宾客自己完成，例如自助订房、自助刷脸入住登记等。二是餐饮界的名流海底捞公司也不甘示弱，在阿里"未来酒店"开业一个月以后，海底捞公司的"无人餐厅"也在北京开业，该餐厅实现了从点单和送单的完全无人服务。

其实这样的事情，现在已屡见不鲜。

从苹果公司的"Siri"的无厘头聊天到天猫精灵精准地为宾客点单，从无人汽车只是一个人们想象中的工具到加拿大已将无人车载客写入法律，完成这些变化所用的时间其实并不长。

无论是人工智能还是其他的技术仿佛都在向人们传递这样一种信息：机器可以在很大程度上代替人的劳动。因此人的作用将会被慢慢弱化甚至有可能在不久的未来，人将会被机器完全取代。以色列作家尤瓦尔·赫拉利（Yuval Noah Harari）在他的《未来简史》里也向人们描述过他眼中未来的 3 种人：一种是完全无用的人，一种是可部分被替代的人，还有一种就是似人非人的"神人"。多么让人难以想象的未来！

酒店业的两个极端走向

尽管在上一节大家看到智能时代给酒店业甚至人们的整个生活都带来了很大影响，但是正如本书的卷首语所言，无论这样的未来有多大的可能性或者还需要多久的时间，我们都应立足于当下。一个有着七情六欲的人，是否依然希望赶到某家酒店下榻时能够看到一张灿烂的笑脸，能够听到一声亲切的欢迎？是否依然愿意在离开某家酒店时能够看到酒店员工真诚地送行，握手时能够感受到从手心传来的温度？

知名人力资源公司领英公司曾经发布过一个全球行业的分析报告。报告指出，在 1992 年至 2014 年的 20 多年间，全球范围内从业者数量增长最快的职业是教师、管理咨询、信息技术、社会工作和财务经理，而下降最快的则是皮革匠、编织工、铁匠和打字员。而报告里同时也对未来的职业变化进行了预测。报告指出，在当下的世界，会被逐渐替代的是那些能被规范化、技术化的手工业以及与基础体力和脑力工作相关的职业，例如制造业工人、法律咨询、保险计算、工程造价、司机、银行柜员、普通医生和老师、编辑以及同声传译人员等曾经还盛极一时的职业；而正在兴起并且能够持续发展的职业将会是那些与人的情感密切相关的，例如服务行业相关职业、艺术类职业、心理医生、文化创意行业相关职业、设计师、娱乐工作者、高级教师和产品体验师等。

在线下的课程中，笔者曾经用"有温度的工作才能活"来总结当下的职业倾向，当然这是一种非常感性的说法。早在 20 世纪 80 年代，就有学者用另一种更加严谨的语言表达过相似的观点，那就是"人类的优势在于情绪劳动"。所谓"情绪劳动"指与人类的情感密切相关的劳动，这是一种在过去漫长的岁月中人类区别于其他物种的最重要的特征。

随着技术的发展和岁月的流逝，越来越多的年轻人更加渴望无人服务或者自助服务给自己带来的掌控感和隐私感。时代的大潮或许终会席卷过去的一切，但是在 2019 年的初夏，如果让笔者来预测酒店业的未来发展趋势，那应该是两个极端：一是不再需要人的高科技酒店，二是更加需要情感的人文酒店。

其实在第二节，笔者并不想给大家一个非常准确的预测，也不想告诉大家，服务永远会是主旋律。事实上，根本就没有人真正知道，有哪一种行业能够长久地生存下去，因为未来最大的确定性就是不确定性。而人们能够为自己以及孩子们做的只有 3 条：保持健康的身体、培养强大的心理素质、始终保持自我驱动的学习和再学习能力。

因为只有这样，才能在变革来临时不会目瞪口呆，更不会惊慌失措，人们会准备好由认知和行动编织好的"救生衣"，在巨浪滔天时从容应对，迎接未来。

但至少现在，我们相信，仍有包含作者和大量读者在内的人们更愿意入住那些有情感链接的酒店，以及珍惜这个仍有温度的时代。

这些酒店，为什么受欢迎

在本书的第一篇，笔者跟大家探讨了一些酒店在服务意识和行动上的认知误区，在第二篇第四章里，笔者将用一些具体的案例来跟读者交流服务意识对酒店经营和管理的影响。

西湖国宾馆："百尺竿头"的思考

走进地处浙江省杭州市西子湖畔著名酒店西湖国宾馆的大门，就像走进了一幅绝美的山水画卷，目光所及之处，皆是景，足迹所至之处，皆引人入胜；闲暇时漫步西子湖畔，看烟波浩渺，景色宜人。是的，您没有看错，不用走到游人如织的景区去欣赏美景，走出您居住的房间，属于酒店内景的西湖就在距您不远的地方。

除了动人心魄的美，该酒店还有一个特点，那就是历史悠久。很少有酒店能够有那么多位国家领导人造访且留下美好回忆的经历，随便在酒店散个步，不定在哪儿就能看到一位国家领导人曾经留下的墨宝或住过的房间。当然，经年的沉浮并没有让它的外貌变得老旧，它反而在经历了岁月沉淀以后历久弥新，时至今日，它依然在国家重要外事接待活动中担任举足轻重的角色。

如果看完了上面的介绍，您就认为这家酒店仅仅靠绝胜的美景、悠久的历史或者高贵的出身来赢得赞誉的话，那就实在有一点以偏概全。不信？您先看看这家酒店仅在 2018 年这一年获得的赞誉和奖项。

（1）2018年，总营收突破1.9亿元，MPI（Market Penetpation Index，市场渗透指数）不降反升，平均房价位居同类型高端酒店首位。

（2）以263分通过2018年金树叶级绿色旅游饭店评定性复核，成为浙江省创建金树叶级旅游绿色饭店的标杆企业。

（3）在众多网络平台上的口碑排名稳居榜单。

（4）被杭州市市场监督管理局评为杭州市餐饮食品安全示范店。

（5）被《上海日报》评为杭州地区最佳酒店。

（6）被中国特色酒店论坛组委会评为中国最佳历史文化酒店。

（7）荣获2018年中国饭店品质联盟颁发的单体饭店服务质量白金奖。

（8）荣获第十五届中国酒店"金枕头"奖。

（9）荣获改革开放40周年全国饭店餐饮业功勋企业。

（10）荣获杭州市优质旅游饭店荣誉称号。

（11）酒店中餐厅紫薇厅荣获大众点评"黑珍珠餐厅"、中国"味觉大师"三星餐厅和橄榄中国餐饮业三大奖项。

....

看到上面的成绩，您在赞叹之余，是否还有一丝困惑，那就是，西湖国宾馆为什么能够得到这样的荣誉？或许，以下这些宾客的点评能够让您得到答案。

"入住当天刚好是母亲节，工作人员很贴心送了花，妈妈和阿姨都很开心。不得不说，工作人员态度真的很好，电瓶车也是随叫随到！"

"楼层的阿姨都很亲切，因为带宝宝去的，孩子不小心把水洒在床上，客房的阿姨立即来换，还提醒我老公不要训孩子，真的很感动！"

"带着9个月的宝宝入住西湖国宾馆的8号楼，在酒店入住时由于个人的粗心大意发生了一些小插曲，幸得酒店大堂经理、保安及其他员工的热心帮助，非常暖心。"

"入住第二天正好赶上我们的结婚纪念日，酒店帮我们布置了房间，晚上回到房间，鲜花摆满房间还送上了漂亮的蛋糕，太惊喜了。"

"真的是不虚此行，无论是环境、服务还是酒店的各种设施都是无可挑剔的，尤其是客房服务，每日整理房间3遍，非常感谢客房服务员赫小姐！"

"宾馆员工服务意识一流。无论是大堂总台接待员，还是开驳车的司机、修理工、清洁工、餐厅服务员等工作人员，都能让人感受到他们热情积极的工作态度，他们真是有问必答，而且没有直接向他们寻找帮助，他们也会主动来帮助。"

"入住7号楼，环境优美，老爸腿脚不方便，服务员周到细致，电瓶车随叫随到，非常适合陪同老人度假时入住，下次会再来的。"

"特别提出一点值得表扬的，媳妇马虎大意把手机掉在b1层的沙发上了，工作人员帮我们收好，并且主动归还，再次感谢你们！"

（上述内容来自美团或其他平台的网络点评）

如果您打开西湖国宾馆的网络点评界面就会发现，类似的点评还有很多。在宾客的心里，美景和历史固然重要，但真正能够打动他们的还是员工对宾客发自内心的关心和爱！

不知道您看到上述内容后感受如何？反正笔者在摘录的时候对这家酒店特别钦佩。一家已经拥有得天独厚的资源和优势的酒店，还在打造高品质宾客服务的道路上奋力前行，着实令人敬佩。

据笔者了解，该酒店已连续4年与第三方机构和泰智研管理咨询公司合作开展对酒店品质的诊断工作。酒店每年都会通过顾客满意度调研、专家暗访和网络语义分析，以及员工满意度调研的方式来对酒店的内外部品质进行调研和详细统计分析，提出改进建议，就是为了了解酒店目前的服务品质和可优化空间。一个如此重视宾客服务的酒店，得到宾客表扬自然也就不足为奇。

除了与专业公司合作确定服务的可优化空间和发展方向外，该酒店在内部管理上也有很多举措。

（1）在认知上，坚守"服务是生命线"和"服务差错零容忍"的服务理念。

（2）在行动上，主要采取以下措施。

在外部品质（顾客满意度）提升方面有如下举措。

① 通过完善服务质量积分考核制度，量化日常评优考核办法，开展"名园大使""感谢有你"等评选活动，挖掘身边优秀员工，树立岗位服务标杆，提高员工工作热情，让员工实现自我价值。

② 根据第三方品质诊断报告以及统一组织开展的服务质量检查中出现的问题，认真分析，落实整改，通过采取不同的检查方式强化质量检查的有效性，全面提升运营管理品质。

③ 对影响宾馆服务品质的硬件问题进行归类和整改，使设施设备运行达到最佳状态，通过对锅炉机房蒸汽阀门改装，有效提升保温效果；利用技术创新和"互联网＋"技术，自主设计并施工完成各楼层弱电机房、空调机房、地下室集水井的远程监控系统，提高服务保障效率；通过智慧酒店建设，推出智慧停车场管理系统、共享汽车项目、酒店服务机器人、楼层门禁系统等，使宾馆智慧酒店建设得到进一步提升。

④ 通过设置会员经理、客户关系主任等岗位，有效补充前台对客服务力量，进一步提升宾客的体验感。

⑤ 通过积极推进满意度测评，加强网络舆评管理，提高网络意见回复的及时性和有效性，维护好宾馆的线上形象。

在内部品质（员工满意度）提升方面有如下举措。

① 结合未来发展需要，优化工资结构，增设浮动绩效工资和特殊岗位补贴，充分发挥薪酬的积极导向作用。

② 用活、用好总经理奖励金，极大调动员工的工作积极性。

③ 加强人才梯队建设。通过开展"百人计划"人才选拔工作，发掘高级后备管理人才、潜质后备管理人才和技术技能业务精英人才等。

④ 从专业化、职业化两方面出发，在有效实行分级培训的基础上，重点加强对中高层管理者的培训，提升中高层管理者的能力水平。

⑤ 强化基层管理者岗位轮训，推进管理岗位和专业技术岗位职业资格认证。

⑥ 通过提高员工餐厅餐标，推出员工享受内部价等关系到员工切身利益的政策，以提升员工的归属感。

⑦ 向全员推出企业文化订阅号，开展儿童节亲子活动、双月度集体生日会等暖心活动，进一步加强企业文化建设，激发员工的工作热情。

说完浙江西湖国宾馆的案例，其实笔者想要传递给读者的是以下内容。

（1）即使是高档豪华酒店，无论环境多么优美，历史多么悠久，对于宾客来讲，服务依然是影响宾客入住体验的重要因素。

（2）像西湖国宾馆这样的"别人家的孩子"，本来已经很"聪慧"，还这么努力，如此真切地意识到服务对于酒店未来发展的重要性，并竭尽全力地向着"打造极致宾客体验"的目标全力奔跑，我们还有什么理由不努力、不上进？

金海湾大酒店：从"物有所值"到"物超所值"

提起广东省汕头市金海湾大酒店，或许今天的酒店人对这个名字已经不太熟悉。这家酒店由已故著名设计师佘畯南先生设计，1987年开始建设，1991年正式开业，1995年正式成为粤东地区首家五星级商务酒店。

金海湾大酒店在当时之所以有一定的名气和影响力，除了开业早、很早接受先进的酒店管理和服务理念外，更重要的是它一直在不断努力树立自己的品牌和形象，同时也在酒店服务领域开创了直到现在还为很多酒店人津津乐道的服务创新举措。例如，为了保证对客服务效率而提出的"金海湾服务十二快"，为了保证服务品质而提出的"金海湾温馨带房服务"等。该酒店有一群优秀的年轻人成为了国际金钥匙组织中国地区最早的一批会员，并为传播金钥匙理念做出了卓越的贡献。

像金海湾大酒店这样曾经在历史的长河中璀璨过的酒店国内还有很多，但多年过去了，很多与它同期且齐名的酒店都在日益残酷的市场竞争中受到了巨大冲击，有些酒店风光不再，有些酒店已经不复存在，但金海湾大酒店历经多年的风雨，不仅依然傲然伫立，保持着不俗的业绩，同时在和同城市的竞争对手竞争时仍有很强的优势。如果您到当地出差，提起它来，当地人依然会对它竖起大拇指。

从经营数据上看，金海湾大酒店自从 2015 年酒店客房分期翻新后，尽管行业整体营业形势非常严峻，但金海湾大酒店的营业收入以平均每年 5% 的增幅在增长，例如 2018 年度的营业收入比去年同期增长 5.4%，经营毛利比去年同期增长 3.8%。在市场演化的多元竞争下，该酒店参与政府指定接待单位招投标工作，并凭借业界口碑以综合评分第一名的成绩中标且连续多年未曾缺席招投标会。

从获得荣誉上看，金海湾大酒店连续多年获得"国际金钥匙组织服务最高奖——钻石奖""中华餐饮名店""首届中国商务人士最喜爱的商务酒店 / 度假酒店""卫生质量 A 级信誉单位""广东省绿色饭店"等称号；2007 年评获"广东省著名商标""广东省质量协会用户满意服务单位"，2009 年获得"广东省著名商标"认定，2012 年再次获国际金钥匙组织中国区年度"服务勋章"荣誉称号，评获"2015 年度优秀会议酒店"等荣誉。或许随着时间的流逝，该酒店已不再是同行中的最强者，但在市场竞争的舞台上，它的形象越来越成熟，越来越饱满，越来越立体。

翻开金海湾大酒店的宾客点评薄，大家是这么评价的。

"酒店不错，毕竟是五星级酒店，虽然旧了一点，但是挺舒服的，满意。"

"从进酒店开始，服务员就特别热情，各个部门的服务都不错，礼宾部的服务特别周到。"

"前台的员工态度很好，虽然是历史比较久的五星级酒店，但各方面都保持得还可以，干净卫生。"

"服务很好，工作人员会帮忙将行李拿到房间，地方很大、很宽敞。"

"金海湾大酒店是该市第一家五星级酒店，是较早期的建筑物，在当年应该是一流的酒店，地理位置适中，方便快捷。"

"住了一天感觉不错，房间配套设备齐全，装饰较为古典也很舒适。还有，厕所内设有'救命钟'，我40多年来外出各地旅游住过无数酒店，第一次发觉有这个装置（应该赞赏），相当满意！"

在酒店的设施设备已经很难与新酒店抗衡的情况下，金海湾大酒店仍能获得宾客的青睐，与酒店自从开业以来就秉承的经营宗旨密不可分。听该酒店的老员工讲，酒店从开业起，宾客就被摆在了最高的位置，刚开始酒店的经营宗旨是"温馨细微，物有所值"，几年以后，时任总经理方伟群先生又将"物有所值"改成了"物超所值"。

别看只是一字之差，却体现了服务的真谛。

庄先生喜欢回忆，他常常说，目前担任酒店总经理的陈总，在20多年前还是餐厅部长时是一个羞涩的小伙子。但就是这个羞涩的小陈，无论做什么都很细心周到，以至于庄先生一有宴请宾客的安排，都会放心地交给小陈，如果遇到小陈休息，庄先生宁可坐在包厢专门等着小陈从家里赶来安排也不放心交给别人。20多年过去了，庄先生还是经常入住酒店，尽管小陈的工作已经发生了很大变化，不能像过去一样为庄先生服务，但对庄先生的服务接力棒却传承了下去。例如，一接到庄先生入住的消息，房务柳总监就会进行各种准备工作，礼宾部黄主管会提前将庄先生固定寄存的物品送进房间，客房部蔡经理会准备庄先生爱吃的水果，前台的马主管会为庄先生扫码，方便他骑共享单车。庄先生到达酒店后，早已等候在大堂的陈总、柳总监、蔡经理就会热热闹闹地陪他聊天、喝茶、散步、用餐。在庄先生退房时贴身管家会嘘寒问暖，对他进行回访，祝他路途平安。庄先生每次来到汕头的目的之一就是会会酒店的老朋友，吃吃家乡的美食，快乐地享受人生。

像庄先生这样普通却忠诚的宾客，金海湾大酒店还有很多。

如果在大堂看到一位老先生身边总是围绕着一群酒店管理者和员工，那毫无疑问，他就是法国侨领郑先生。郑先生总是非常骄傲地说："免费请我住某酒店我都不去，我只认金海湾大酒店，这里才是我的家。"

酒店的老朋友蔡先生更是把酒店当成自己的家，把员工当作自己的亲人。

蔡先生就像这个大家庭里的长辈一样备受尊重，员工们也享受着蔡先生的慈爱。后来蔡先生因为身体原因不能常来酒店，他所有的亲戚朋友，甚至亲戚的亲戚也都必选金海湾大酒店。

著名新加坡女作家蓉子女士钟情于金海湾大酒店，她经常在大堂发出慨叹："多么美的酒店，多么优雅的大堂，多么可亲的酒店人。"

在酒店大堂总能看到这样的景象：服务人员随时都在热情洋溢地与宾客交谈，不管是外出公干、出门旅游的人还是社会名流，都会在这里感受到家一样的温暖和舒适。从前台的接待员到打扫卫生的员工再到餐厅的服务生都对宾客真诚以待。像庄先生、蔡先生这样的常客，更是酒店所有员工都特别关注的，这种待客之道是潮汕地区的传统，也是金海湾大酒店特有的员工发自内心的服务素质。

在金海湾大酒店工作多年的老管理者们回忆当年方总在将"物有所值"改成"物超所值"时这样说："让宾客满意是'物有所值'，而让宾客惊喜、达到'物超所值'，则是需要我们用心去做的事情，不容易，但势在必行。"

多少年过去了，设施变旧了，不怕，我们有"物超所值"的服务。

多少年过去了，新酒店越来越多，不怕，我们有"物超所值"的服务。

多少年过去了，老宾客一直在，新宾客一直来，因为，我们有"物超所值"的服务。

如果您有机会去金海湾大酒店，一定要去他们的5楼通道看一看，那里曾经是酒店长住宾客生活的地方，走廊的墙壁上，一直挂着许多酒店宾客和员工交往的照片。很多老宾客回汕头都会来这里寻找回忆，这里也是很多老员工在离开多年后重回酒店时必去的地方，因为这里有他们太多的青春和回忆。

金海湾大酒店的故事说完了，其实通过这个故事，笔者想说的是：酒店业在中国发展多年，沉浮数载，"大浪淘沙"中，有些酒店沉寂，有些酒店奋起，但能够奋起的酒店总是有一些看不见摸不着的东西在做支撑，而那就是"服务"。"服务"才是"大浪淘沙"背后酒店的底气。

嘉莱特精典国际酒店："嘉"文化和"家"文化

嘉莱特精典国际酒店是江西省嘉莱特国际饭店集团旗下的一家新酒店，位于南昌市西湖区八一大道，嘉莱特精典国际酒店地处老城区，2013 年 8 月 29 日开业，截至 2019 年 5 月初，该酒店在各大网站上的网络点评得分均已达到 4.8 分，足见客户对酒店的认同和信赖。除了网络评分成绩喜人，该酒店线下客户的认同也令人瞩目。据不完全统计，平均每月酒店客房部会收到宾客表扬信 150 余封，在这个几乎已被互联网裹挟的智能时代，仍有这么多宾客愿意用传统却需要花费时间和精力的书面表达来展示他们的谢意，实在难能可贵。

如果您是一位已经在酒店行业工作过 5 年以上的业内人士，应该能够理解，2013 年 8 月开业的嘉莱特精典国际酒店刚开业就碰上"寒冬"，着实让酒店的管理者们百感交集。

他们面临的是这样的一个问题：酒店的收入较预期下降已是随着市场行情的变化而无法更改的事实，但收入下降了，之前高服务品质的战略定位需要调整吗？是随波逐流、追求性价比还是不忘初心坚守高水准服务？

这几个问题，酒店管理者说了不算，得看宾客的。

"酒店非常不错，富丽堂皇的大堂吧提供的甜点品种丰富又好吃，前台员工服务甚好，为我安排了安静舒适的房间，还为我介绍了周边的一些旅游景点，我很满意，五星好评。"

"酒店服务人员热情，特别是前台员工。房间大，客房服务递送物品及时。微信、支付宝退款方便且快。可能是因为酒店管理者管理思路比较领先吧。"

"很惊喜，前台员工胡小坚帮我免费升级了房型，第一感觉就很舒服，入住体验很好。"

"服务周到，服务员经常来收有残渣的盘子，客气得我有点不好意思再吃，很满意！"

"值班经理服务态度很好，我出差到这里很累，值班经理好像感觉到了我的疲惫，主动帮我拿行李并通知前台员工快速帮我办理入住手续，还送我到房间，后面又送上蜂蜜水，还说有任何问题随时联系他，十分感谢他们的服务。"

"酒店前台员工服务热情、周到，效率也很高，礼宾员的服务也很专业，大堂吧的茶水点心香甜可口，总体感觉还是很舒适的，下次还会选择此酒店。"

"酒店入住体验十分满意，前台员工服务很好，办理入住手续迅速高效，还有意外的下午茶赠送。"

看了以上宾客的点评，刚才那几个问题的答案已经很明显了。

是的，服务是嘉莱特精典国际酒店的核心文化。

"Can do，no excuse"——"我能我行，没有任何借口"，是嘉莱特精典国际酒店的服务文化，不是贴在墙上，而是落在员工心中的文化。

酒店的许董事长常说"我们期望看到什么，就奖励什么"。所以，酒店有"惊喜服务""最佳绿叶""我看见的服务情怀""感动瞬间""金点子"和"幕后英雄"等多种表彰名，各种基于提升顾客满意度的奖励措施让员工有动力，自发地为宾客着想，用心服务。对于综合评定服务水准高的优胜者，酒店在部门工作群里对其点名表扬并发奖金鼓励；每月开展服务案例或是"感动瞬间"的培训会，评选"月度集团服务之星"，奖励优胜者境外旅游等以鼓励做得好的带动做得稍差的；同时也不会忘记那些还没有达到优秀水平的员工，部门主管或经理通过一对一分享和教导鼓励他们大胆尝试。

毫无疑问，这些奖励措施会从另外一个方面看到结果。

例如，翻开还带着墨香的宾客的表扬信，让人感动的语句比比皆是。

在特殊节日（节假日或周年庆）安排的礼品，对特殊宾客（儿童、老人和残障人士）的特殊关怀，针对特殊需求的个性化举措（主动帮助有困难的宾客），这些都是每天在上演的温情故事，甚至让很多酒店头疼或嫌弃的宾客点外卖的行为，他们对此也十分理解和体谅，谁到外地不想尝一尝当地的特色美食呢？与其排斥，不如主动接纳，人心都是肉长的，宾客同样也会感谢酒店的理解。

更何况，如果发现外卖的物品中有鲜花或者蛋糕这样的商品，不正是一个为宾客提供"温度"服务的机会吗？所以，这样的外卖会由值班经理送到房间并与宾客确认是否是特殊纪念日，如果确实如此，酒店会再送上红酒、鲜花或者果盘，为宾客的喜乐锦上添花。

酒店以真情换真心，虽然是在萧瑟的北风中冲进"战场"，却在"四面楚歌"中逆风飞扬。从 2013 年至今，嘉莱特精典国际酒店的营业收入竟然在逆势下逐年上涨，而 2018 年酒店仅 7% 的员工离职率是不是让您更加吃惊？

这一切，依然跟该酒店的服务文化密切相关。

"员工爱宾客，酒店爱员工。"

这不是口号，是实际行动。

员工不是为宾客提供了优质服务吗？那么，很快，该员工就会变成酒店的明星员工。明星员工的事迹将在员工大会、员工宣传栏、企业微信群、公众号、抖音等平台上传播。

除此以外，演讲比赛、朗诵比赛、产品知识竞赛、服务礼仪比赛、技能竞赛、集体春游、趣味运动会、每月的员工日、入住率达到 100% 时的加餐、店庆、节日对员工的关爱行动等不胜枚举。

当然，比成为明星员工和受关怀更让人激动的是员工与企业共同成长的机会，嘉莱特精典国际酒店从一家单体酒店发展到五家酒店，并成为饭店集团，与众多陪伴企业成长的员工的努力密不可分，而他们当然也一起享受了企业发展的福利。很多老员工都已成为总经理、总监、部门负责人，在见证企业成长的过程中也见证了自己的成长，他们如今已成为酒店的中流砥柱，也成为他们下属眼中的明天和未来。

以上种种，嘉莱特精典国际酒店的所有员工们都亲切地称为"嘉"文化或者"家"文化。而无论是"嘉"文化还是"家"文化，都有一个共同的目的，那就是把服务变成一种信仰，这种信仰与宾客和员工同在。而我们也有足够的理由相信，在强手如云的竞技场，用真心、真情铸就的服务才是酒店赢得胜利的重要原因。

时光漫步酒店：与您，在有缘相见的时光中漫步

"时光漫步"这个酒店品牌，是笔者几年前在北京新街口附近散步时看到的，作为曾经的文艺女青年以及酒店人，不免被"怀旧"这两个字吸引。笔者走进酒店大堂，果然有很浓厚的怀旧氛围，放眼望去都是老家什，有特点，有好感，当时却也没有想太多。

后来，笔者慢慢地在其他地方也看到了这个酒店的招牌，身边的朋友也开始推荐这个并不算很高档、很豪华但据说还很舒服的酒店。笔者好奇之余打听了一下，原来这个酒店品牌旗下已经有9家店，并且以每间客房不到10万元的投资，做到了450万元的平均年收益，旗下门店普遍做到了两年收回投资，这个成绩在酒店行业确实很让人吃惊。更让人吃惊的是，2017年大众点评网的北京酒店口碑榜，时光漫步北京雍和宫店口碑排名第一，时光漫步国子监店排名第五，时光漫步西单店排名第十五，时光漫步天坛店排名第十七；再看2019年的数据，在全北京舒适型酒店口碑榜前20名中，时光漫步北京的7家门店有5家上榜，且均排名前十。其中国子监店排名第一，天坛店排名第二，西单店排名第三，雍和宫店排名第五，国贸劲松店排名第七。除此以外，时光漫步酒店在美团上的评分也都很高，一直保持4.8分或4.9分的高分。酒店投资这么低，口碑还那么好，这就很有意思了。

这是为什么呢？笔者不免好奇。

一次偶然的机会，笔者经朋友介绍认识了时光漫步酒店的运营总监蔡女士。蔡女士告诉笔者，经过6年多的尝试和积累，在竞争激烈的中档主题酒店市场，他们逐步找到了属于时光漫步酒店的核心竞争力，其中重要的有两条：一条是"大度经营"，另一条是"服务制胜"。

对于这两个法宝，蔡女士是这么总结的。

所谓"大度经营"，指的是以下几个要素。

（1）"四不"承诺——不收押金，不查房，一般情况下不收宾客赔偿费，不收宾客延迟退房违约费。

（2）房间里不放置任何收费物品。

（3）酒店大堂设置免费迎宾饮品。

（4）酒店大堂设置"时光宝篮"。

（5）酒店前台免费租借物品。

（6）餐厅为宾客提供免费夜宵。

所谓"服务制胜"，指的是一些很具体的小举措，如下。

（1）时光漫步酒店每月的主题活动。

（2）时光漫步酒店客房员工的"留言条"。

（3）时光漫步酒店开展的每月"服务之星"评比。

（4）时光漫步酒店每天分享服务案例。

（5）时光漫步酒店的"服务守则二十二条""预见服务"。

为了更好地诠释她所讲的内容，蔡女士还特地给笔者介绍了几个在不同的时光漫步酒店的典型案例。

有一天晚上宾客很晚到酒店，酒店没有停车位了，值班经理直接把宾客带到附近的停车场。住一晚房费380元，却要帮宾客支付停车费190元，值吗？必须值！因为，相识虽短，却让酒店收获了一个"铁杆粉丝"！

一位外宾把手机落在西安到北京的高铁上，外宾本来对找回手机已经不寄希望，但前台的员工却把这事儿放在了心上，拨了无数个咨询电话，终于得知，手机已经跟车回了西安！幸运的是，好心的列车长委托下一趟车把手机捎回了北京！晚上，前台的员工冒着寒风去车站等了一个多小时，10点多，手机顺利归还宾客！一个手机，一天之内在西安和北京之间往返两趟，这中间包含的，是对身处异国他乡的宾客浓浓的关爱！

一对来天津就医的老姐妹，姐姐已90岁高龄，每天要坐轮椅到附近的中医院做针灸治疗，同样年迈的妹妹无法在行动上帮助姐姐。于是，时光漫步天津店的员工们做起了老人的临时护工！入住的一个月时间内，酒店里的男性员工负责每天帮宾客抬轮椅进进出出，酒店里的女性员工负责满足宾客在房间的种种需求，店长还每天抽出时间陪宾客聊天解乏。离开的时候，老人很是不舍，因为在她心里，酒店员工俨然成了她的亲人！

大卫，一位外宾，为了保护家乡的自然环境，独自来中国，试图将中国清洁环保的风能技术引入他的家乡。不料入住酒店期间，他的银行卡出了问题无法支付，语言不通没法联系上朋友，信息缺乏无法开展工作。于是，店助于浩做起了他的小助手，帮助大卫解决了问题，大卫很感激于浩，而于浩也在几天的相处中跟宾客成了朋友！

一位母亲带着儿子入住时光漫步天坛店，本想用旅游的方式给孩子庆祝 17岁生日，不料却因心脏不好突然病倒在房间！天坛店的员工们第一时间叫了救护车，全程陪同宾客去医院检查、治疗。为了不让这位母亲留下遗憾，当天晚上，员工们买了蛋糕，给她的孩子策划了一个惊喜的生日会！这母亲感动得热泪盈眶！出门在外不容易，来了时光漫步，酒店员工就是宾客最值得信赖的亲人！

一对母女入住酒店，母亲年事已高且腿脚不便，店里的年轻员工就每天把热腾腾的饭菜给宾客送到房间；知道宾客在附近看病，便在房间准备了康乃馨，用鲜花给宾客带来好心情；房间洗衣服不方便，前台员工就每天帮宾客把衣服洗好晾干再叠好送回房间；客房的员工们每天打扫的时候都会跟宾客聊聊天，偶尔还给老人做做脚部按摩……天坛店的酒店员工跟宾客说："我们不是大夫，不能给您治病，但是我们会用真诚带给您好心情！"

一位来自加拿大的大叔Yvan，不远万里来到中国，开展为期半年的公益活动，先后3次入住天坛店，每次前台员工都会像老朋友一样给Yvan提供很多帮助，而Yvan，也会精心挑选一些小礼物回赠给前台员工。11月，Yvan结束他的公益活动回国，最后一天他让前台员工帮了最后一次忙，他给陕西一些贫困儿童买了很多书籍和衣物，让前台员工帮他寄走。Yvan临走前酒店里的员工们很是不舍，他的乐观和博爱一直感染着酒店里的员工，而员工，也让时光漫步酒店成了Yvan对中国的一份记忆！

说心里话，听蔡女士介绍完上述内容后，笔者的心里充满了惊喜。这么优质的服务，难道不应该是出现在五星级大酒店里的吗？一家每间客房只有10万元投资的小酒店，怎么能把酒店服务做得如此好？

是的，想必读者也会有与笔者同样的发现，上述案例，包括之前所描述的大度经营和服务制胜，其实都是以宾客为核心，以满足宾客需求为己任的思考逻辑和行动指南啊！

原来无论是高星级豪华酒店、中高端商务酒店，还是拥有一定特色理念和风格的精品酒店，它们的工作内核都是一致的——一切围绕宾客需求和感受。因为无论是哪一种酒店，"服务是酒店业的生命线"这句话总是不会错的。

金岛大酒店：虽然小，但有"料"

"房间大得绝对超乎你的想象，房间很干净，进房间时还以为走错了，最大的亮点，前台员工很热情，下次来宜昌就定这里了！"

"离江边和CBD都挺近，性比价很高，前台员工服务态度不错，已推荐朋友。"

"强烈推荐！这么低的价格能住到这么好的酒店简直太幸运了吧！豪华、大气、干净，总之是特别满意的一次消费，下次来宜昌就来这家了！"

"有什么问题都可以找前台员工，前台员工服务态度真的挺好的，只要我有问题，她们都会解决。"

"客房服务人员特别热情、尽责，卫生做得非常好！前台员工也特别好，有问题能及时处理。出差首选，值得推荐！"

"交通方便，带着老人和孩子住的家庭房，很宽敞、整洁，前台员工态度很好，咨询的问题都详细地解答。"

"金岛大酒店算是本土很好的酒店，性价比很高，适合各个层次、年龄段的人的消费需求！服务真的很棒，前台员工的服务很热情、周到，停车师傅很专业也很敬业！

看到上面的点评，您能猜到这些宾客描述的是一家什么酒店吗？

是一家高星级商务酒店？豪华酒店？至少是一家中端特色精品酒店吧？答案可能会让您大吃一惊，这酒店既不豪华也不是星级酒店，它是地区性中小型连锁酒店集团武汉金岛大酒店旗下的一家酒店。虽然金岛大酒店旗下确实有好几家酒店，但每一家酒店的房间都不多，房价也不高，平均房价大约百元。但是让人惊奇的是，就是这么几家小小的区域性酒店，每年贡献给推广平台的运营费用高达一百多万。这样您能倒推出酒店本身的业绩了吧？

那么是什么原因让金岛大酒店以这么小的规模和这么低的房价，却可以达到入住率90%，以及利润率超高呢？

这个答案其实从宾客的点评中便能见到端倪。

其实，金岛大酒店最核心的优势就是用服务铸就的性价比。

这也是之前分析过的"物超所值"的概念。

在一次行业培训课堂上，笔者见到了该酒店的运营经理秦女士。秦女士告诉笔者，金岛大酒店的董事长对服务非常重视，在遇到投诉事件时，董事长经常说的很通俗一句话是"不管宾客有没有理解都不要跟宾客争论，就算酒店损失一点钱财也不是什么大事，哪怕是让宾客觉得占便宜了也不是什么坏事，那他下次还来呢。"

因为董事长的高度重视，酒店上下对服务也非常重视，他们践行"宾客永远是对的"这个理念，哪怕是投诉事件与事实有出入，酒店员工也能把"对"让给宾客。听说酒店设有一项安抚奖，就是当员工遇到无理宾客，受到宾客谩骂等攻击时，只要员工不争不吵、尽职尽责，酒店会视情况给予员工一定的奖金抚慰；反之，如果员工在当班期间与宾客发生争执，不论原因直接对员工进行通报处罚。

说心里话，听到秦经理说的这些话，笔者的心里五味杂陈。那些在很多高星级酒店都不太能够听到的对服务的理解竟然被一家平均房价只有百余元的小酒店认知和践行，确实让人颇为动容。

但令人庆幸的是，这种认知已经为酒店带来了良好的口碑和客源，甚至是逐年提升的经营业绩和荣誉。金岛大酒店获得了南方商家联盟评选的"最美酒店客栈第一名""美团旅行2017年度HOS之星最佳合作酒店"，该酒店在美团外网的评分也都达到满分5分，种种成绩着实令人惊喜！

当然在惊喜的背后也隐藏着酒店对服务的重视和很多具体的措施。

（1）每天统计每个班次的网络点评数，网络点评数达到一定质量和数量给予当班人员奖励；若出现差评，查明是当班人员造成的则给予当班人员通报处罚，若是酒店硬件问题则及时通知工程部处理。

（2）要求前台接待人员从宾客办理入住开始就为宾客提供微笑服务，并提醒宾客在入住期间遇见任何问题和困难请第一时间与酒店工作人员联系（酒店提供 24 小时服务），工作人员遇到没有权限做主的事情要第一时间向上级汇报（要求所有主管、经理手机 24 小时待机），保证能及时地化解所有不愉快的事情，避免宾客给予网络差评。

（3）在宾客办理退房手续时询问宾客入住体验，若宾客满意，对宾客点名好评的工作人员另外给予奖励，并且美团好评服务明星可作为年度优秀员工考核的标准之一。这样很大程度上避免了员工的怠慢情绪会导致宾客的不满，也大大增加了点评数。

（4）设立网评客服维护人员，他们的工作不仅是要及时回复宾客点评，也要统计宾客反馈的问题，典型的案例要及时分享给全体员工，有则改之，无则加勉。

就在秦经理向笔者介绍他们的措施的时候，她的手机仍在滴滴地响，她说肯定是今天奖励员工的信息，她打开手机一看，果然如此。提供优质服务案例的员工得到了表扬和奖励，正在群里非常开心地分享经验以及给同事们的建议。笔者隔着屏幕都能感受到满满的正能量！

多年以前笔者就思考过这样的问题：酒店服务质量和水平真的和酒店的档次以及硬件有关吗？高星级酒店的硬件好，服务质量和水平就一定好？低星级酒店的硬件没有那么豪华，那么服务质量和水平也应该随着下滑？

金岛大酒店用实际行动为大家写下了一份值得钦佩的答卷！

有戏电影酒店：另类酒店的"服务观"

说实话，尽管近年来，笔者在很多场合都听人说过"有戏"这个有一点另类但颇有创意的酒店品牌，但将它放到一本写服务的书里面当案例，最开始笔者心里是存疑的。因为在笔者的记忆中，这个品牌最大的亮点，一是电影，二是智能化。而这两点，仿佛与酒店服务的关系没有那么密切，甚至在某种程度上还有那么一些对立：可不吗，连员工都没有，还谈什么服务？来入住的人大都是冲着看电影来的，对影院的要求和对酒店的要求那可真是大相径庭。

为了得到答案，笔者准备采访一下有戏电影酒店的创始人贾超先生，但是在采访之前，笔者还是到美团网站上认真浏览了一圈。

"很时髦的酒店呀！房间干净整洁，和图片相符。前台员工很友善，离10号线六里桥地铁站很近，出行方便。电影资源也不错，给音响效果点赞！"

"房间很大，进屋插卡取电，一段音乐响起，电动窗帘自动拉上，感觉很有氛围。床前是一个大大的巨型投幕，躺在床上看刚刚好，床头有一系列按钮，'剧院键'可以一键关闭所有灯光并开启投影仪，电影瞬间进入播放状态。环境干净，房间里没有异味，卫生间也很干净，如果可以让宾客把手机接入蓝牙系统，播放自己手机里的歌曲，那就更加完美了！总之，强烈推荐这家店，真的不错！"

"感觉太棒了，电影音响效果很好，环境也不错，干净舒适，出行方便。"

"很喜欢，第一次住，感觉超棒，床也舒服，音响效果也好，屏幕清晰。"

"房间特别舒服，尤其是大床房，边看电影边睡觉太舒服了，环境舒适，酒店卫生干净，给人的整体感觉很好，必须好评！"

"我都不知道在这家酒店住了多少次了，也算是忠实粉丝了。总体来说，我还是蛮喜欢的，进入大堂有一种进入电影院的感觉。自助入住，简单方便，进入时光隧道的电梯厅时楼道一股浓浓的电影气息扑面而来，进入房间后一首迎宾曲让你心旷神怡。最棒的就是大屏幕，太爽了，这音响效果太好了，反正很喜欢就对了，推荐！"

"酒店真的很贴心，电影屏幕很赞，看电影很爽，还送了爆米花，更有看电影的感觉。房间很舒适也很干净，窗帘是自动的哦！整体风格、布置我都很喜欢！"

"有戏电影酒店，作为后起之秀并迅速成为年轻人理想之所，独特的主题设计，体验之后真的别有一番韵味，该酒店的员工也很亲切。赞！"

笔者看到这些点评，有和平时看其他酒店的点评完全不一样的感觉，很多时候，觉得自己不是在看一家酒店的点评，而是在看一家电影院的点评。但问题是，仿佛写评论的宾客并不在乎这到底是一家酒店，还是一家电影院。无论是电影院中的酒店，还是酒店中的电影院，只要客户体验好，就好。

突然就有了眼前一亮的感觉。

而这个感觉也在对贾总的采访中得到了印证。

贾总告诉笔者，虽然他出身于酒店世家（家人一直在从事酒店行业），但"绝不做一个单纯的酒店"则是他在创业伊始就赋予这个即将出世的"小家伙"的新的基因。用他的话说，这是一个"新物种"。有戏电影酒店的宣传语是这样描述自己的定位的：有戏电影酒店是中国首家将电影知识产权（Intellectual Property，IP）与酒店完美结合的酒店，同时也是以有戏电影酒店为主题，结合电影衍生品产业、电影主题社交空间以及主题电影院的创意文化综合体；有戏电影酒店不仅可以提供电影主题客房，还提供私人影院、主题派对、创业者路演、电影发布会，以及电影拍摄等与电影相关的活动场所。

您看，这样的一个"新生儿"，哪里还是一个传统酒店？

即便是跟酒店有关的部分，看上去也非常不一样。例如客房，有戏电影酒店的每间客房都设计成惬意私密的私人影院，133～200英寸（1英寸＝2.54厘米）超大屏幕，5.1声道环绕音响，几十种电影主题房间，每位宾客都能在推开门的那一刻感受到浓浓的电影主题。

关于酒店大堂，目前酒店还有前台员工值班，但据说在不久的将来，有戏电影酒店将与多家智能科技企业达成战略合作，实现快速预订、一键智能入住、人脸识别、智能客控、无停留退房等功能。也就是说，这家既不像酒店又不像电影院的地方很快就可以实现宾客自助操作。

问题来了，这样的地方，跟服务还有关系吗？

答案竟然是肯定的。因为凡事都要看底层逻辑，而服务的底层逻辑其实就是满足宾客需求。

这么思考，问题就简单得多了。

无论有没有人提供传统服务，无论是酒店还是电影院，其实只要满足了喜欢来这里的宾客的需求，就是好服务。

想来看电影的，酒店准备好更多更好的电影资源以及爆米花就能让宾客喜出望外；

不愿意跟人交流的，自助登记入住反而比问候和交流更让人放松；

希望快速登记的，那就提前在手机上选好房，到了酒店直接入住。

原来，没员工并不代表没有服务，只是服务的形式发生了变化而已，但满足宾客需求这个核心逻辑并没有改变。

原来，无论什么样的酒店，豪华也好，特色也罢，只要懂他的服务就是好服务。

第五章

酒店服务与业绩提升

好服务必然带来好收益

细心的读者可能已经发现了，笔者在上一章为大家挑选的几个酒店案例看似完全不同，其实却有着千丝万缕的联系。不同的地方是这 6 家酒店属于完全不同的 6 个类别。它们中有高档豪华用于接待国家领导的国宾馆，也有满足一般宾客出差需求的单体中小酒店；有保持老酒店传统却又在新时代下焕发新生的酒店，也有在逆势中奋勇向前的新开业酒店；有需要很多员工关怀宾客的传统酒店，也有几乎已经不需要员工在场的特色酒店。但无论它们属于哪一类，都有一个相同的地方——只要关注服务，它们的业绩就不会差。

一、人们愿意常来的原因是什么

一个人喜欢一个地方，就愿意常来，也愿意推荐给身边的人，如果接受推荐的人来的时候，能像推荐的人那样喜欢这个地方，那么他们会愿意再来，而且同样会推荐给身边的人来。久而久之，这个地方的忠诚客户群体就会形成，并且像滚雪球一样越滚越大。只要这个群体一直保持着对这个地方的信任和喜爱，这种传播的力量就会一直在，并且会给这个地方持续带来正向的收益，这是每一家企业都希望看到的结果。

而企业在此时需要做的事情就是：让第一次来的人喜欢上自己的经营场所，让第二次来的人也喜欢上，让每一次来的人都喜欢。

硬件的豪华和舒适可以让第一次来的人觉得新奇和喜爱，但能让他（她）始终并且持续地保持这种喜爱吗？答案显然是不能。心理学里的"认知吝啬鬼"概念告诉我们，大脑对认知资源的分配和使用极为吝啬，所有动物（包括人）对一个重复出现的刺激逐渐熟悉后，反应行为会降低；中国的古语"入鲍鱼之肆，久而不闻其臭；入幽兰之室，久而不闻其香"说的也是同样的道理：再美好的东西，随着见面次数的增加，人们对其感知度会明显逐次降低。因此，单纯靠视觉和硬件来刺激人们持续消费显然是不现实的。

那么，便宜的价格是否可以成为带动人们持续消费的动力呢？大家来认真思考一下价格便宜背后的意义。

价格便宜，其实说的是相对于市场价格，宾客的可感知价值更高，也就是说，价格便宜并不独立存在，需要有参照物，也需要有预期。如果宾客的可感知价值比他自己的预期更高，那他就会觉得便宜，反之亦然。当然这个预期往往来自同类产品的市场价格，因此，在无法进行其他可感知价值比较的前提下，人们往往会将市场同类产品的价格作为当前产品价格是否便宜的衡量标准。于是一个商家的价格表现形式便无外乎两种情况，一种是每次都那么便宜，另一种是有时便宜有时不便宜。

第一种情况下，如果每次价格都便宜，也就意味着每次的价格都比市场价格低。这种状况显然对宾客有利，但问题也是显而易见的。一方面"认知吝啬鬼"同样存在，即总是这么便宜慢慢地就不会让人觉得便宜甚至觉得便宜理所当然；另一方面，持续低于市场价的价格是否能让企业持续良性运转也是一个问题，当然的确也有很多企业在尝试始终以低价来获取新客和维持老客，但其间由于单价降低而导致的来客数大量增加造成成本增加的压力也让很多企业负担加重且需要更大的供应链支持，这不是一般企业能够尝试的。

第二种情况下，价格之所以有时便宜有时不便宜，一般是企业为了获客而做了一些促销活动，以吸引更多的宾客并尽量留住他们。但假如仅仅是靠活动吸引宾客却并不能有更多的举措，那么即便是因为活动来了，企业也留不住，一旦活动结束，宾客的热情也会随之消退。

因此，单纯靠低价也很难真正吸引宾客。

企业的产品质量（如房间的卫生、菜肴的口味等）也很难成为让宾客每次都满意的因素。道理与上面是一样的，再好的东西，时间长了都会让人认为其不那么重要，但好的东西质量一旦降下去，产生的负向影响却是巨大的。

二、为什么服务能让宾客对酒店保持持续的热情和喜爱

还有什么比好的服务更能让人保持常来常新的感受呢？

人的感受多样的根本原因是人心的复杂和多变，而服务恰恰是基于人心的活动。在力所能及的范围内满足宾客的需求，让他们满意，甚至超越他们的需求而带给他们惊喜，这是人们对服务的要求。而需求这种非标准的感受也只有通过服务这种非标准的东西才能满足。

宾客心情美好，我们锦上添花。

宾客情绪低落，我们雪中送炭。

宾客希望获得更多关注，我们让他自信满满。

宾客希望独处，我们只在他需要的时候出现。

…………

说到这里，结论也就浮出水面：只有良好的服务才能让第一次、第二次以及每一次到店的宾客都满意的要求有实现的可能性，因为只有服务是针对人心和人性的神奇工具。

那些每次到店都满意的宾客是否会常来，最终变成酒店的忠诚客户？

服务好与业绩高，是否有必然关联？

服务带来的不只是钱

上一节说的是服务与酒店业绩的关系，但正如笔者在第一章第一节提到的关于郑先生朋友手表的案例，其实忠诚宾客为酒店带来的远远不只业绩好那么简单。

一、好服务带来的，除了业绩的增加，还有宾客的信任和宽容

例如，当一个忠诚宾客入住时跟相熟的员工相聊甚欢，结果走进房间却发现某个灯泡是坏的，他最有可能做的不是立即打电话投诉，而是看到服务员时说一声请他适时更换灯泡，甚至可能选择什么都不说。

例如，当员工正在费力地向一位并不理解酒店某项安全规定的宾客解释时，在一旁的一位常客最有可能做的是转过身来笑着对那位不理解的宾客说："相信他们，他们也是为我们好。"

以上的这些情况，有些是我们能够直接看见的，就像郑先生劝他的朋友不要再跟酒店要手表的赔偿那样；但有些却是宾客为我们做了以后我们却一无所知，例如原本可以投诉的情况宾客选择原谅，或者是向自己的朋友宣传酒店。其实，这样的事情有很多很多，只是很多时候，我们并不知道，想想我们曾经有多少次因为自己用了某件商品觉得不错而推荐给家人并再三宣传它的好，就知道一个忠诚宾客对酒店的价值有多大。

二、坏服务带走的，除了业绩外，还有酒店的口碑与声誉

很多年前，笔者曾经看过一个研究，该研究表示一个对某经营场所不满的宾客，会向他身边的 11 个人表达自己的愤怒和不满，而这 11 人又会分别再向自己身边的 5 个人传递这种信息。因此，这个研究得出结论，即如果某经营场所让一个宾客不满意，则有可能会导致 67 个人对该场所产生不满。笔者给自己的学员分享这个结果时，笔者记得那时的学员对这个结果深感震惊，且纷纷表示从来没想到一次不好的服务竟然会导致这么恶劣的后果。

在互联网快速发展以及由此而产生的信息高度透明的时代，"67"这个数字在今天显然已经有了指数级的增长。"好事不出门，坏事传千里"早已不是一种比喻，而是事实。

某酒店员工与宾客对骂，将火锅汤倒至宾客身上……

某酒店员工不给客房更换床单……

某酒店员工用一条毛巾擦遍脸盆、地板和马桶……

当这样的消息铺天盖地从各种渠道传给人们的时候，很多酒店人除了暗自庆幸那些新闻上的名字不是自己酒店外，有没有从心里感受到一些责任感，对自己工作的酒店和行业的责任感？原来，服务做不好，不仅伤害了自己、伤害了酒店，甚至还会伤害整个行业。

那些年的"变"与"不变"

笔者前些日子看了一篇介绍亚马逊公司和它的创始人杰夫·贝佐斯（Jeff Bezos）的文章，文章中说，贝佐斯在每年的股东信里都会附上自 1995 年亚马逊公司成立以来的每一封股东信。而令人惊奇的是，20 多年过去了，在每一年的股东信里，都有一些因为时代的变化而发生变化的东西，但也总有一些东西是不变的，例如为客户提供最优质的服务永远都是亚马逊公司的核心价值观。贝佐斯说，这是贯穿 20 多年的长线思考。

这个观点让笔者颇为动容。

亚马逊公司是一家基于互联网的零售平台型企业，因为其互联网属性，20 多年来社会的发展和技术的迭代，使其一定经历了一次又一次思想的变革和技术的改变，这种变革和改变毫无疑问是巨大的。同时，由于零售业的核心是基于客户需求的特点，满足客户需求这件事从公司初建伊始就已经成为公司的基因和文化，且被深深植入每一个亚马逊员工的心中。

反观酒店行业又何尝不是如此？

现代酒店业作为服务业的典范，从 19 世纪 40 年代开始出现至今也不到 200 年的时间，而酒店业最初的定义正是通过有形产品（硬件设施）和无形产品（服务）两种产品来满足客户需求从而达到客我效益（经济效益和社会效益）最大化的一种商业形态。从酒店诞生之初，服务就已经作为一种被明码标价的产品（正如今天仍在收取的酒店服务费）。毫不夸张地说，酒店与服务是不可分割的的"孪生姐妹"，没有了服务的酒店根本无法生存。因此，这才有了斯塔特勒先生的"宾客永远是对的"，这才有了丽思·卡尔顿酒店的"我们是一群为绅士和淑女服务的绅士和淑女"，这才有了希尔顿先生的"客户第一"，而这些在当年毫无疑问非常先进的理念在很大程度上影响了工业时代诸多大企业的企业价值观和发展。

中国酒店业从 20 世纪 80 年代开始萌芽并发展，是改革开放以来中国与国际接轨的行业之一，也因此获得了大量先进的服务理念和思想。随着时代的发展和科技的进步，中国经济发展迅速，但无论是过去还是现在，总有一些行业的属性不会改变，例如零售业的"多快好省"、服务业的"服务他人，成就自己"等。

"成己达人"，不是一个口号，而是实实在在的酒店业的内核，它早已与这个行业共生共长，无法分割。

第 三 篇

对酒店服务的
理性分析

第六章

"数"说不同类型酒店宾客眼中的"好服务"

在前两篇描述中，笔者用相对感性的视角去诠释了酒店服务中的"坑"以及服务对酒店行业的影响。虽然都说服务重要，但不同的人对什么是"好服务"的回答却大相径庭。即便是笔者在第二篇给大家列举的各个酒店案例中，也同样会发现这样的结论：其实很多人对"好服务"的定义是不一样的，有的人希望得到更多的关注，而有的人却希望最好不要有人理。

这是一个非常正常的现象，也正因如此，服务的价值才更加被凸显出来，不同的人，有不同的需求，需要酒店提供不同的服务。但问题是，在工作中，酒店员工如何才能相对准确地知道要对宾客采取什么服务呢？这背后有没有规律可循呢？

为了更科学且清晰地说明这个问题，笔者做了一些调研，并将调研结果展示出来供大家参考。

对调研情况的说明

一、调研方式

本次调研采用了顾客满意度调查和网络宾客点评分析两种方式来分析宾客对不同类别酒店的关注点以及需求，以便为不同类别的酒店提供差异化服务。

（1）顾客满意度调查。通过发放并回收问卷的调查方式，获取宾客消费或体验后的评价，并根据国际通用的衡量服务质量的工具SERVQUAL（Service

Quality（服务质量）的缩写）模型进行数据统计分析，测量宾客对产品及服务的满意程度，以及他们的关注点。

（2）网络宾客点评分析。通过抓取不同类别酒店的宾客网络点评，根据宾客对不同档次、类别酒店的详细评价，对宾客的关注点进行总结和归纳，对顾客满意度调研结果进行补充。

（3）为使本次调研结果更具科学性，让调研结果可视化，本次调研采用定量分析和定性分析相结合的分析方法。

二、调研样本说明

（1）顾客满意度问卷样本。考虑到目前酒店行业分类的多样性，本次调研没有采用传统按星级分类酒店的方式去评定。经过仔细考量，笔者从宾客需求和客户体验角度出发，将参与调研酒店分为高端豪华酒店、中端商务酒店、经济型酒店以及主题／民宿酒店4类，分类依据主要是房价、接待规格以及客源群体特点等因素。

为保证参与调研的样本的科学性和多样性，笔者一共向国内15个不同城市的宾客发放并回收了1 707份调研问卷，其中，入住高端豪华酒店的宾客问卷有771份，入住中端商务酒店的宾客问卷有412份，入住经济型酒店的宾客问卷有397份，入住主题／民宿酒店的宾客问卷有127份。

（2）网络宾客点评分析样本。网络宾客点评分析样本是笔者在参与上述统计的酒店中随机抽取的分属不同类别的酒店的网络点评信息。

三、关键术语说明

（1）服务质量量表。这是根据美国市场营销学专家帕拉休拉曼（A. Parasuraman）等提出的"SERVQUAL"理论设计的一套考察企业服务质量水平的量表（问卷），SERVQUAL理论将服务质量分为5个层面，即有形性、可靠性、响应性、保证性和移情性。该问卷具有广泛的使用价值和实践意义，已在全球范围内被广泛使用。笔者根据酒店行业的特点对该问卷进行了调整，为保证调研的严谨性，笔者还对调整后的问卷进行了信度和效度的测量，结果显示调整后的问卷符合调研要求。问卷中一共有33道问题，其中有7道是对个人信息的统计，26道是宾客对所入住酒店的评价。这26道题中测量"有形性"的问题为6道，测量"保证性"的问题为5道，测量"响应性"的问题为5道，测量"可靠性"的问题为5道，测量"移情性"的问题为5道。

（2）服务质量的"五性"。

① 有形性。有形性的内容包括实际设施、设备以及服务人员的外表等。例如，酒店的硬件设施设备是否完备，员工工服是否干净整洁，房间布草和一次性用品是否符合要求，菜肴是否合格，酒店公共区域是否干净整洁，外围环境是否整洁有序，等等。

② 可靠性。可靠性指提供的服务能够让宾客觉得可靠和安心。例如，酒店向宾客承诺的事情都能及时完成，预订好的房间不能被无故取消，餐厅上第一道凉菜的时间不超过5分钟，宾客办理入住手续均能在3分钟以内完成，各部门员工在宾客遇到困难时，能表现出关心并帮助，等等。

③ 响应性。响应性指快速响应宾客需求的能力。例如，当宾客主动对员工提出需求时能够得到快速回应，致电服务中心要求服务时酒店能及时提供，需要提供服务时员工有主动服务的意愿和反应，等等。

④ 保证性。保证性也叫安全性，指酒店和员工所体现出来的让宾客产生安全感的能力，例如，员工的表现非常自信，对酒店内产品了如指掌，能够提供各种酒店内外的信息，以及安全保卫措施能带给宾客安全的感受，等等。

⑤ 移情性。移情性指关心并为宾客提供个性化服务。例如，酒店将宾客需求放在首位，员工能够根据不同宾客的不同特点提供帮助和个性化的服务，等等。

高端豪华酒店宾客想要的"好服务"

一、从高端豪华酒店顾客服务质量满意度看宾客的需求关注点

对771位高端豪华酒店的宾客进行调研后得到的的统计分析结果如图6-1所示。

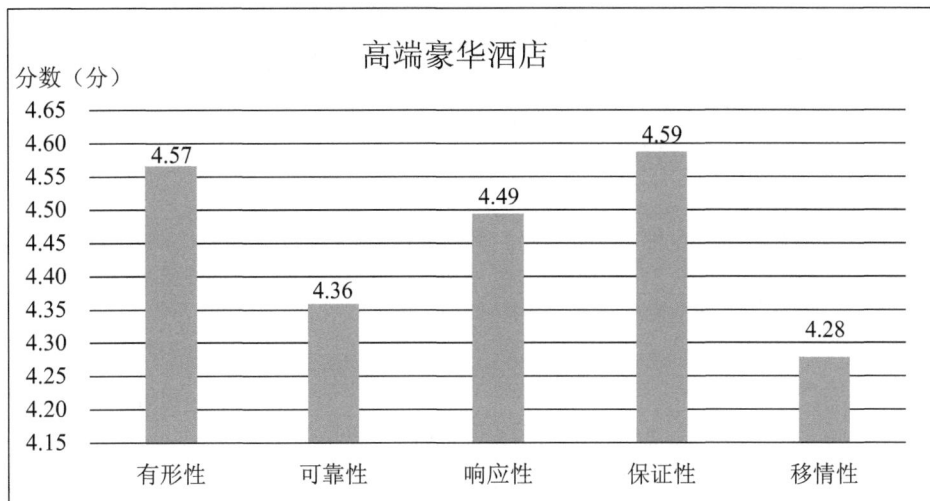

（数据来源：根据和泰智研管理咨询有限公司数据整理）

图6-1 高端豪华酒店的顾客满意度情况

从 771 位宾客对各种服务的满意程度来看，大家可以很清晰地看到让这部分宾客较满意的是有形性与保证性，即宾客对设施设备、安全设施以及对员工的外部表现（礼节、礼貌等）非常满意，而对移情性、可靠性和响应性的满意度偏低，即员工在感知宾客的需求以提供更加个性化的服务方面、员工在履行承诺方面、员工在工作效率和响应速度方面还不那么让宾客满意，这也说明了这类饭店的宾客在上述 3 方面的需求没有得到满足。

如果说上述统计结果仅仅是体现了大体的宾客的认知趋势但不能体现宾客具体的关注点，笔者又做了另外一个更具体的分析，供大家参考。

二、从酒店网评信息看高端豪华酒店宾客的关注点

为了更详细地了解入住不同类别酒店的宾客到底在关注点上有什么不同，笔者还在网上随机抽取了一些宾客的评价信息，现整理找到的一些在本次调研范围内的部分高端豪华酒店的打分为 4 分以下的信息，如表6-1 所示。

表6-1　网络上宾客对部分高端豪华酒店的评价

序号	网评得分	原始评论	关键语义	一级维度	二级维度	满意度
1	4.0	其他还不错，就是每天早餐时都起不来，要是能叫我起床就好了	每天起不来，要是能够叫我起床就好了	移情性	个性化服务	一般
2	4.0	酒店环境优美，设施很好，房间很安静，床上用品和洗护用品都是我喜欢的，服务水平也不错，比某酒店的服务都好，就是可供选择的早餐种类比较少	环境设施很好，喜欢床上用品和洗护用品	有形性	设备用品	很满意
			服务水平高	可靠性	服务能力	很满意
			早餐的种类比较少	有形性	菜肴出品	一般
3	3.0	我们定了两间房含双早，其中一间房加床，而这张加床居然不含早	加床竟然不含早	可靠性	服务能力	不满意
4	3.0	唯一不足的是服务员看我们两位点餐，没有提醒菜的量已经多了，菜不便宜，可惜了没吃完的食物	服务员没有提醒宾客点菜太多了	移情性	个性化服务	一般
5	3.0	因为酒店很大，所以叫服务员不是很方便，退房的时候听到其他宾客抱怨叫半天服务员，服务员也不来	叫服务员不是很方便，服务员半天不来	响应性	员工效率	不满意
6	3.0	整体还不错，环境很舒服，房间没有凉拖，后面叫服务员拿过来的，另外早餐没有白煮蛋	整体好，环境舒适	有形性	总体环境	很满意
			房间没有凉拖	移情性	个性化服务	一般
			早餐没有白煮蛋	移情性	个性化服务	不满意
7	4.0	环境优美，地理位置很好，酒店的服务也很满意，就是冬天坐电瓶车很冷，最好是要有一两辆封闭式的车，因为女生都怕冷	环境优美，位置好	有形性	整体环境	很满意
			冬天酒店的电瓶车最好有封闭式的，因为女生怕冷	移情性	个性化服务	一般
8	3.0	酒店给我们留下深刻印象的竟然是院子里的小虫子，一位穿裙子的伙伴腿被咬得很严重，酒店工作人员也知道有这个情况，那为什么不能温馨提示一下宾客呢	酒店工作人员为什么不能提醒宾客院子里有小虫子	移情性	个性化服务	不满意

续表

序号	网评得分	原始评论	关键语义	一级维度	二级维度	满意度
9	3.0	如果看病什么的，开车和打车在高峰时间真的不方便	看病时打车不方便	移情性	个性化服务	不满意
10	3.0	这么好的酒店竟然连泳池都没有	酒店没有泳池	移情性	个性化服务	不满意

（资料来源：根据数据调研酒店的随机网评整理）

说实话，当笔者看到以上网络点评中宾客的要求时还是会觉得这些要求着实不低啊！

（1）希望酒店知道自己每天早餐时间起不来，能提供叫醒服务。如果设定叫醒服务是肯定没有问题，可是酒店员工每过一会儿就去看看宾客是不是真的起来了，这项工作也太琐碎了。

（2）那位说早餐品种少的宾客住的那家酒店的早餐品种至少有一百多种，为什么还觉得少呢？是不是因为找不到自己爱吃的？

（3）加床不含早。嗯，这个错在哪儿呢？这位宾客不是只加了床，而没有加餐吗？

（4）服务员不提醒两个宾客点餐点太多。可服务员不知道宾客的饭量，万一点少了宾客又不够吃怎么办呢？

（5）房间没有凉拖。凉拖不是标配，如果需要一般可以打电话让员工送。

（6）电瓶车加封闭，因为女孩子怕冷。好的，收到了，只不过加了帘子的车不好看了呢！

（7）院子里有虫子。该酒店员工在房间里放了风油精的，应该提醒的。

…………

不知道大家看了这些网评的感觉如何？有没有觉得这类酒店宾客的要求着实挺高的？但问题是，这些要求的的确确就是这类酒店宾客关注且在意的地方，那么您觉得，这些要求合适吗？

答案显然是：合适。

因为这类宾客付了更多的钱，对酒店有了更多的期待，因此对服务的要求也就更高。假如这类宾客到一家经济型酒店入住，应该不会有这样的要求。

关于宾客期望和宾客感知的问题，笔者后面还会详述。在这儿，大家只要知道，原来在高端豪华酒店入住的宾客，他们对服务的要求的确挺有特点的，而笔者通过定量和定性分析发现他们最关注的是移情性（个性化服务）和可靠性（宾客觉得更舒适、更安心）。

中端商务酒店宾客想要的"好服务"

一、从中端商务酒店顾客服务质量满意度看宾客的需求关注点

看完了高端豪华酒店宾客的服务关注点，大家再来看一下中端商务酒店的顾客满意度情况。对 412 位中端商务酒店的顾客满意度情况统计如图 6-2 所示。

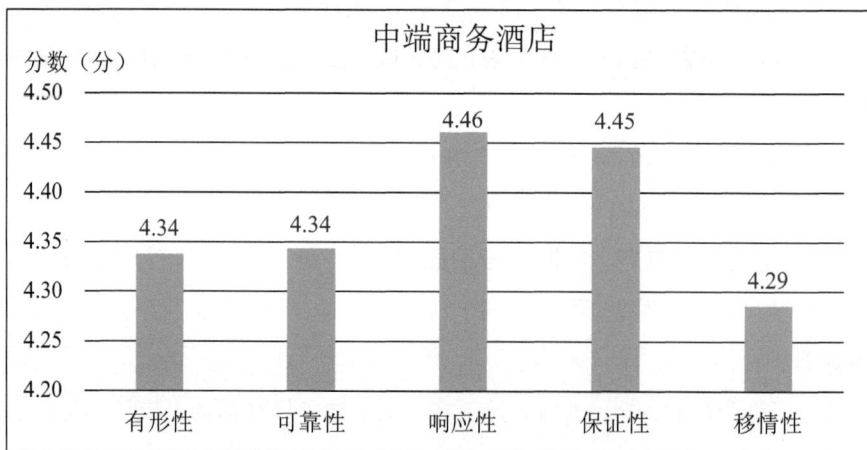

（数据来源：根据和泰智研管理咨询有限公司数据整理）

图 6-2 中端商务酒店的顾客满意度情况

412 份问卷的统计结果很明显地表明了中端商务酒店宾客的关注点。

对中端商务酒店的宾客而言，他们较满意的是响应性和保证性，而较不满意的则是移情性、可靠性以及有形性。与高端豪华酒店的宾客非常相似的是：他们也对个性化服务以及员工承诺非常关注，同时也很关注酒店的设施设备以

及可以看得见的员工形象和产品质量。

二、从酒店网评信息看中端商务酒店宾客的关注点

同样，大家再通过一些网评看看他们具体的想法。

在网上随机抽取的在本次调研范围内的部分中端商务酒店得分为 4 分以下的评价信息如表 6-2 所示。

表6-2　网络上宾客对部分中端商务酒店的评价

序号	网评得分	原始评论	关键语义	一级维度	二级维度	满意度
1	4.0	老牌酒店服务不错，主动迎接宾客。设施略老，尤其浴缸排水慢……整体满意	服务好，主动迎接宾客	可靠性	员工素养	满意
			设施略老，浴缸排水慢	有形性	设施设备	一般
2	4.0	设施老旧，没有停车位，好麻烦	设施老，无停车位	有形性	设施设备	不满意
3	3.0	最好有游泳池或者健身房，不然有点亏，早餐挺一般	无游泳池和健身房	有形性	设施设备	不满意
			早餐一般	有形性	菜肴出品	一般
4	1.0	上次有早餐，这次居然没有早餐。价钱一样，为什么变了。订的时候看清楚，不要跑去吃时却不让吃，尴尬	同样价钱有的含早有的不含早	可靠性	稳定定价	不满意
			早餐不让吃很尴尬	移情性	个性化服务	不满意
5	1.0	前台工作人员，太差啦！动作慢，开个房半小时！浴缸里面怎么会有头发？	员工动作太慢，开房用了半小时	响应性	员工效率	不满意
			浴缸里有头发	有形性	卫生质量	不满意
6	3.0	浴缸有点脏；淋浴头和水管接口处开裂；隔音效果挺棒，床比较舒服，网速不错；空调有点冷，还嗡嗡响，有点吵	隔音效果棒，床舒服	有形性	总体环境	很满意
			浴缸有点脏，有开裂	有形性	卫生保养	不满意
			空调太冷，还嗡嗡响，有点吵	有形性	设施设备	不满意
7	4.0	位置、环境、早餐都不错，就是下水道有点堵了，床很舒服	环境、位置、早餐都不错	有形性	整体环境	很满意
			下水道堵了	有形性	设施设备	不满意

续表

序号	网评得分	原始评论	关键语义	一级维度	二级维度	满意度
8	3.0	再没有以前的样子啦！总机员工接电话态度很不好	服务不如以前	移情性	个性化服务	不满意
			总机员工态度很不好	可靠性	员工素养	不满意
9	3.0	床很舒服，设施好，服务很好。说几个不好的地方吧，牙刷太硬了，不舒服。洗浴用品的味道很奇怪，不喜欢。看评论别人入住都有水果，我们第二晚才有的。在洗浴用品上面还有待加强，被子有些厚。其他还比较好	床舒服，设施好	有形性	设施设备	满意
			服务很好	保证性	服务能力	满意
			牙刷太硬，洗浴用品味道太怪，被子厚	有形性	用品质量	不满意
			别人有水果我们第二晚才有	可靠性	服务承诺	不满意
10	3.0	酒店还是不错！唯一不好的是现在酒店旁边在施工！感觉杂乱，不方便	酒店旁边在施工，杂乱，不方便	有形性	总体环境	不满意

（资料来源：根据数据调研酒店的随机网评整理）

看到以上评论，估计很多读者已经在心里默默地想，这些评价跟高端豪华酒店的评价相比好像变化了一些，变得更像是我们自己写的了。没错，这部分宾客应该是目前国内最大的客户群体，以出差公务、旅游居多，通过上述描述，可以发现：

（1）宾客对设施设备的实用性和完好性更加关注；

（2）宾客对酒店的便利性更加关注；

（3）宾客对服务的统一性更加关注；

（4）宾客对服务公平更加关注。

经济型酒店宾客想要的"好服务"

一、 从经济型酒店顾客服务质量满意度看宾客的需求关注点

接下来要看的是 397 位经济型酒店的顾客满意度调研情况，笔者这里所说

的经济型酒店主要指的是三星级以下或者没有挂星的单体或小型连锁酒店,统计情况如图6-3所示。

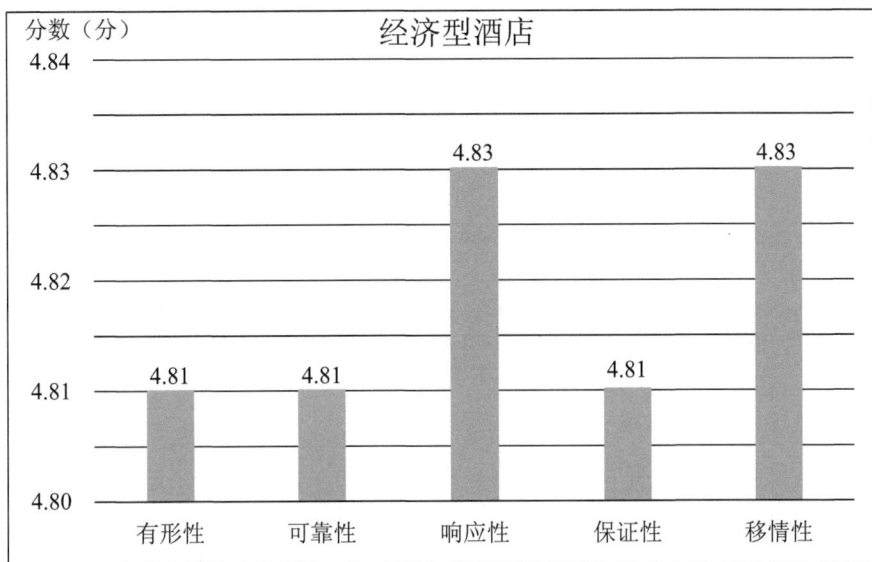

（数据来源：根据和泰智研管理咨询有限公司数据整理）

图6-3 经济型酒店的顾客满意度情况

这次的结果已经跟之前的调研结果有了显著的不同。对经济型酒店的宾客而言,他们较满意的是响应性和移情性,较不满意的是有形性、可靠性和保证性。可以发现:高端豪华酒店宾客较在意的保证性和有形性是经济型酒店宾客较不在意的两个因素;经济型酒店宾客较在意响应性和移情性,而响应性恰恰也是中端商务酒店宾客在意的因素,且经济型酒店宾客对保证性(安全、安心的感受)的需求明显高于其他两类宾客。

二、从酒店网评信息看经济型酒店宾客关注点

在网上随机抽取的在本次调研范围内的部分经济型酒店得分为4分以下的信息如表6-3所示。

表6-3 网络上宾客对部分经济型酒店的评价

序号	网评得分	原始评论	关键语义	一级维度	二级维度	满意度
1	2.0	只能说很失望，进房间一股烟味，地上很脏，感觉像是没打扫，掀开被子就发现床上有头发，阿姨说是自己的，网上订的还不能退	网上订的不能退	可靠性	退订政策	不满意
			房间有烟味，地上很脏，床上有头发	有形性	卫生质量	不满意
			阿姨说是自己的	可靠性	员工素养	不满意
2	4.0	价格真的很便宜，房间相对来说比较满意，就是有点不透气；员工服务态度相当不好，明明订了房说没房让我去其他酒店	房间较满意，房价便宜	移情性	性价比	满意
			房间不透气	有形性	设施设备	不满意
			服务态度不好	可靠性	员工素养	不满意
			预订房间拿不到	可靠性	安全感受	不满意
3	2.0	员工对顾客没有最基本的尊重，前台员工服务态度极其恶劣	前台员工服务态度恶劣	可靠性	员工素养	不满意
4	4.0	房间太小，卫生间一个人就转不过来，服务员还说房间大，下次一定要问好	房间和卫生间太小，转不过来	有形性	设施设备	不满意
			跟服务员说的不符合	可靠性	服务承诺	不满意
5	3.0	确实很不错，干净整洁，很方便。价格也实惠，但晚上有人敲门	干净整洁，便利	有形性	设施设备	满意
			晚上有人敲门	保证性	安全保证	不满意
6	3.0	隔音很差，电梯运转声太大，听了一晚上电梯声	隔音效果差，电梯声大	有形性	总体环境	不满意
7	4.0	从来没选择过别家的，一直住这里。价位很划算，房间大。那里很多前台员工都认识我，好像最近有新来的吧，说话什么的都没有以前亲切了。我喜欢住这儿，便宜	价位划算，图便宜	移情性	性价比	很满意
			房间大	有形性	设施设备	很满意
			新来的员工说话没有过去那么亲切了	移情性	个性化	一般
8	3.0	被子太厚，开了空调，不盖太冷，盖了太热，总之被子太厚了	被子太厚	有形性	设施设备	不满意
9	3.0	服务太差了，发票都开不了，开个发票还要提前一天说才能开	不能开发票	可靠性	服务承诺	不满意
10	4.0	这个价格已经很划算了，环境和卫生好，床单、枕头也很干净，唯一不足的，向员工要床被子员工不给	环境卫生好，床单、枕头也很干净	有形性	总体感受	满意
			要床被子员工不给	可靠性	服务水平	不满意

（资料来源：根据数据调研酒店的随机网评整理）

评论关注点的变化正好说明了宾客需求的变化：在经济型酒店宾客的眼中，一些基本需求没有得到满足被频频提及，卫生、电梯质量、员工基本的服务礼仪和语言技巧不到位，开发票、加被子这些基本的服务要求得不到满足；前两类宾客很少提及的"价格"也在这里高频出现，很多宾客的言外之意都是，为了便宜，我认了！这类宾客对员工是不是能够提供个性化服务几乎很少提及，其中有一位宾客提到新来的前台不认识自己，不那么亲切了，但是自己依然会去，因为便宜！

主题 / 民宿酒店宾客心目中的"好服务"

一、从主题 / 民宿酒店的顾客服务质量满意度看宾客的需求关注点

最后要展示给大家的是对主题 / 民宿酒店的宾客群体的满意度调研分析，这部分酒店为有一定主题特色的单体或连锁偏小型酒店和民宿，对这类酒店的数据统计结果如图 6-4 所示。

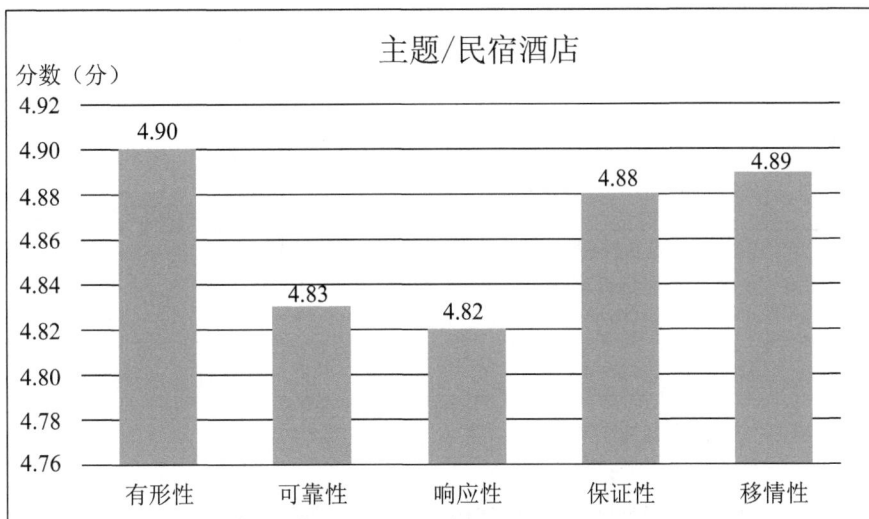

（数据来源：根据和泰智研管理咨询有限公司数据整理）

图 6-4 主题 / 民宿酒店的顾客满意度情况

是不是很有意思的结果？原来入住主题 / 民宿酒店的宾客对有形性的满意度最高，移情性次之，而对响应性的满意度最低，可靠性较低，保证性得分居中。想想的确如此，主题酒店和民宿酒店都会在装修设计、环境选择以及设施设备上倾注更多的时间和精力。因此，宾客对有形性的满意度高与大家的认知是匹配的，而响应性和可靠性是酒店员工综合实力的体现，的确也是非传统专业酒店出身的酒店在专业能力上的不足之处。

二、从酒店网评信息看主题 / 民宿酒店宾客的关注点

在网上随机抽取的在本次调研范围内的部分主题 / 民宿酒店得分为 4 分以下的信息如表 6-4 所示。

表6-4　网络上宾客对部分主题/民宿酒店的评价

序号	网评得分	原始评论	关键语义	一级维度	二级维度	满意度
1	1.0	前台员工说话好像欠她钱似的，根本没有体现顾客至上，叫的外卖给弄丢了还不承认，又叫了一次外卖还不让送上来，什么破服务	前台员工说话态度不好	可靠性	员工素养	不满意
			外卖丢了不承认	保证性	工作效果	不满意
			外卖不让送进房间	可靠性	应变技巧	不满意
2	3.0	地毯已经脏得不行了，外面稍微说点话都听得很清楚，很吵	地毯脏	有形性	清洁卫生	不满意
			隔音差	有形性	设施设备	不满意
3	4.0	给我制了两次房卡才弄好，耽误了时间，最后让我退房	弄两次房卡才弄好	可靠性	专业技能	不满意
			无故让顾客退房	保证性	员工能力	不满意
4	3.0	机器设备还是需要一个完整说明，不然老得麻烦服务员来房间调试	设备没有完整的说明书，浪费人力	有形性	设备用品	不满意
5	3.0	入住特价房，屋里一堆乱七八糟的线，感觉非常不安全；空调坏了不制热。开始来了一个服务员说空调没问题，等她收拾别的屋再来，结果没来，再找人，又说空调是坏的，说开地暖，但是迟迟暖不热	房间有线，感觉不安全	保证性	安全感受	不满意
			空调坏了，来了两拨员工没弄好	可靠性	专业技能	不满意

续表

序号	网评得分	原始评论	关键语义	一级维度	二级维度	满意度
6	3.0	环境不错，装修得很有情调，就是登记速度太慢了，开一个房间要10分钟，真要不耐烦了	环境好，装修有情调	有形性	总体环境	满意
			登记速度太慢，要10分钟	可靠性	工作效率	不满意
7	3.0	半夜入住，把东西收拾放好，发现卫生间地面有点脏，我让员工清扫说没人，员工让我换房，很累了好吗？最后不了了之	地面不够清洁	有形性	卫生质量	不满意
			员工不来清洁只提出让宾客换房	可靠性	服务水平	不满意
8	2.0	镜子上全是灰，地板上全是烟洞	地板有烟洞	有形性	保养能力	不满意
			镜子上有灰	有形性	清洁卫生	不满意
9	4.0	山清水秀的地方，酒店设计不错，店主也很亲切，唯一疑惑的是床单有点不干净，不知道是不是每一个顾客都给换，有点不放心；	山清水秀，酒店漂亮，设计不错	有形性	总体环境	满意
			店主很亲切	移情性	个性化服务	满意
			不知道床单有没有换	有形性	清洁卫生	一般
10	3.0	大堂很新、很时尚，员工热情，有欢迎茶，暖心。就是房间隔音差，晚上很能清晰地听到隔壁房间吵架，听得胆战心惊的，有点害怕	大堂很新、很时尚	有形性	设施设备	满意
			员工热情，有欢迎茶	移情性	个性化服务	满意
			房间隔音差，顾客害怕	保证性	安全感受	不满意

（资料来源：根据数据调研酒店的随机网评整理）

　　到了主题／民宿酒店的宾客这里，价格好像一次也没有被提及，主题／民宿酒店宾客更关注的不是价格，而是安全感受、员工态度等影响人心情的因素。这类宾客本来就是冲着美好的景物和设计感而去，如果因为某个人的态度或者是三更半夜隔壁的吵架声而影响心情，确实不是一件让人幸福的事情。

　　本章分别展示了高端豪华酒店、中端商务酒店、经济型酒店以及主题／民宿酒店的顾客服务质量满意度情况，大家来观察图6-5并看看能否得到一些启示。

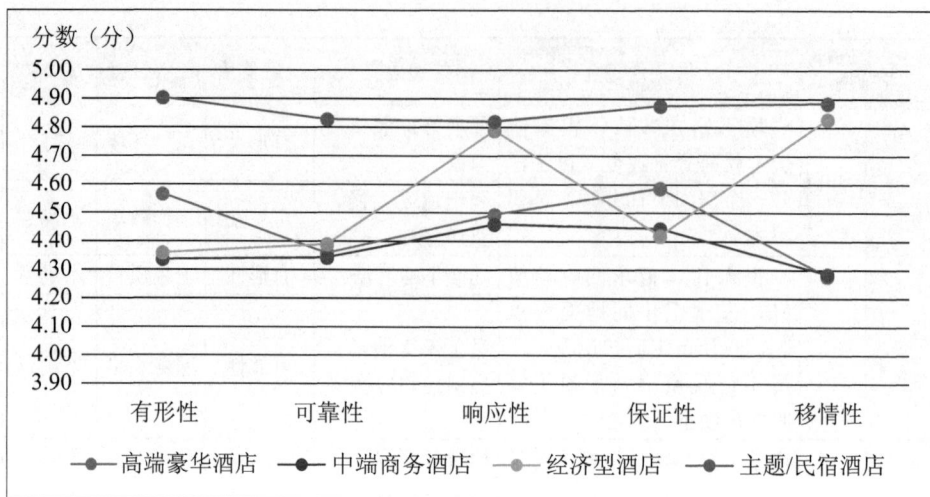

图6-5　不同类型酒店的顾客满意度情况的对比

通过对4种不同类型酒店分别在五性方面的顾客满意度结果进行比较得到下述结论。

（1）从具体结果上看：高端豪华酒店宾客更关注酒店是否能兑现在服务方面的承诺，关心酒店员工是否能够针对不同宾客的需求给予不一样的个性化服务，关心员工的反应是否迅速以及工作是否足够高效；中端商务酒店宾客在服务承诺实现和个性化服务需求方面与高端豪华酒店宾客一样，中端商务酒店宾客对酒店的地理位置和设施设备有着更高的期待；经济型酒店宾客除了对服务的要求与前两者一样外，更加在意的是设施设备和安全感受；主题/民宿酒店宾客对服务承诺、员工的工作效率和安全感受的在意程度则高于其他类别的宾客。

（2）不知道读者有没有注意到，尽管类别不同，但每一个类别的宾客都对同一个东西非常重视，那就是服务的可靠性，也就是酒店是否能够带给宾客安心的感受，具体体现在酒店的承诺是否兑现、员工能否让宾客安心等。换句话说，这部分内容就是服务的核心体现。因此带给宾客持续的安心的服务，是酒店业一个永恒的主题。

（3）通过分析不难发现，对档次越低、规模越小的酒店，其宾客越关注生理方面的感受，而档次越高、规模越大的酒店，其宾客就越关注心理方面的感受。

第七章

绕到酒店服务的背后

在第六章中，大家通过一些具体数据了解了宾客对不同类别酒店的不同需求，这一章阐述为什么会出现这些不同，以及面对这些不同时，酒店员工到底应该怎么做。

宾客为什么会不满意

尽管一说到服务，大家的脑海里就会出现"温度""情感""利他""人性"这样的字眼，包括在本书的前面几章也几乎都是从感性的层面去解读服务。但任何事物都有两面性，感性表达也有一定的问题，正因为这些感人至深的词汇不够具体、无法对"服务"进行明确的归纳和总结，所以大家在操作的过程中会碰到很多问题。就像有很多酒店员工告诉笔者，自己用一腔热情对待宾客，但是结果却不尽如人意，怎么办？也有人问笔者，想做"为绅士和淑女服务的绅士和淑女"，但宾客不是绅士或淑女，又该怎么办？

很棒的问题，直指核心和重点——为什么我们的努力没有好结果？为什么同样的服务，有人满意有人不满意？为什么不一样的服务，结果却是一样的？想要回答这些问题，我们需要从理性的视角去看，到底什么是"顾客满意"，什么是服务。大家想象中的人性，到底是什么样子的？有没有关于人性的更加精准的表达？笔者在上一章提到了这个概念，本节将更加深入地从根本层面对其进行分析。下面要给大家介绍的是两个很容易理解的理论，看懂了这两个理论，可能会找到很多工作中的问题的答案。

"顾客满意"到底是什么？

毫无疑问，服务行业要求员工做好服务的目的只有一个，就是让宾客满意。那么什么样的服务才能让宾客满意？有人说，提供个性化服务；有人说，宾客很怕被打扰，就不要太热情了；有人说，产品好就行，有没有服务其实没那么重要；有人说，只要按照标准化服务流程去执行，就能满足宾客的基本需求，这么多答案，您熟悉吗？那么哪一个才是对的？

哪个都对，哪个也都不对。

原因是，上述答案都只考虑了一个因素。我们认为宾客是否满意是在服务场景里发生的，他们对现场产品或者服务的认知决定了他们的满意度。换句话说，酒店的现场行为决定了宾客的满意度。但我们忽略了，宾客在没跟我们接触之前，影响他（她）的满意度的因素就已经开始发生作用。顾客满意度受质量感知和顾客期望这两个因素影响，光靠酒店努力营造的现场感知其实远远不够。

管理学家百余年来持续不断地进行着有关顾客满意度的研究，也给出了很多研究结果和模型，但无论这些结果和模型的表现形式如何不同，内核是基本一致的，就是刚才笔者说的顾客满意度受质量感知和顾客期望的影响。被广泛引用的美国顾客满意度指数模型如图7-1所示。

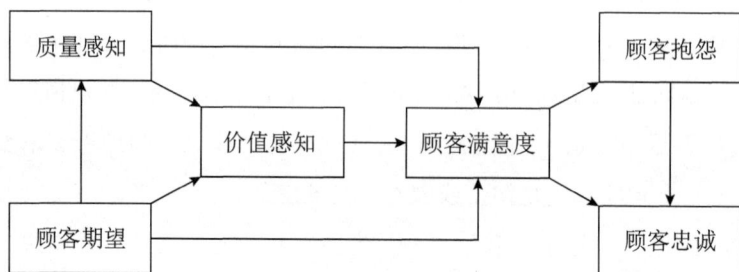

（图表来源：美国顾客满意度指数模型）

图7-1 美国顾客满意度指扳模型

这张图很清楚地表达了顾客满意度的形成过程。首先顾客会对自己要去的场所产生期望，已经在心里勾勒出了这个地方的样子。然后顾客会去现场消费，在消费的时候会不由自主地将对现场的质量感知跟自己之前对这个地方的期望进行对比，形成对这个地方的价值感知，或叫总体印象。质量感知超过期望，顾客就会感到满意，质量感知没有达到期望，顾客就不满意。满意的顾客就会忠诚（会推荐他人购买或者自己再次前来），不满意的顾客就会产生抱怨甚至投诉。换句话说，顾客满意度 = 质量感知 – 顾客期望，如果这个值是正数，顾客就会满意；如果是负数，那就不会满意。这就是著名的美国顾客满意度指数模型。

将这个模型带到实际工作中去，有一些现象会得到合理的解释。例如，对于一个想要去五星级酒店消费的宾客，会对即将要去的场所的样子进行想象——五星级酒店，一定是装修豪华，一定会琴声悠扬，一定让人如沐春风。因为对这个酒店已经有了一个很高的预期，那么如果实际在酒店享受到的硬软件产品与想象中的一样甚至更好，那么顾客满意度自然高。反之，实际享受到的与期望的差距很大，那么顾客的失望情绪就在所难免了。但如果同样的产品放到三星级酒店，即便员工的表现跟五星级酒店的一样，甚至还不如五星级酒店，宾客可能不但不觉得差，反而会觉得不错。原因也很简单，因为宾客对五星级酒店和三星级酒店的服务期望是不一样的。

上一章中不同类别酒店的顾客满意度的相关数据，就非常具体地说明了这个结论。高端豪华酒店宾客提了很多看上去已经超出酒店服务范畴的要求，原因就是宾客对酒店的期望更高；而经济型酒店宾客在点评中很少提到对服务或者个性化的要求，原因是他们也知道酒店的档次和消费水平较低，他们会更多地注意设施设备等基础服务。

甲之蜜糖，乙之砒霜

现在解释另外一个核心问题——为什么同样的服务，有的宾客会满意，有的宾客不满意呢？无论碰到什么样的投诉和客户反馈，哪怕是同样的事情，为什么有些宾客能够听完服务员的解释并欣然接受，有些宾客无论如何也要投诉？其实这里又涉及了另外一个非常重要的概念，那就是服务。我们口中的服务质量到底是由什么构成的？

在前一章里，笔者已经介绍了服务质量的"五性"，这里再给大家做一个详细的解读，如图7-2所示。

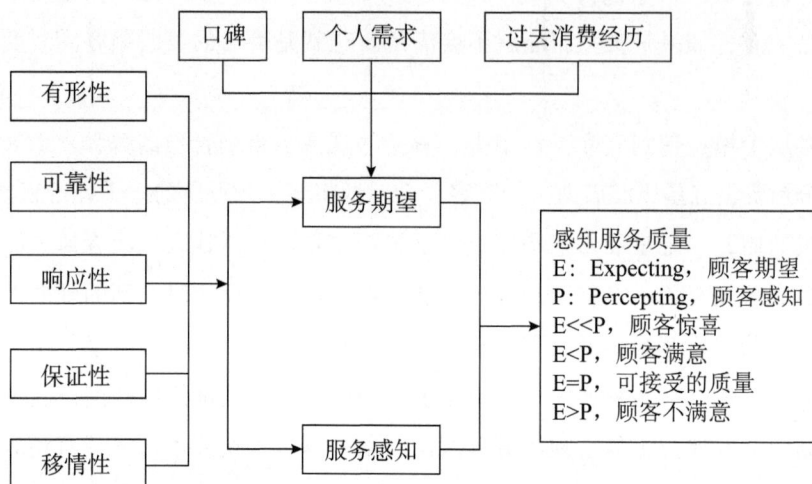

（图表来源：帕拉休拉曼等提出的服务质量模型）

图7-2　服务质量模型

图7-2对图7-1做了一点延伸和注解。人们说的服务是一个大概念，尽管人们平时对服务质量也有一些具体的评价，例如服务态度、员工素养、硬件水平、工作技能、工作效率等，其实这些都可以进行归纳和总结。经过系统总结归纳的服务其实是由有形性、可靠性、响应性、保证性、移情性5个小概念组成的。现在再看这"五性"内容，再回顾一下刚才的分析，大家是否有了更深的感受？

当大家了解了"五性"，就知道服务不是一个看不见摸不着的东西。

不同的宾客对"五性"的期望是不一样的。有些宾客更看重保证性，只要酒店能够给自己提供一个安全的环境，就算没有服务都无所谓；有些宾客看重有形性，酒店装修好就喜欢；有些宾客更看重移情性，要求酒店必须要提供个性化的服务。这也解释了为什么同样的服务行为会造成不同的宾客体验和感受。因为每一个服务行为可能只体现了某一类或者两类特性，而宾客的偏好是不一样的。甲之蜜糖，乙之砒霜。对着一个不喜欢被打扰的宾客不停地说话，和对一个渴望交流的宾客视而不见都会产生尴尬的场景。

同时大家还能得到一个启示：服务质量的"五性"在每个宾客心中的占比是不一样的，如果酒店的某一个维度差一点可以用另一个维度去弥补。例如，某酒店开业 20 年了，硬件设施严重老化，酒店就用温情服务去弥补硬件设施的不足，因此常来的宾客依然很多，他们是冲着软件而不是硬件来店消费的；设施设备出了故障，但员工真诚的道歉和承诺增加了酒店移情性的分值，多少可以弥补酒店在有形性上的不足。

下面对本节内容做一个总结。

（1）单方面在质量感知上做文章并不能保证顾客满意度高，所以再好的服务也有可能让顾客不满意。

（2）想要让顾客满意，必须想方设法让顾客的质量感知超过期望，而这个前提是必须得相对准确地了解他的期望。

（3）服务质量是一个多维度概念，包括有形性、可靠性、响应性、保证性和移情性 5 个方面。对 5 个方面需求的不同，决定了影响顾客满意度的因素不同，也导致了同样的服务会有不同的结果。

（4）最好的服务是准确把握服务对象的期望，并为其提供比其期望再高一点的服务，远高于或者低于期望值的服务都不是好服务。

（5）顾客期望可以通过对服务质量的"五性分析"做相应预判，例如在上一章提到的对不同类别酒店的宾客关注点的分析结果就可以作为参考。

（6）明确知道顾客期望却依然无法满足时，可以通过其他维度去弥补，当然这无法解决根本问题，只是临时补救。

第八章

酒店服务的三重境界

通过前面的分析大家可以看到，尽管不同的宾客需求不同，关注点各异，但整体而言，酒店对宾客的需求仍然可以有所预判。本章结合酒店人都知道的马斯洛需求层次理论，结合第六章的数据分析结果以及人们的日常经验，将酒店服务分成三重境界：安全与清洁、态度与速度以及同理心。

酒店服务境界第一重——安全与清洁

一、从宾客安全视角出发的酒店安全标准指南

马斯洛的需求层次理论告诉人们，人的需求分为 5 个层次：生理需求、安全需求、社交需求、尊重需求以及自我实现需求。其中除了最基本的生理需求外，安全需求被看作第二个基本的需求。的确如此，没有安全，何谈其他？这也是笔者在"做酒店服务的实施"坑"里曾经说过的，仅谈客户体验而不谈安全有失偏颇，酒店行业从业者在满足宾客食宿需求的生理需求的同时，理应将安全需求放在首要位置，且无论宾客是否能够看到或者感受到，甚至是否认同，安全管理都十分重要。

根据旅游行业相关企业安全生产标准化规范，安全管理规范分为基础管理规范、对客经营场所规范、消防和治安规范、电器安全规范、通用设备设施和作业活动规范五大板块，因为其涉及内容多且复杂，是涵盖硬件、软件以及前台、后台的专业领域知识，感兴趣的读者可以自己学习。这里主要从"宾客安全"

的角度出发给大家提供具体参考，如表 8-1 所示。

表8-1 酒店宾客安全体验检查表

类别	内容
管理制度	有完备的岗位安全责任制度与各类突发事件应急预案，有培训、演练计划和实施记录
消防安全	停车场、回车线标线清晰，车道保持畅通
	所有客房张贴安全出口指示图，配备应急手电筒及消防面罩，楼道紧急出口标识清晰
	酒店各区域的标识清晰、规范，紧急出口与消防设施标识清晰，安全通道保持畅通
	酒店面客及后台区域均张贴统一的安全须知
	安全出口的指示标识醒目，背景灯正常照明
日常安保	酒店主要出入口和关键位置有保安员在岗
	保安员仪容仪表端庄，着装规范，正确佩戴工牌
	保安员夜间巡逻期间，佩戴手电筒、甩棍等装备，满足工作需要
	保安员态度友好，路遇宾客主动示意，为宾客提供服务和帮助
	及时发现安全隐患（包括危及宾客的隐患和行为），并及时排查和阻止
	保安员对大门范围内的车辆和人员指挥有序，大门前道路通畅
服务安全	除宾客本人以外，前台员工不向任何人泄露宾客的房号和信息
	酒店所有员工不泄露宾客的个人信息和消费信息
	前台设有行李专用寄存处，所有寄存行李均应有序放置在关闭状态的寄存处内
	入住宾客名单不应出现在服务员工作车、收银柜台等任何公共区域
	客房服务员在打扫房间时，若有宾客进入，应请宾客出示房卡确认
	若宾客要求重领房门钥匙，总台员工应先确认宾客身份
	对宾客的证件登记和扫描工作应当在宾客的视线范围内完成，避免宾客产生不安全感
	客房房门应安装自动闭门器、门视镜和反锁装置且功能完好
	客房电话设置直拨按钮，卫生间设置紧急呼叫按钮
	客房服务指南内有安全警示说明
	客房内提供的食品应在安全有效期内，且按正确方式保存
施工安全	内部工程人员在对客区域应统一着装，保持酒店形象，面客时使用敬语
	在有安全隐患的地方（施工场所、楼梯等易碰撞位置）设有安全指示牌
	所有施工场地外围有隔离措施，且有危险提示
	外单位施工人员应佩戴统一证件，着统一工作服

（资料来源：依据中华人民共和国文化和旅游部饭店运营质量表和其他资料整理）

以上安全标准指南为各类型酒店通用版，读者可根据需求选择使用。

二、酒店服务质量的生命线——酒店清洁卫生标准指南

之所以用"酒店服务质量的生命线"来形容清洁卫生，是因为其对酒店行业来说太重要了。关于清洁卫生的重要性笔者无须赘言，只要想象一下，一脚踏进一个满是灰尘的房间或是拉开床单见到几根头发的感受，便可知道清洁卫生对宾客到底意味着什么。

如果说安全标准还有一些属于我们自己非常在意但宾客体验过程中未必很在意的情况，那么清洁卫生情况则是完全暴露在宾客眼前的。

目前市面上关于酒店清洁卫生要求的书籍和参考资料很多，几乎每家酒店都有适合自己实际情况的清洁标准，笔者在此也总结整理了一份通用的清洁卫生标准指南供读者参考，如表8-2所示。

表8-2 清洁卫生（含维护保养）

类别	内容
面客服务区域	大理石地面：无破损、无变色、无变形、无污渍、无异味、清洁、光亮
	门窗：无破损、无变形、无划痕、无灰尘
	天花板（含空调排风口）：无破损、无裂痕、无脱落、无灰尘、无水迹、无蛛网、无污渍
	墙面（柱）：平整、无破损、无开裂、无脱落、无污渍、无蛛网
	电梯：平稳、有效、无障碍、无划痕、无脱落、无灰尘、无污渍
	家具：稳固、完好、无变形、无破损、无烧痕、无脱漆、无灰尘、无污渍
	灯具：完好、有效、无灰尘、无污渍
	盆景、花木：无枯枝败叶、修剪效果好、无灰尘、无异味、无昆虫
	设施设备：有效、无破损、无污渍、无灰尘
	房门：完好、有效、自动闭合、无破损、无灰尘、无污渍
	房间地面：完整、无破损、无变色、无变形、无污渍、无异味
	房间窗户、窗帘：玻璃明亮、无破损、无污渍、无脱落、无灰尘
	房间墙面：无破损、无裂痕、无脱落、无灰尘、无水迹、无蛛网
	布草（床单、枕头、被子、毛毯、浴衣等）：配置规范、清洁、无灰尘、无毛发、无污渍

续表

类别	内容
面客服务区域	电器及插座（电视、电话、冰箱等）：完好、有效、安全、无灰尘、无污渍
	客房内印刷品：规范、完好、方便取用、清晰、无褶皱、无涂抹、无灰尘、无污渍
	客房家具设施：完好、有效、安全、无灰尘、无污渍
	面盆、浴缸、淋浴区：洁净、无毛发、无灰尘、无污渍
	水龙头、淋浴喷头等五金件：无污渍、无滴漏、擦拭光亮
	马桶：洁净、无堵塞、噪声小
	排水系统：通畅、无明显噪声
	排风系统：完好、无明显噪声
	客用品（毛巾、口杯等）：摆放规范、方便使用、完好、无灰尘、无污渍
	餐台（包括自助餐台）：稳固、美观、整洁
	餐厅客用品（包括台布、餐巾、餐具、烟灰缸等）：完好、无破损、无灰尘、无污渍
	店标（旗帜）、艺术品等：保养良好、无破损、无污渍
	庭院（花园）：完好、花木修剪整齐、保持清洁
后台区域	通往后台区域的标识清晰、规范，各区域有完备的门锁管理制度
	后台区域各通道保持畅通，无杂物堆积
	地面：无油污、无积水、无杂物、整洁
	天花板（包括空调排风口）：无破损、无裂痕、无脱落、无灰尘、无水迹、无蛛网
	墙面：平整、无破损、无开裂、无脱落、无污渍、无蛛网
	各项设备维护保养良好，运行正常，无"跑、冒、滴、漏"现象
	在醒目位置张贴有关安全、卫生的须知
	餐具的清洗、消毒、存放符合卫生标准要求，无灰尘、无水渍
	食品的加工与贮藏严格做到生、熟分开，操作规范
	有防鼠、蟑螂、蝇类、蚊虫的装置与措施，且完好有效
	各类库房温度、湿度适宜，照明、通风设施完备有效，库房整洁卫生
	排水系统无堵塞、无油污，保持畅通
	排烟与通风设备无油污、无灰尘，定期清理
	垃圾分类收集，日产日清，垃圾房周围保持整洁，无保洁死角
	员工设施（宿舍、食堂、更衣室、培训室等）管理规范，设施设备保养良好、整洁卫生

（资料来源：依据中华人民共和国文化和旅游部饭店运营质量表和其他资料自行整理）

酒店服务境界第二重——态度与速度

如果说安全和卫生是满足宾客需求的初级要求或第一重境界，那么毫无疑问，员工态度和工作效率则是宾客更高的需求，酒店应予以重视并实现。

一、酒店服务的第一张名片——员工素养（态度）标准指南

哪一位宾客走到一个陌生的地方不希望看见一张热情洋溢的脸？哪一位宾客不愿意当自己需要帮助时能够快速获得服务员的响应？关于员工应该用什么态度来对待宾客的内容笔者已经在本书第一章做了非常详细的解读，此处不再赘述。但不知大家是否记得，本书第六章提到的，无论是高端豪华酒店、中端商务酒店、经济型酒店的宾客，还是主题/民宿酒店的宾客，他们都有一个共同的期望：酒店的可靠性高一些。而可靠性就是员工带给宾客的安心感受。毫不夸张地说，这种安心的感受与员工的态度密切相关，因为服务态度反映的是员工的内心，而每位宾客都希望员工的态度好一点。

狭义上说，服务态度指员工与宾客交流时员工的表现；但广义上还意味着更深层次的内涵，例如员工的仪容仪表、穿着打扮。一个衣衫整洁、大气的员工即便没有与宾客进行语言交流，也在向宾客传递"尊重"的态度。

在这里笔者采用的是广义的服务态度的理解，或者更准确地说是"员工素养"的概念，并将其整理成通用指南供读者参考，如表8-3所示。

表8-3　员工素养

类别	内容
仪容仪表	员工仪容仪表得体，着装统一，体现岗位特色
	员工工服整洁、无破损，挺括平整，鞋袜整洁一致
	员工着工服规范，正确佩戴工牌
	员工化淡妆，面带笑容
礼节礼貌	员工彬彬有礼，乐于提供服务
	员工在任何场所遇见宾客都要主动向宾客致意并让道
	前台员工接听电话迅速、敬语在先，分机处的员工报岗点名称和姓名，总机处的员工报饭店名称

续表

类别	内容
礼节礼貌	通话结束前，询问宾客是否需要其他帮助
	结束时使用恰当的敬语，并在宾客挂断电话后再挂
	员工专注服务，不扎堆聊天
	在知晓的情况下，员工始终称呼宾客姓氏
	当非本地宾客在场，员工之间用普通话交流
业务能力	员工业务熟练，对宾客问询对答如流
	各岗位员工均能熟练掌握岗位专业用语
	各岗位员工均能熟悉并正确描述产品细节、价格及进行合理营销
	结账操作效率高，准确无差错，能主动征求宾客意见，致谢并邀请宾客再次光临
	在不与宾客需求相抵触的情况下，优先推荐本酒店产品
	任何情况下进入客房需按门铃或敲门，报出所属部门及姓名，等待宾客开门
	具有基本的语言交流能力，可以同宾客沟通，并与宾客建立良好关系
	熟悉当地的观光、娱乐景点等信息并能给宾客提供参考
	熟悉酒店内所有场所的各项信息并在宾客有需求时准确提供
	一线对客服务岗位员工能够使用英文与宾客交流
应变技巧	员工拥有预见宾客需求的能力
	若宾客有反馈意见，员工需要耐心倾听
	在处理问题的过程中，员工尊称宾客姓氏，或询问宾客姓氏
	在处理问题的过程中，员工要向宾客表达真诚与歉意，保持冷静、礼貌和友好
	员工认真对待宾客反映的问题，表现出对宾客的关心
	及时向相关部门反馈信息，跟进问题处理进度
	事后与宾客联系，确保其对处理结果感到满意且问题确实已经解决

（资料来源：依据中华人民共和国文化和旅游部饭店运营质量表和其他资料整理）

二、我是专业的，您是开心的——酒店员工工作效率标准指南

随着宾客需求的逐步升级，宾客对酒店服务的要求也随之变高，本部分内容要探讨的是对员工工作效率的要求，其在服务质量的5个层面中属于"响应性"范畴，也是体现酒店员工专业度的部分。

前文说过员工态度和工作效率能够解决绝大多数宾客的基本需求，但总有一些情况只靠员工态度好也解决不了。

记得之前笔者带孩子外出旅游，上午外出游览，下午要乘车离开酒店，赶

不及回酒店吃午饭。于是笔者在回酒店的路上就预订了酒店的送餐服务，希望回酒店能在房间简单吃一口。结果一小时后笔者回到酒店发现餐还没有做好，致电餐厅要求改成打包，过了 20 分钟打包食品依然没有被送到房间。好不容易在笔者即将出门前餐厅将打包食品送到，居然没有拿餐具，员工又要返回拿餐具。尽管在整个过程中所有员工的态度都很好，但结果依然让人既愤怒又崩溃。员工的工作效率是专业能力的体现，同时也是满足宾客需求的另一件制胜法宝。

当您风尘仆仆赶到酒店很想一头扎进松软的羽绒被里一觉睡到天亮时，前台员工花了 10 分钟还没办完入住登记手续……

当您饥饿地走到餐厅点完菜准备大快朵颐时等了 40 分钟见不到一个菜上桌……

当您给服务中心打电话请酒店员工立即给您送一个酒店纸袋，以便立即带着它出门办事，但过了 10 分钟纸袋依然没被送来，再打电话发现酒店员工居然忘记了……

如果在碰到上述情况时您也觉得无法接受，那就说明酒店员工的工作效率对宾客的感受的确影响很大。

酒店的 SOP 是体现和保证员工工作效率的具体载体，笔者在此整理了部分能够明确体现员工工作效率的标准供读者参考，如表 8-4 所示。

表8-4　员工工作效率

类别	内容
管理支持	有完备的规章制度、操作程序和服务规范
	有明确的考核和激励机制，以及系统的员工培训制度和实施记录
工作标准	在正常情况下，任何部门电话铃响员工10秒内应答，吐字清晰，态度亲切
	员工转接电话准确、及时、无差错（无人接听时，15秒后转回总机）
	酒店能实时提供网络预订服务，界面友好，接到预订后及时确认
	入住登记手续需在3分钟内完成
	退房结账手续需在3分钟内完成
	宾客网评需在1小时内回复
	叫醒服务必须重复宾客的要求，确保信息准确
	叫醒服务有第二遍叫醒，准确、有效地叫醒宾客
	收到结账要求后及时确认宾客所有消费记录，3分钟内提供账单，条目清晰、正确完整

续表

类别	内容
工作标准	每天14时前清扫客房完毕，如遇"请勿打扰"标志，按相关程序进行处理
	每天17时到21时提供开夜床服务，如遇"请勿打扰"标志，按相关程序进行处理
	洗衣单上明确写有相关信息（服务时间、价格、送回方式等），配酒店专用环保洗衣袋
	在宾客抵达餐厅后，立即接待并引座
	咖啡或茶应宾客要求及时添加，适时更换烟灰缸
	宾客用餐结束后，及时收拾餐具；宾客离开餐厅时，向宾客致谢
	送餐电话及时接听，熟悉菜单内容，重复和确认预订的所有细节，主动告知预计送餐时间
	正常情况下，送餐的标准时间为：事先填写好的早餐卡——预订时间5分钟内；临时订早餐——25分钟内；小吃——25分钟内；中餐或晚餐——40分钟内
	送餐时按门铃或轻轻敲门（未经宾客许可，不得进入客房）；礼貌友好地问候宾客；征询宾客托盘或手推车放于何处，为宾客摆台、倒酒水、介绍各种调料
	健身房营业时间不少于12小时

（资料来源：依据中华人民共和国文化和旅游部饭店运营质量表和其他资料整理）

酒店服务境界第三重——同理心

同理心是服务要求中最高的要求，但对同理心的解读很难从中华人民共和国文化和旅游部的相关标准和规范中找到确切答案，因为它更多地依赖于员工的主观能动性，员工需要根据服务场景的变化提供更有针对性的服务。因此在本节笔者没有为大家整理具体的工作标准，而是试图通过对一些具体案例的解读让大家掌握"同理心"，从而举一反三，实现目标。

一、一招搞定投诉宾客

在第一篇里曾经讨论过应该用什么样的心态来对待投诉宾客，但并没有提及如何解决宾客投诉的方法，本节笔者将以具体案例进行解读分析，让大家掌握解决宾客投诉的方法。

案例17　　　　　　　一个果盘的补偿

炎炎夏日，杨先生带着一家老小外出旅游，入住了当地一家很知名的酒店。酒店前台接待员是个帅气的小伙子，3分钟内办好两个房间的登记手续，两位老人一间，杨先生一家三口一间，每个房间收了500元杂费押金（房费已提前预付）。杨先生一边在押金单上签字一边想，这酒店的工作人员的工作效率挺高！

晚上十一点半，杨先生肚子饿了，于是致电送餐部叫了一碗牛肉面并说明需要转入房帐，半小时后牛肉面送到——味道不错。

次日一早，杨先生与父母在早餐厅碰面时发现两位老人双眼浮肿，精神欠佳。一问才知昨晚将近午夜，熟睡的老人接到酒店电话询问是否同意隔壁房间（即杨先生房间）叫餐转账。老人一头雾水，却已因骤然被吵醒而整夜无眠。明明是杨先生交押金且签署押金单，明明是杨先生叫餐，酒店员工却在深夜致电同行人询问是否能够转账；明明老人舒心安眠却被惊扰致无法成眠。面对此景，杨先生气愤地拨通前台的电话："请问，为什么要吵醒我的父母？"

然后，就出现了下面的对话。

杨先生（描述事件经过5分钟后）：为什么会出现这样的情况？

前台员工：哦，您稍等，我请主管来听电话。

（2分钟后）

前台主管：您好，请问发生了什么事？

杨先生（再次描述事件经过5分钟后）：我要投诉，为什么会出现这样的情况？

前台主管：哦，这样啊，真抱歉，这样吧，我给您房间送一个果盘可以吗？

杨先生（愣了30秒）：难道我说了半天就为了跟你要一个果盘？

前台主管：要不我送您一张优惠券，下次您来入住时可以打折。

杨先生（半晌后）：有了这次，您觉得还会再有下次吗？……

在上述案例中，值得该酒店反思的内容很多，例如押金入错房间、在不恰当的时间打扰宾客等。由此而产生的后续跟进工作也有很多该反思，例如优化酒店的 SOP、强化员工培训等。但笔者在此处最想表达的却不是这些，而是要对酒店处理投诉的方法进行剖析。

大家看看在接到宾客投诉时，酒店是怎么处理的。

（1）员工听宾客说了 5 分钟后发现自己无法处理，于是请宾客稍等，然后请主管过来。

（2）主管过来后再问宾客一次发生了什么，于是宾客再把事件重复了一次。

（3）了解完情况后，主管道歉，并且提出补偿一个果盘。

很显然，这是一个很失败的投诉处理案例，原因是酒店压根不了解宾客投诉的本质原因，因此做出的每一次处理都是错的。

换句话说，酒店管理者和员工都缺乏同理心。

请问，一个非常生气的宾客打电话给你，他此刻的心情如何？你让他一遍又一遍地重复自己的不愉快经历合适吗？

请问，一个对自己的父母没有睡好觉耿耿于怀的孝顺的孩子，他投诉的目的是要你一个果盘吗？他最希望的是什么？

如果酒店员工思考了这个问题，那么他的做法就会发生如下改变。

（1）酒店员工听说杨先生的投诉后立即致歉，表示为酒店没有能够让杨先生的父母以及杨先生有良好的住宿体验而真切致歉。

（2）告知杨先生会请更高一个级别的领导来处理此事以表达酒店对宾客意见的重视。

（3）员工在自己的上级领导接手之前，务必将已经了解到的信息完整告知上级，让上级心中有数，同时也告知上级不必再次询问，以免宾客怒火上涨。

如果前台主管思考了上述问题，他的思考逻辑也会发生如下改变。

（1）杨先生此刻非常关心和担心老人的情绪和身体，所以可以立即告知杨先生自己将代表酒店到餐厅或者房间向老人们当面致歉，以表达酒店真挚的歉意。

（2）赴现场致歉时可以带上一个果盘，但请注意，这个果盘不是给宾客的补偿，因为这个补偿并不是宾客需要的，你带上它只是因为它是表达你诚意的载体，如此而已。

将这个案例专门提出来分析，是因为在酒店员工日常处理投诉的过程中，太喜欢用果盘或类似的物品作为道歉工具。这并不奇怪，因为在处理投诉时，果盘确实是一个常备的"武器"。但问题在于，这个"武器"的使用方法和使用时机是否恰当，以及该"武器"是否真的能够起到消除宾客怒火的作用。

当杨先生听到前台主管提出"那我送您一个果盘吧"时，其实是明确无误地听到了前台主管的弦外之音："你不是投诉吗？那我给你点物质补偿吧。"而这种过于直白的做法只会让本已生气的宾客怒火升级。"难道我说了半天就是为了跟你要一个果盘？"的回复已经道出大多数宾客的心声。于是，这个果盘不仅没有成为"武器"，反而成为新一轮"战事"的导火索。

那么，如果换个做法呢？

接到宾客的投诉电话，管理者立即致歉："发生这样的事情我们真的很抱歉，因为酒店失误导致老人没休息好，影响了您旅游的心情，我们确实非常惭愧，请允许我代表酒店马上向您和老人致以诚挚的歉意！"然后，管理者立即带一个果盘当面向宾客致歉。可以想象一下，当宾客看到酒店管理者迅速带着一个果盘前来道歉时，除了能感受到酒店快速高效的工作效率外，是否更能感受到一份让人温暖的诚意？而这份温暖的诚意，是否与并未被刻意提出的那个果盘有关？

在两种处理方法中，果盘是以不同的方式被展示在宾客眼前的。一种是"送"，一种是"带"。一字之差，却有着大相径庭的效果。"送个果盘"暗含着"施舍"和"置身事外"的意思，而"带着果盘"则显示了"诚意"和"感同身受"。同样的果盘，会产生不一样的效果的原因只有一个，那就是：是否考虑到宾客的真正需求。

倘若上述文字引起了您的思考，那么，请继续思考下面几句话。

（1）将心比心，绝大多数宾客来酒店消费，目的不是投诉以及将投诉作为获取物质补偿的手段。那种一发生投诉就自动将宾客划入"敌对阵营"且立即想"如何进行物质补偿"结束"战斗"的想法过于狭隘，在这种想法带动下的处理措施往往收效甚微甚至适得其反。

（2）想知道宾客的真正需求，那就在接到投诉的瞬间换位思考：此刻自己最想要的是什么？

（3）处理投诉时，无论处理的人员是谁，这几点处理的人员一定需要：倾听、理解、真诚和信任。

再来看另外一个案例。

案例18 **饭没吃到，吃了一肚子气**

周末，平时工作特别忙的张女士终于休假了，她准备陪男朋友逛街、看电影。他们提前买好了电影票，逛了会儿街，提前一个半小时到了电影院楼下的餐厅，准备用完餐后去看电影。结果他们点完单以后等了40分钟菜还没上，张女士第三次催促上餐时竟然被告知他们点的餐卖完了，需要重新点，但是还要再等半小时才能做好……电影很快就要开演，显然他们两个人得饿着肚子去看电影了。想到一个好好的周末就这样被一道不能上的餐搅和了，张女士气不打一处来，她看着让她重新点餐的员工很生气，并与之发生如下对话。

张女士：你们这是什么餐厅？还讲不讲道理了？

员工：您先别着急，请坐下来慢慢说。

张女士：不着急？你别站着说话不腰疼，换你饿着肚子等了40分钟催了几次最后才告知点的餐卖完了试试？

员工：如果这件事发生在我身上，我一定会冷静的，因为着急是没用的。所以，我希望您也冷静。

张女士：笑话，你还来教训我吗？让你们经理过来！

员工：您可以叫经理来，但您对我应该有起码的尊重，虽然我是服务员，但你应该尊重我的工作，我又不是来受气的。

张女士：你不是来受气的，难道我是来花钱受气的？

不知道这个案例带给大家什么感受？有没有一点似曾相识的感觉？在笔者20多年前写毕业论文时就曾经看到某本书上写过类似的案例，而时至今日，类似的情况依然在人们的身边经常发生。

毫无疑问，案例中的员工缺乏的正是笔者在本节想要传递给大家的"同理心"。

一个等了40分钟还没有等到餐的宾客最需要什么？是跟你心平气和地坐下来讨论应该怎么处理才是最好的解决方案？还是赶紧满足她的需求让她不致饿着肚子去看电影？

希望宾客冷静，以及让宾客像自己一样慢慢说，包括后面希望宾客尊重自己的工作等均是员工站在自己的立场而不是宾客的立场的想法。

这是很多酒店员工经常犯的错误，没有站在宾客角度发现需求、考虑问题的后果就是让宾客怒火中烧，而自己也莫名委屈。很多时候，员工的委屈是自己造成的，不是宾客不理解他，而是自己没有理解宾客。

就像这个案例，得知宾客赶时间吃饭，耽误了宾客时间的正确做法就是立即致歉，并赶紧给宾客推荐一个能够快速出餐的餐食，因为这才是宾客此刻的需求。员工跟一个没吃成饭倒"吃"了一肚子气的宾客讨论宾客有没有尊重他的工作，是否有强词夺理之嫌？

看了两个负面的案例，再来看一个积极的案例。

案例19　　化干戈为玉帛——宾客在酒店浴缸摔倒了

这是一个繁忙的周末，晚上 8 点左右，宾客陆续抵店，酒店大堂人来人往，热闹非凡。忽然，从前台传来一阵咆哮声："开门，开门，快给 607 开门！有人在里面出事了！什么破酒店，连个值班的人都没有，再不开门，出了人命你们负责！"

听到声音，当值大堂经理小敏立即跑上前去，看到几位宾客气急败坏的样子，小敏来不及说些什么，只是马上让接待员配好钥匙，并带上 607 房间宾客登记表，随着宾客走向电梯。途中，小敏巧妙地跟宾客核实了资料，并确认其中一位张先生正是该房的宾客之一，其他几位是张先生在当地的朋友。

经过再进一步地了解，小敏得知，现在在房间里的是张先生的妻子李女士。他们夫妻二人是某政法大学的讲师，应朋友之邀来此地度假，今晚跟朋友们一起喝酒。李女士不胜酒力，先回房休息，结果就在洗澡时不甚摔倒，鲜血直流。李女士见状把怒气都发在丈夫身上，认为是丈夫顾着喝酒没照顾好自己，还赌气不去医院治疗，将丈夫推出门外，任朋友再三劝说也不开门，这才出现本案例开头那一幕。

"你们酒店怎么搞的，浴缸那么滑？这两位是我们专程请来的专家，你们酒店要承担全部责任！"已经到了 607 房间的门口，那几位同行的朋友还在指责小敏。小敏忍着委屈，对宾客说："现在最重要的是说服李女士去医院接受治疗，请让我试试好吗？"那几位宾客这才安静了下来。

小敏声音轻柔地请李女士开门，然后李女士在房间内哭了起来："我不要你们进来，不要，不要！"张先生则一个劲儿地催促："快开门，快开门！"小敏一边示意其他人不要进入房间，一边打开房门同张先生一起走进房间。

李女士正蜷缩在床上哭个不停，床单上有一块明显的血迹。一见到张先生，李女士就抓起枕头扔了过来，让他出去，对张先生的询问和去医院就医的建议不理会，爱妻心切的张先生痛苦地低下了头。

小敏立即通知酒店医务室医生到房间替李女士包扎伤口，然后坐在李女士旁边耐心劝说她前往医院。小敏说："如果伤口发炎了，在这么漂亮的脸上留下疤痕，多难看啊！"可能是这句话起了作用，李女士渐渐停止了哭声，她对小敏说："你陪我去医院，我不要老公陪。""好，没问题。"小敏不假思索地答应了下来，一旁的张先生眼中流露出感激之情。

小敏陪李女士去医院，一路上小敏讲着笑话，让李女士放松不少。到了医院以后，小敏忙着挂号、拿药，在李女士打针和做手术时一直没有离开，那几位当地的朋友看着小敏忙碌的身影，没有再说什么。

李女士额头的伤口最终被缝了 4 针，缝完以后小敏又陪她回到了房间，在小敏的劝说下，李女士终于恢复了平静，也不像刚才那样对待丈夫了。这时，小敏又让餐厅送来了白粥和小菜，叮嘱李女士要好好休息，凌晨 4 点小敏从李女士房间告辞时，张先生一个劲儿地感谢："太谢谢你了，要不是你，我真不知道如何是好！"

回到大堂，那几位当地的朋友还在那里等候，他们对小敏说："不好意思，我们太粗鲁了，请你原谅，我们也是着急了，希望你能理解。你忙了这一晚上，别说宾客也有责任，就算全是酒店的过错，我们也不会追究了。交个朋友吧！"

在本案例中，酒店大堂经理小敏用自己的举动化解了一桩原本可能非常严重的投诉。从头到尾，小敏没有为自己或者酒店进行过任何辩解，只是用一颗真诚的心去感受和体会宾客的需求并竭尽所能地去帮助对方：体会丈夫焦急的心情，没有立即跟他确认房间宾客信息而是巧妙地在路上询问；体会妻子的心情，从爱美的角度说服宾客到医院就诊；体会朋友的心情，不去辩解谁是谁非，而是像朋友和家人一样去劝慰、帮助和关怀。将心比心的同理心最终换来了每一位宾客的理解和尊重。原本想投诉酒店浴缸或地面湿滑的宾客事前事后态度的转变告诉我们：真诚和一切为宾客着想的行动是化解投诉的最佳方法。

说到这里，笔者的想法已经明确表达，解决宾客投诉的问题（其实准确地说是所有宾客）的那一招就是：同理心。

二、与宾客沟通的五部曲

通过前面的 3 个案例，笔者为大家提供了解决宾客问题的制胜法宝：同理心。每次处理宾客问题时都提前问自己这个问题：如果此时此刻我是宾客，我在想什么？这样很多问题就可迎刃而解。

说完了方法，再给大家提供一个具体的做法。面对宾客意见（投诉）的处理 3 部曲：倾听—道歉—理性思考—感性表达—改善关系

虽然从时间的顺序上倾听是第一，改善关系在最后，但改善关系却是关键词，改善关系才是处理宾客问题的终极目标。

请务必记住，处理宾客问题（投诉）的目的不是去判断对错，或者是解决某个具体的问题，而是改善关系。或者换句话说，是想要平息投诉宾客的怒火，挽回他对我们的信任。有了这个前提，接下来就顺理成章。送礼品、打折，都是改善关系的手段。让宾客感受到我们的诚意，比让他觉得自己讨了多大的便宜更有意义和价值。

了解了这个，具体的流程也变得非常简单和容易理解。

（1）倾听。请记住，无数资料和我们的自身经历都告诉我们，只要让不开心的宾客能够完整地将自己的情绪发泄完，那么 70% 的不愉快就已经消失了。换句话说，很多时候，宾客只是希望我们认真地听他们把话说完。

（2）道歉。无论如何，听完以后，先道歉。作为主人，为在我们"家"发生不愉快的事情而道歉（在第一篇第一章里已经做过具体解析）。正常情况下，到了这一步，已经成功了一大半。

（3）理性思考。大部分情况下，在对服务具有正确认知和理性思考能力的前提下，酒店管理者可以很迅速地判断出宾客反映或者投诉的问题是什么原因造成的，确定哪些是酒店问题、哪些是宾客自身问题。管理者建立初步认知后，给自己一个心理底线，即如果发展到最坏一步会如何处理。但务必要记住的是：第一，这里所说的理性思考是基于对服务有足够认知基础上的思考，而不是把宾客作为对立面甚至是"敌人"而产生的思考；第二，理性思考的目的是给自己和酒店一个底线，确定哪些可以做到、哪些不可以，让自己有一定的空间进行发挥；第三，所有思考都是在心里默默进行的，决不能让宾客感受到自己在考虑如何"对付"他（她）。

（4）感性表达。请记住，您在处理宾客问题（投诉）时的表达都应该是感性的——真正站在宾客角度思考。当然如果想要达到这个目标，就必须真正站在宾客的角度考虑才行。"很抱歉给您带来如此不愉快的感受。""如果我是您，发生这样的事也一样会很生气。""特别理解您此刻的感受。"这几句话是经过多年印证的非常有效的可以"化腐朽为神奇"的"灵丹妙药"，可以在缓解宾客愤怒情绪上起到令人满意的效果。

（5）改善关系。永远记住，这才是我们处理宾客问题的终极目标。

第 四 篇

酒店服务的关键
时刻与服务细则

第九章
酒店服务的"绿线"与"红线"

在本篇开头先说酒店服务的"红线"和"绿线"的原因是无论是社会还是企业，都有自己的文化和好恶，都会赞成些什么、反对些什么，而这些被称为价值观的东西却是指导社会和企业的行动指南。

价值观和社会导向与企业发展密切相关，酒店行业也是如此。因为酒店行业是一个准入门槛并不高的劳动密集型传统行业，所以我们的行业也一样存在着与社会导向和企业性质密切相关的方向型指引。在这里，笔者把这些指引称为"绿线"和"红线"。

这里所说的"绿线"和"红线"，指的是在酒店服务工作中应该大力推广和绝对不能染指的一对完全相反的概念。"绿线"是鼓励员工尽力去做且不设上限的行为，而"红线"则是要求员工不能触碰的行为底线。

多多益善的服务"绿线"

笔者把酒店服务的"绿线"分为两条，一条叫"敬业"，另一条叫"诚信"，下面笔者分别来说说对它们的理解。

一、酒店服务"绿线"之"敬业"

案例20　　　"傻姑娘"的运气一般都不会太差

学酒店管理的小岩大学毕业前去了上海的一家五星级酒店实习。与小岩一同实习的同学都被分去了前台或西餐厅，只有她被安排在了客房。要知道，小岩在大学里是班长，还是学生会主席，学习成绩很好，英语也很棒，竟然被安排到这个在很多同学眼里最苦、最累、最差的部门。大家都替她抱不平，劝她找人事部沟通看看能不能调整一下部门，她却乐呵呵地说："没关系，客房也挺好的，都能学东西。"大家都觉得小岩有点傻。

客房工作果然又苦又累，每天14间房的清洁工作实在让人崩溃。因为业务不熟练，小岩每天晚上都要干到晚上九点多才能下班，回到宿舍就十点半了，洗漱完毕就十一点多，啥都不能再想必须得赶紧睡觉，因为第二天早上六点就得起床。从宿舍到酒店得倒两次公交车，至少一个半小时才能到达酒店，一个星期下来，小岩感觉自己特别疲惫，以前睡前都要读一读书的习惯显然已经没法坚持了，回到宿舍最想做的事就是上床睡觉！

铺床、刷马桶、擦灰、吸尘，周而复始。突然有一天小岩发现自己已经很久没有感受过阳光了，只是每天在不同的客房里透过窗户看到不同时间段的太阳，打扫第一间房间的时候，太阳还是红色的；打扫第三间房的时候，看不见太阳的身影了；打扫第五间房间的时候，太阳又出来了，还变得很耀眼；打扫第八间房间的时候，太阳又变得柔和了；打扫第十间房间的时候，太阳落山了；打扫第十二间房间的时候，窗外已有点点灯火……

其实，除了身体上的累外，精神上的压力也是一种折磨。小岩从小到大都是很努力的乖孩子，在学校、在家里听到的大都是肯定和鼓励，可在酒店工作就完全不一样了。作为一个新员工，每天精疲力竭地打扫完房间后还必须接受领班的查房。查就查吧，可每次查房都不能顺利过关，尤其是那个总是板着一张脸的主管，每次查房都会挑出一大堆毛病，并且让小岩改善甚至返工，这才是让小岩特别郁闷的事情——不怕累，但怕做不好，怕不被认可。

所以，当妈妈打来电话问小岩工作怎么样时，小岩一边说着"挺好的"，一边总有一些泪光浮现在眼角。

但是，无论怎么累，小岩的行动都没有一点含糊，她暗暗下了决心：我一定会成为一名优秀的员工的！业务技能不好，我就付出比别人更多的努力，下班以后我继续练习基本功，每一张床认真铺，每一个死角都抹到。不是每次查房都有不足吗？总有一天我要让领导什么毛病都挑不出来……

小岩的想法又遭到了同学们的嘲笑，他们说，这只是实习，真正毕业后还会换地方，而且又未必还在同一个部门，尤其是客房部，将来可能永远都不会再来，为什么要学那么多以后用不上的东西？小岩没有理会他们，做什么事都要做到最好，是她一直以来的人生信条。

时间过得很快，小岩和她的同学们已经在这家酒店实习半年了，快要结束实习了，酒店的管理者们召开了一个座谈会。在会议上，酒店总经理来到现场，对学生们的表现进行了点评，并且给他们发放了实习鉴定证书。小岩上台拿证书时，发现自己的证书上比其他人的多了几个字：优秀实习生！看着小岩诧异的眼神，总经理拍拍她的肩膀说："小姑娘表现非常不错，我已经跟你们学校校长说了你的表现，同时我代表酒店欢迎你毕业后正式加入我们，并且可以给你领班的职位，等着你啊！"

还没等小岩反应过来，那个总是板着一张脸的主管第一次对她露出了灿烂的笑容："小岩的表现真不错，在我带过的实习生中，你是最优秀的那一个！欢迎你回来做我的好搭档！"

在场的同学都很吃惊，以前从来没有听说过哪一个实习生还没毕业就已经被预约升职的事儿，这个"傻姑娘"的运气怎么这么好？

"傻姑娘"的运气一般都不会太差，笔者也可以证明这一点。笔者自己也是这样一个"傻姑娘"，"傻傻地"工作，"傻傻地"干活，不求回报，只求心安，结果一路顺畅。

笔者的身边也有这样一群"傻姑娘""傻小伙"。

这些"傻孩子"都有一些共同的特点，就是从来不先去想这么做能够得到什么，只知道"傻傻地"干活，只知道尽己所能地先去努力。但奇怪的是，生活总能带给他们惊喜。

例如笔者的朋友小宁，从江西一个山清水秀的小村庄走到北京，大学毕业后在一家职业英语培训公司工作，不怕苦累，一路拼搏。她从最基础的文员，到各种培训班的班主任，再到培训中心主任，不断提升，考研、读研，再后来去了国内一家非常知名的互联网公司有了更大的发展。很难想象，这就是那个拿 2 000 元工资拿了好几年的"傻姑娘"。

这个"傻姑娘"的最大特点就是：看谁都是好人，跟谁都亲。

她的善良和努力感染了身边的人，自然而然身边就形成了一个充满正能量的"场"，这个"场"的范围越大，影响的人就越多。

对年轻人来说，在任何一家企业工作，想要成功，努力都是先决条件，再加上一颗善良和感恩的心，不必苛求，想要的一切都会顺势而来。

越努力，越幸运；越善良，越幸运；越感恩，越幸运！

二、酒店服务"绿线"之"诚信"

如果说敬业反映的是社会法则，并没有太多行业特点，那么"诚信"则更多地反映了酒店行业的特点。尽管很多行业都在宣扬"诚信"理念，但在酒店行业，员工想要真的做到这一点，还真是不太容易。

案例21　　　　　　**让酒店多挣点钱，怎么还错了呢？**

小珉是一家商务酒店的前厅服务员，这一天他上晚班，刚上班没多久，就有一位先生来开房。从这位宾客的行为上看，他明显是喝多了酒。这位宾客刚进大堂，小珉就已经闻到了浓重的酒气。只见这位宾客走到前台，一把把自己的身份证和信用卡扔在台面上，大声说："小弟，帮我开个你们酒店最好的房间，不管多少钱我都住！"

作为一名酒店的老员工，小珉很清楚地知道自己所在的酒店一共有 3 种房型，普通间、豪华房和套房。套房价格最贵，前台旁边挂的价格牌上写的是门市价 888 元，但实际入住都给宾客八折优惠。这已经是一个惯例，如果宾客再要多一些优惠的话，员工一般最多可以给到宾客六折优惠，只要事后请经理签字确认就好。

小珉看了看在前台满面红光且意气风发的宾客，灵光一现，"我们的套房可以给您八折优惠，一共 710 元"的话语没有说出口，取而代之的是另外一句话："先生，我们的套房是 888 元，您看可以吗？"那位先生带着浓厚的鼻音说："快给我房间，快快快！"小珉赶紧拿了先生的证件和银行卡，按照888元的房价为他开房，并把钥匙交给了他。

看着宾客的背影在走廊尽头消失，想着刚刚发生的事情，小珉觉得特有成就感，忍不住哼起了小曲。就在这时，值班经理小林经过前台看到小珉的样子，好奇地问他为什么那么开心，小珉看四下无人，赶紧把刚才的情景给小林描述了一遍。说到最后，小珉长呼一口气，笑着说："真爽啊，一间房卖出了这个价格！"谁知道小林本来是面带笑容听小珉说话，结果听着听着脸色竟然凝重起来，等小珉说完，小林已陷入了沉思……

看到自己的热情没有得到期望中的认同和赞赏，小珉有些奇怪，他问小林："林经理，您这是怎么了？"小林回过神来，看着小珉的眼睛，慢慢地对他说："小珉，这件事，你怕是做错了！"

"啊？"小珉吃惊地张大了嘴巴，他没想到，让他这么骄傲的事情竟然换来小林的这个评价。"为什么？他明明同意了啊！"小珉满心疑惑地问。

"你看，第一条，虽然门市价写的是888元，但酒店有规定标准房价有八折优惠，其实就是对所有宾客的承诺，不能随意更改。第二条，如你所说，这位宾客明显饮酒过多，属于非正常状态，我们不能以宾客非正常状态下的语言为行为依据。第三条，虽然宾客说他要最好的房间，但他醉酒了啊，作为服务行业从业者，应该更多站在宾客的角度去想问题，这位先生一个人来，需要住套房吗？第四条，宾客醉酒，安全第一，有没有问过宾客是否需要帮助，甚至帮他联系他的家人？"小林说完了这几条以后，想了想又说："虽然我们是做生意的，但我们的眼里不能只有钱，君子爱财，取之有道，诚信是生意的基础，你想过吗？当宾客明早醒来，发现自己昨晚的这个大乌龙，想到在他需要帮助的时候却没有收获真诚，他会怎么想？也许他不会来找你麻烦，但以后呢？他还会再来我们酒店吗？是一晚上的房费重要，还是宾客长期的信任重要呢？"

听着小林的话，小珉的脸红一阵白一阵，听到最后他认真地说："林经理，我知道错了！"小林问他："那你打算怎么办呢？"小珉歪着头想了想，告诉小林："第一，我马上通知客房部关注这位宾客，为他送一壶茶醒酒，并问他是否需要帮助，需要的话为他联系家人；第二，今晚房间没住满，我按照豪华房的八折为宾客修改房价，明天宾客退房时告诉他因为他醉酒了，酒店按照正常房价收取房费并为他升级了房间；第三，宾客退房时关心他身体是否恢复，是否需要帮助，并欢迎他再次入住……"——听着小珉有条不紊的安排，小林的脸上露出了会心的笑容。

这也是一个真实的案例，案例中的两个人笔者都认识，后来他们告诉笔者，那位醉酒的宾客第二天退房听说这件事时大为感动，连说没想到酒店这么诚信，不但给了优惠还升级了房间，当即表示以后一定多推荐客户前来入住。后来这个宾客成了酒店最忠诚的客户之一，因为他知道，住在这里，他安心。

其实这样的例子不胜枚举，诚信待人，人亦会真诚待我。

诚信是一种职业道德，也是一种生活状态，诚信的人容易获得别人的信任。

不可逾越的服务"红线"

说完在酒店行业应该大力发扬的"绿线"，下面来说一说酒店服务的两条"红线"。这两道红线可谓是洪水猛兽，决不可沾边。

一、 酒店服务"红线"之"贪念"

由于酒店行业的特点，我们得以接触到宾客最隐秘的地方，会直接和宾客的财物打交道，所以被诱惑的可能性非常大。但问题是，一旦我们不小心被贪念所控，人生可能就会被改写，而自己却还没有意识到这对自己的危害究竟有多大。

案例22　　　　　　　　　**突然回房的宾客**

早上7点，1105房间的两位宾客走出房间，对正在隔壁房间做卫生的服务员小于招招手说："服务员快来帮我们打扫一下房间，我们现在要去吃早餐，一个小时以后要在房间开会，所以你们快一点打扫啊！"小于连忙一边说"好的好的"一边关上了刚刚打扫完的客房的门，走进了1105房间。

5分钟以后，其中一位宾客杨先生匆匆返回房，掏出钥匙准备开门，结果房间门锁响起了"滴滴"的警报声。这是房门反锁的声音啊，杨先生觉得很奇怪，明明刚才出门时还检查了钥匙可以使用，怎么就打不开了呢？他再次用钥匙开门，发现还是开不了。他正准备找人帮忙，突然听见房间里传来一阵快速的跑步声，接着就传来了卫生间抽水马桶的冲水声——房间里竟然有人！

杨先生给他的同伴李先生打电话让他赶紧回房间，同时给酒店总机打电话要求酒店管理人员到现场处理此事。两分钟后，酒店客房部经理、大堂经理和保安部经理先后来到了现场，在所有人的见证下，客房部经理用通匙打开门锁，却发现门被机械反锁。就在大家很愕然的时候，门开了，服务员小于出现在所有人的面前，原来是小于在房间。

面对上级"为什么在宾客房间反锁房门并且不开门"的质问，小于的回答是这样的：他突然内急，想用宾客的洗手间，因为酒店规定员工不能使用客房的任何设施设备，所以担心宾客和领导知道，就先反锁了房门，宾客叫门时因为害怕不敢开门。

这个说法被杨先生无情地否定了，因为杨先生清晰地记得是在他敲门时房间里才传出了马桶抽水的声音。"这是你为了应付询问刚编出来的说辞吧。"杨先生推断。

同住的李先生突然想起了什么，他走到行李架边，发现有一叠现金被零散着放在自己行李箱的上方，"这就是答案，"李先生说，"我并没有把钱放在这儿，原本是放在箱子下面的，肯定是员工想偷钱，听到我们回来，害怕了，来不及放回去。"

杨先生也在旁边说："我们要报警！"

这也是一个让笔者记忆犹新的案例，那时候，笔者是酒店的大堂经理，那天刚好当值早班，目睹了整个事件的经过。说实话，那一天带给笔者的震撼是巨大的：从刚开始完全不相信酒店员工会做出偷盗的事情，到报警后警察过来通过询问确定员工的偷盗行为；从得知真相之初对员工的愤怒，到下午看到仍被安排在保安部接受问询且一天没吃饭的小于那惊慌失措的眼神后的矛盾、挣扎、遗憾、痛苦。笔者心中五味杂陈。

小于是一个农村孩子，当时也就 20 来岁，家里条件不好，为了供弟弟上学，他初中毕业就出来打工，后来被老乡介绍到酒店工作，在工作中非常能吃苦，经常主动加班，也愿意给同事帮忙，他的主管和经理对他印象都不错，谁知道会出这个事儿。

后来，宾客因为尚未遭受实际损失，当时的愤怒过去以后也不想再追究，小于幸运地没有受到法律制裁，但工作肯定是保不住了，后来笔者在酒店再也没有见过他。相信这件事在他的心里也一定留下了深深的印记，不知道在日后的岁月里他要经过多少痛苦才能从阴影中走出来。笔者相信小于并不是一个坏人，可能就是因为在打扫房间时发现了宾客的钱财临时起意，或者恰好碰到了困难需要帮助但选择了错误的方式，但无论如何，一念之差铸成大错，他已经为自己的错误付出了惨痛代价。

还有一个例子也让笔者感触很深。

笔者的朋友在一家知名酒店做前厅部经理，他非常看重下属的一名酒店管理专业出身的大堂经理，本来已经准备给他升职。但有一天夜班时，酒店大堂的摄像头拍下了这位大堂经理没有抵制住诱惑从红十字捐款箱中取出当天宾客放在里面的 200 美元的画面。朋友告诉笔者，她第二天上班被保安部经理叫进去看这段录像时心里非常痛苦，但理智告诉她，碰到员工行为与道德背离的事件，只能"挥泪斩马谡"，这个本来她非常看重的下属离职，很可惜，很遗憾。

笔者常常跟自己的学员说，人生就是一个不断犯错和成长的过程，对年轻人来说，犯错是好事，但有些错可以犯，有些错最好这辈子都不要犯，因为犯这些错的代价实在是太大了。

所以，无论是正在规划自己人生的年轻人，还是准备帮助年轻人规划人生的管理者，都可以用这句话警诫自己或他人：人生没有如果，只有后果和结果。

二、酒店服务"红线"之"商业机密"

上文所述的"贪念"在很多人意识中是明确的，或者说这是一个非常明显的"红线"，但有些"红线"则隐藏得比较深，人们可能都不知道自己已经在错误的路上，还是先看一个案例。

案例23　　　　　　　　　　**不能说的秘密**

小西是一家酒店的销售总监，她性格开朗，热情洋溢，再加上工作性质的原因非常善于与人打交道。无论是酒店内部社交圈还是本市的行业社交圈，提起"西姐"，大家都认识。小西生性善良，又讲义气，乐于助人，所以大家有什么搞不定的事情都找"西姐"。久而久之，"西姐"的"江湖地位"越发稳固，小西本身也因为能够帮助别人而开心，只要是能帮忙的都不会拒绝。

有一天，小西有一个业外的朋友约她见面说有件事需要她帮忙，还说对她来说就是举手之劳，小西很爽快地答应了。

见了面，小西才知道对方的需求——这位朋友刚开了一家高档的健身机构，服务对象都是有健身养生理念的高端商务人士，正好与小西酒店的客户资源非常匹配。小西是销售总监，拥有酒店所有客户的信息和联系方式，尤其是本地的客户，客户档案都是她一手建立的，客户平时与她的联系也非常密切。所以这个朋友看中了小西的资源和信息，请小西把客户资料给他，不需要小西去帮他做营销，只需要给一下资料就行，他们自己去进行点对点营销。当然，这份资料不会白收，他会给小西一定的报酬。"反正都是客户资源，我们可以资源共享嘛。"这个朋友最后这么说。

小西半天没有说话。

这个朋友是她多年的朋友，也曾经在很多时候帮助过她，从心里来说她很愿意帮忙，但是不知怎么，又总觉得哪里不太对。

现在把这个难题交给大家，大家的意见呢？给还是不给？

这是一个很多人在不知不觉间就会犯的错，而这种情况离大家并不遥远，甚至可以说就在大家身边。

可能您没有过别人直接问您要隐私信息的经历，但有没有人问您要过您自己所在企业的信息？您所在的酒店昨天房价是多少？经营业绩是多少？利润率是多少？或者更简单一点，昨天开了多少间房，平均房价多少？

就在您一不小心就把相关信息脱口而出的时候，可能您并不知道，这已经犯了职场大忌，即泄露了商业机密。之所以要有这种商业信息保护意识，是因为您并不知道，您不小心透露出去的一个消息可能恰恰是竞争对手最关注的信息，而该信息的披露很可能会给您的公司造成不可弥补的损失。

前几年流行过的一部叫作《猎场》的影视剧，描述过不少职场上一些关于职业道德和商业机密的事情，其中与商业机密有关的一件事例让人印象颇深。受一家银行委托，剧中男主角被安插在这家银行的竞争对手银行里工作，目的就是取到相应权限后获取竞争对手银行的客户信息，同时男主角可以获取高额回报。这位男主角接受了这项工作，但就在获得权限即将取得信息时突然觉得不妥，最终没有进行该项操作，反而将此事诚实告知竞争对手银行行长，并获得了嘉奖。

是否获得嘉奖并不是重点，重点是这位男主准备盗取资料时的表现，他和上述案例中的小西一样，一开始没有觉得这事有多重要，但是真正要去操作时又觉得哪里不对劲，其实这个让自己觉得不对劲的东西叫"职业道德和规范"。

从感性的层面，相信自己的直觉，比什么都可靠，如果直觉告诉您这事儿好像不该做，那就坚决不要做。

从理性的层面，您要告诉自己，这些信息和资料都是属于企业而不是属于您的，所以您没有买卖它的权利。

更何况，您可能不知道国家有专门的法律来禁止这种行为，您可能也不知道在很多前沿科技领域，贩卖信息是违法行为。在技术含量高的公司，高端人才离职都会受到层层限制，例如在一段时间内不允许进入竞争对手公司任职等。可能您还需要了解的是，随着国家法律体系的日益健全，您的所有行为信息都可能会被记录，如果曾经有过违反职业道德的行为，很抱歉，这可能会影响您未来的求职，甚至影响您一辈子。

设置"红线"的目的不是限制员工行为，只是因为"爱"和"保护"。所谓"霹雳手段，菩萨心肠"说的就是这个道理，划一道清晰的界限让员工不能越界，这既是对员工的价值观进行指引，更是对他们进行保护。

在国内很多企业中，不仅是员工，即便是很多领导者自身对这件事的认知都不足。各种信息数据被随意放置与发布，全然不知这种行为可能为企业带来不可估量的风险。好在也有很多企业已经加强了风险防范意识，在很多方面加强了监管力度，例如在员工入职培训时就明确企业"绿线"和"红线"，将企业资料按机密程度分级，规定查阅和分享权限等。

看到这里，您应该知道案例中的小西到底应该怎么做了吧。

吴先生的"芳香之旅"

案例24　　吴先生的芳香之旅

吴先生是北京某外企高管，他的太太在南方的一座海滨城市工作。一个周末，吴先生吃完午餐就跟领导请了假，提前离开公司直奔首都国际机场。原来，吴先生是要去看望他的太太。"一定要陪晓青好好过个周末，更何况……"吴先生边想边乐，喜上眉梢。

下了飞机，吴先生打了辆车，直奔G酒店，房间是早就订好了的，吴先生听说这家酒店服务还不错。没过一会儿，司机就说酒店快到了，吴先生透过车窗向外望去，心想：还真是，都快看到酒店大堂了呢！咦？怎么有个穿着酒店制服的小伙子微笑着小跑过来了？一定有什么大人物来了吧，吴先生下意识地向后望去。

正在吴先生愣神儿的时候，车门突然开了，一只戴着雪白手套的手体贴地挡在了车窗上方，"先生您好，欢迎光临"的问候也随之飘进了吴先生的耳朵。"哈！原来我自己就是那位大人物啊！"吴先生的心里美滋滋的，"这家酒店服务还真挺细的，感觉不错！"

吴先生一边想，一边走下了出租车，准备走进大堂，这时，礼宾员又双手把一张小卡片递给了他……

原来礼宾员递给吴先生的是一张小小的车卡，上面写着送他过来的出租车的车号和抵达时间。"嗯，这样的话就算我有丢什么东西也没有关系了。"吴先生想，"这酒店还真挺为宾客着想的。"

在享受了酒店提供的快步服务和温馨车卡服务以后，吴先生心情很好，接待员麻利的动作和快捷的服务也让他感到惊喜。他看了看表，时针已经指向下午6点10分。咦？晓青怎么还没到？说好6点酒店大堂等的呀！吴先生下意识地将头转向大门的方向，刚好看到吴太太匆匆忙忙走了进来，吴先生赶紧迎了上去："晓青！你来啦！"吴太太也看到了久别重逢的老公，很开心又有点不好意思地说："老公！不好意思，来晚啦！刚才下楼的时候脚扭了一下，就晚了点儿，现在没事了。"一旁迎候的大堂经理小陈听到吴太太的话，赶紧上前问候："吴太太，您没事儿吧，需要帮您安排一位医生吗？""不用不用，谢谢啦！"

和大堂经理小陈一路聊着天，吴夫妇兴致很高地来到了他们所要入住的25楼，电梯门刚打开，他们就看见一位精神抖擞的员工为他们摁住电梯，热情地问候并欢迎宾客光临，房间门口还有一位员工手捧香巾、茶水等候着，原来这是酒店的管家，在楼层欢迎宾客入住呢！

通过大堂经理小陈带房后传递的信息，"金钥匙"小张和贴身管家小王得知原来今天不仅是周末，还是吴夫妇的结婚周年纪念日。在得知吴夫妇打算次日外出游玩的计划后，他俩找到了许多当地的旅游资料供吴夫妇参考，同时按照吴夫妇的喜好效率很高地安排了当地海岛一日游的项目还帮忙联系了导游，而午餐则是安排在当地一家正宗的风味美食餐厅。当然，小张提前给餐厅打了电话订了座并通过自己平时积累的关系帮吴夫妇打了折。

下午6点，吴太太手上捧着一大束她最喜欢的百合花，和吴先生一起回到酒店，经过几个小时的游玩，二人脸上都略显疲惫，匆匆和当值大堂经理打了个招呼就直接奔向房间，他们打算回房小憩一下再去酒店西餐厅享受浪漫的晚餐。之前，他们已经委托小张帮订了位。

打开房门，进入房间，眼前的一切让他们惊呆了……

大红的床单，配套的拖鞋，房门和墙上张贴的喜字，完全是一个新房的布置，吴太太惊喜地捂住了因吃惊而张大的嘴巴！

不仅如此，当他们进入西餐厅时，谦恭有礼的侍者，摇曳的烛光，香甜的纪念蛋糕，钢琴师为他们现场演奏的《Tonight, I Celebrate My Love For You》都让他们感受到前所未有的悉心关怀。浪漫、温馨、幸福、喜悦就像阳光下的波浪把他们淹没了。

在一片浪漫的氛围中，吴夫妇度过了幸福而美妙的晚餐时间。晚上9点，回到房间，吴太太惊奇地发现临出门前来不及整理的百合花已经被体贴地插入了一个漂亮的花瓶，昨晚没看完的一本摊开的书里夹上了一枚漂亮的书签，摆在床前的是一双绣有"喜"字的红棉拖鞋，甚至连果盘里都被放置了大枣、花生、桂圆、莲子……

周日下午吴先生就要回北京了，夫妇二人美美地睡了一个懒觉，早上9点才下楼吃早餐。回到房间后，吴先生开始收拾行李，想起下午的航班是4点起飞，酒店离机场又很近，吴先生准备打个电话给大堂经理申请延迟退房，好跟爱妻多待一会儿。正在这时，房间的电话突然响了……

打电话的原来是前厅经理小林，小林在电话里说："吴先生，您好，我们想了解一下您这两天在酒店住得开心吗？欢迎您对我们的服务提出宝贵意见！""没有意见，很好，真的。"吴先生连连回答。"那谢谢您了，哦，对了，吴先生，我们知道您是下午4点的飞机，您看，需不需要我帮您做一个两点钟的延迟退房？""噢，那太好了，我正想跟你说这事儿呢！你们想得真周到啊！""应该的，那我们两点在大堂等您啊！"

下午两点，吴先生夫妇来到大堂，发现小张早已在大堂等候。看见宾客过来了，结账员也双手捧来了早已准备好的账单，一切都显得那么悉心、真诚、井井有条。想起这两天在酒店的经历，吴先生感慨万千，他拉着小张的手说："住过这么多酒店，没有见过服务像你们这么好的，将来有机会我一定再来，也会介绍朋友和客户过来……"

3个月过去了，正在工作的吴先生突然收到了G酒店的一封信，信是小林写来的，小林告诉他，酒店的同事们都很想念他和吴太太，快过春节了，不知他会不会去看望吴太太，希望他们能在G酒店过春节，届时G酒店会有很多活动，员工们也会邀请宾客一起联欢。

看完信，吴先生笑了，其实，他刚接到上级让他负责公司近期一个全国性会议的通知，而这个会，他已经决定安排在那个美丽的海滨城市召开，至于召开会议的酒店，那自然不言而喻了，是时候把这个消息告诉他们了。吴先生一边这样想着，一边清了清嗓子，拿起了桌上的电话……

吴先生这次旅程到这儿就结束了，让人欣喜的是，他的另一次旅程又即将开始。我们有理由相信，吴先生对他的上一次旅程是满意的，他用行动证明了这一点。而我们也应该有这样的信念，那就是：通过我们的服务，让越来越多的"吴先生""吴太太"能够享受到这样的"芳香之旅"。

"芳香之旅"背后的秘密

看完上述案例，您的感受如何？如果整体而言您觉得还比较愉悦，那么令人愉悦的原因是什么？如果您也觉得这确实是一次"芳香之旅"，那么这"芳香之旅"背后的秘密又是什么？

且让笔者站在专业的角度，对吴先生的经历做一个简单的梳理。从吴先生第一次入住到他最后决定再一次入住，他到底经历了什么，以及这背后又有什么秘密？

经过梳理，笔者发现，吴先生一共经历了酒店为他提供的图 10-1 中的服务。

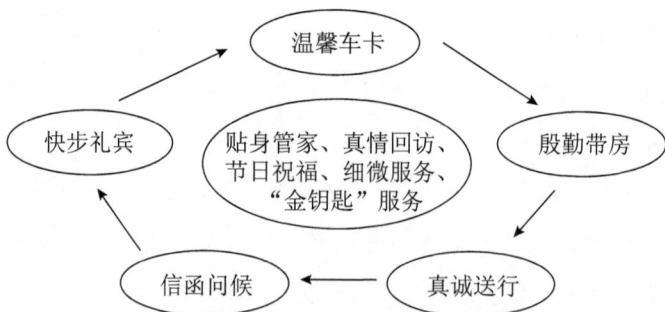

图 10-1　对吴先生的服务接触点

图 10-1 中一共有 10 个服务接触点，每一个都给吴先生带来了惊喜，简要分析如下。

（1）快步礼宾。通过加快服务步伐这一细节，创造出一种殷勤、主动的服务氛围，使宾客深感受重视的同时加深宾客对酒店的良好印象。该项服务的主要效能如下。

① 变化服务节奏，刺激宾客视觉和心理，让宾客感受惊喜。

② 展示员工活力，树立酒店形象。

（2）温馨车卡。通过为宾客提供记录宾客出租车车号、时间等内容的小卡片的细小动作，让宾客感受酒店服务的细微和贴心。该项服务的主要效能如下。

① 增强宾客安全感。

② 留下线索，以备不时之需。

（3）殷勤带房。通过带客上房并介绍酒店服务及设施的过程，增进客我感情，同时有针对性地做好个性化服务以提升顾客满意度。该服务的主要效能如下。

① 正面引导宾客对酒店的第一印象。

② 满足宾客"受尊重"的需求。

③ 正向引导宾客在酒店消费。

④ 发现宾客潜在需求，提供个性化服务。

⑤ 增进客我感情。

（4）贴身管家。通过对部分重要贵宾的贴身关怀和服务让宾客感受惊喜和受尊重，实现部分宾客更高层次的服务诉求。该服务的主要效能如下。

① 提供贴身服务，随时掌握宾客需求。

② 满足有高诉求的宾客的服务要求，扩充服务内涵，提升顾客满意度。

（5）"金钥匙"服务。在不违反当地法律和道德的前提下，使宾客获得"满意加惊喜"的服务，让宾客自踏入酒店到离开酒店，自始至终都感受到一种无微不至的关怀和照料。该服务的主要效能如下。

① 满足宾客合法、合理的需求，为宾客提供最大便利。

② 作为服务亮点，提高酒店知名度和美誉度。

（6）节日祝福。通过对宾客进行生日、节日及特殊日子祝贺的方式，让宾客感受到家人般的关怀，加深客我感情，提高酒店美誉度。该服务的主要效能如下。

①凸显对宾客的关注程度。

②加深客我双方感情。

③增强宾客对酒店的信任感。

（7）细微服务。通过将宾客分类，向不同类别宾客提供不同服务，将对宾客的个性化服务落到实处，及时发现并满足宾客的潜在需求，提高顾客满意度和酒店美誉度，最终实现酒店经济、社会效益双赢的目标。该服务的主要效能如下。

①增加酒店回头客，增加酒店收入。

②能够及时根据宾客的不同需求提供个性化服务。

③提高酒店美誉度，增强酒店竞争力。

（8）真情回访。通过管理人员和员工以电话或面谈形式对住店宾客进行拜访，进一步了解宾客的住店感受、建议和意见，以便及时有效地提供个性化服务，使宾客入住体验更加美好。该服务的主要效能如下。

①了解宾客喜好及服务侧重点。

②及时响应宾客的意见或建议。

③让宾客充分感受酒店的浓郁人情味。

（9）真诚送行。通过在宾客退房时亲朋好友般送行的过程与宾客最后一次沟通，了解宾客的住店感受、意见和建议的同时进一步凸显酒店"温馨细微、物超所值"的服务内涵。该服务的主要效能如下。

①拉近客我距离，带给宾客家人般的关怀。

②对投诉过的宾客：再次致歉，消除宾客的疑虑和不满。

③对沟通良好的宾客：加深宾客的印象，升华客我感情。

（10）信函问候。通过在宾客离店后用信函继续对宾客进行问候和关心的方式维系客我感情，争取回头客。该服务的主要效能如下。

①对曾投诉和提出意见的宾客：再次关心和致歉，争取宾客信任。

②对喜爱酒店的宾客：介绍酒店最新产品，增强客我感情。

③ 对曾入住但很久没来的宾客：进行情感链接，强化宾客的记忆。

④ 对常熟客及贵宾：介绍最新活动，让宾客再次入住。

以上便是吴先生在本次入住过程中所接受的服务，大家可以很清晰地看到，这些服务单独看仿佛就是一个一个的点，但一旦将其放在一起便可看到它们之间有很明显的逻辑关系。这些服务几乎把握住了吴先生在入住过程中的每一个关键节点，并且酒店在每一个节点上做的事情都满足了吴先生的某个需求。

第一次入住陌生酒店的求关注心理，在太太面前的被重视心理，先发制人主动延迟退房，特殊纪念日的惊喜，等等。相信这家酒店对这些服务关键点的认知和预见不仅赢得了吴先生的再次光临，还会赢得更多"吴先生""吴太太"的喜爱和信赖。

把握服务关键点并进行宾客需求的预测便是吴先生"芳香之旅"背后的秘密。

第十一章

酒店服务的"关键时刻"与实施细则

第十章对吴先生经历的描述和总结,让大家看到了"芳香之旅"背后的秘密,大家也知道了原来美好的宾客体验是可以提前设计的。一段精心设计过的旅程显然要比被动接受的旅程有价值得多。

本章将分享为宾客设计一段美好的旅程的方法。

什么是"服务接触"与"关键时刻"

一、关于"服务接触"

早在 20 世纪 60 年代,全球产业结构呈现出"工业型经济"向"服务型经济"转型总趋势时,人们开始对服务管理进行研究和思考。法国著名学者所罗门等人首次提出"服务接触"的概念,他们认为服务接触是在服务情境中,服务提供者和接受者之间的面对面互动。这些互动包括前线员工、客户、实体环境及其他有形因素等对象,这些对象对于服务差异、品质控制和传送系统等层面有相当大的影响,而这些互动会影响客户对服务质量的评价。

换句话说,服务接触是客户与服务系统互动过程中的"真实瞬间",是客户服务感知的直接来源。服务质量很大程度上取决于客户感知,而客户感知又受酒店服务接触能力的影响。服务接触过程如图 11-1 所示。

服务感知

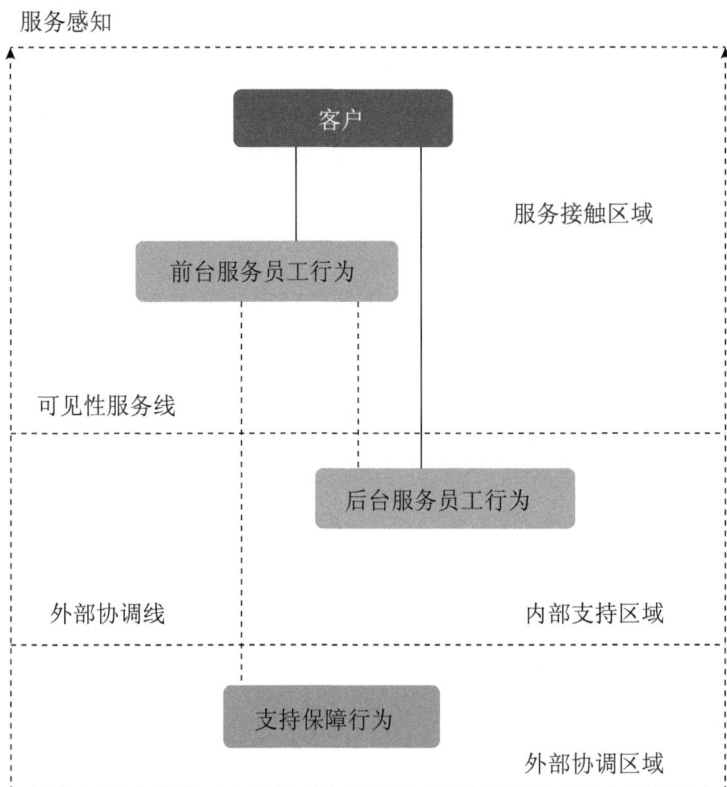

图 11-1　服务接触过程

客户

服务接触区域

前台服务员工行为

可见性服务线

后台服务员工行为

外部协调线　　　　　　内部支持区域

支持保障行为

外部协调区域

通过图 11-1 不难发现，服务接触过程由服务接触区域、内部支持区域和外部协调区域三部分构成，三部分相辅相成，缺一不可。服务接触区域的前台服务员工行为是企业与客户的可见接触点，能直接影响客户对企业品质的感知和判断，是服务接触过程中最重要的一环。同样，这也需要来自后台的内外部协调与支持。

服务接触理论被广泛应用于航空业、酒店业、电信业等各类大型服务型行业，其为各行业进行流程再造和精细化管理提供了理论依据。企业需要通过对服务接触及服务接触能力的深入分析，明确服务接触的内涵、属性、特点和作用，探明服务接触与客户感知服务质量之间的关系，确定关键服务点，指出服务改进重点，以达到控制服务质量波动、提高服务运作管理能力、提升顾客满意度的目的。

二、关于"关键时刻"

关键时刻（Moment of Truth，MOT）具体来说是一个关键指标，是对客户导向的具体衡量。对客户而言，只会记住那些与企业员工直接接触的关键时刻。

关键时刻理论由前北欧航空公司总裁詹·卡尔森提出，关键时刻行为模式如图 11-2 所示。詹·卡尔森用不到一年的时间就让连续多年亏损的北欧航空公司扭亏为盈。他认为，他能创造这一神话般的业绩完全得益于他让整个公司员工认识到：在员工与每一位客户的接触中，包括了上千万个 MOT，如果每一个 MOT 都是正面的，那么客户就会更加忠诚，并为企业创造源源不断的利润。

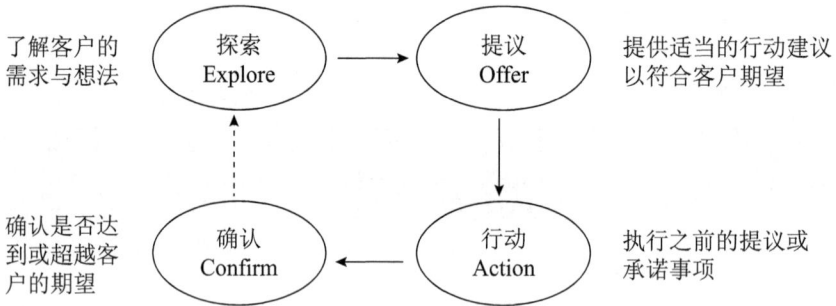

了解客户的需求与想法 → 探索 Explore → 提议 Offer → 提供适当的行动建议以符合客户期望

确认是否达到或超越客户的期望 ← 确认 Confirm ← 行动 Action ← 执行之前的提议或承诺事项

图 11-2　关键时刻行为模式

卡尔森指出，平均每位客户在接受公司服务的过程中，会与 5 位服务人员接触，在平均每次 15 秒内的接触时间，就能决定整个公司在客户心中的印象。因此他认为，与客户接触的每一个时间点都是关键时刻，推动关键时刻从人员的外表（Appearance）、行为（Behavior）、沟通（Communication）三方面着手。这三方面在人的第一印象中所占的比例分别为外表占 52%、行为占 33% 和沟通占 15%，是影响客户忠诚度及满意度的重要因素。因此推动关键时刻可以获得的预期收益为：标准化服务质量、训练优质员工、强化人际关系以及提升工作效率。

酒店服务的 20 个关键时刻

本章第一节给大家介绍了"服务接触"和"关键时刻"这两个概念。无论是"服务接触"还是"关键时刻"，都在向大家传递一个很重要的理念，那就是，将"以客户为中心"作为企业体系化建设的核心依据和导向，重视与客户接触的每一个瞬间，认真做好每一件对客服务工作。

关键时刻理论在近年来也被广泛应用于酒店行业。浙江省饭店业协会曾经提出的"酒店对客服务的 100 个关键时刻"，业内专业人士党渭民曾经撰写的"经济型酒店的 25 个关键时刻"，以及在 2017 年 9 月 13 日至 14 日举行的环球旅讯峰会上北京众荟信息技术股份有限公司林小俊博士演讲时所说的"利用 1 个亿的用户点评进行了数据抓取和分析得出的 28 个客户最关注的接触点"，都是基于关键时刻理论所做的研究和得到的成果。

考虑不同类别酒店的异同，笔者在此也为读者整理了酒店服务的 18 个关键时刻，如表 11-1 所示。

表11-1　酒店服务的20个关键时刻

时间段	关键时刻 （MOT）	服务关键点	宾客体验及感受
住前	住前问候	询问是否需要帮助；提供相关信息；确认预订信息	亲人般的关心；安全感
	预订	铃响3声接听电话；获取并称呼宾客姓名	职业化；亲切、受欢迎
住中	到达酒店门前	清洁的环境；热情友好的问候	舒适、喜欢；亲切、受欢迎
	停车	标识清晰、畅通无阻；环境整洁	有条理；管理有序
	进入大堂	友好的问候；洁净的环境	亲切、受欢迎；管理有序
	前台接待	友好的问候；微笑与热情	亲切、受欢迎；职业、管理有序
	电梯	洁净、光线宜人；清洁无痕	公共卫生管理有方；酒店管理好
	公区及走道	洁净、敞亮；无异味	有一个好管家；员工很注意细节
	进入房间	房号清晰无损；门锁方便	轻松辨认；有一个好心情
	卧室	洁净、清新；用品用具方便	放心；满意

时间段 \ 具体内容	关键时刻（MOT）	服务关键点	宾客体验及感受
住中	卫生间	清洁、清新；敞亮	满意；心情舒畅
	叫醒服务	准时；温馨提示	放心；温暖、亲切
	客用品借用	方便；及时	管理到位；为宾客着想
	客用电话	方便；转接顺利	顺利接打电话；保持良好心境
	沐浴	沐浴喷头有压力；洁净	舒适、放松；缓解疲劳
	早餐	服务周到；菜肴可口	满意；为一天的良好开端高兴
	前台咨询	方便快捷；亲切友好	得到满意的答复；心情舒畅
	结账	准确清晰；快捷	很高兴、没有误差；对服务满意
	离店	亲切礼貌，欢迎宾客再来为宾客预订或叫车	希望再来；推荐酒店给亲朋好友
住后	回访	针对性关心；个性化问候；介绍新项目	温暖、亲切

酒店主要面客部门（前厅、客房、餐饮）的关键时刻和服务接触点

一、基于前厅部"关键时刻"的服务接触点

（1）通过宾客的体验及关注点，笔者总结出前厅服务的 12 个必做"关键时刻"和 10 个选做"关键时刻"（根据酒店档次和要求），如图 11-3 所示（加粗的为选做"关键时刻"）。

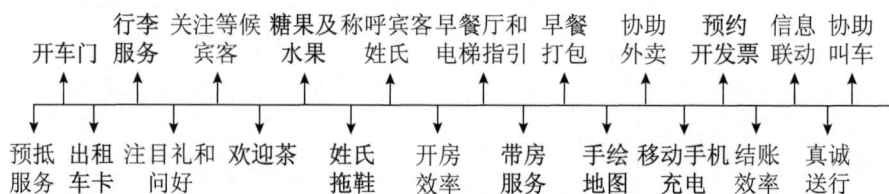

图 11-3　前厅服务的 12 个必做"关键时刻"和 10 个选做"关键时刻"

（2）前厅部基于"关键时刻"的服务接触点及实施细则如表 11-2 所示。

表11-2 前厅部基于"关键时刻"的服务接触点和实施细则

关键时刻（MOT）	实施细则	宾客体验
预抵服务	分析当日订单，挑选需要进行预抵服务的宾客，如常客、VIP或曾投诉宾客等；提供抵店前个性化服务，如天气预报、欢迎短信、提前准备欢迎卡、提前询问喜好和安排等	亲切，温暖，产生被家人欢迎的感受
开车门	为到达酒店大门口的宾客提供开车门服务，建立良好的第一印象	得到尊重
出租车卡	为乘坐出租车到达和离开酒店的宾客提供车卡服务，在车卡上写明车牌号和抵离时间	安全感和失物寻找方便
行李服务	礼宾员见到提行李的宾客时主动询问是否需要帮忙拿行李，并按照宾客要求提供服务	获得帮助和尊贵感受
注目礼和问好	前台所有员工向视线5米范围内的宾客行注目礼，向视线3米范围内的宾客主动打招呼	能够快速得到帮助
关注等候宾客	只要有宾客等待，员工必须用标准用语主动招呼并致歉	减少等待的焦虑
欢迎茶	酒店前台提供自助茶水和小毛巾服务，由宾客自己取用	宾至如归
称呼宾客姓氏	前台所有员工对已登宾客进行姓氏称呼的服务	亲切熟悉
开房效率	明确每间房开房时间不超过3分钟	快捷，可以早点休息
早餐厅和电梯指引	登记结束后主动向宾客介绍早餐厅和电梯位置	很清晰，得到重要信息
带房服务	由大堂经理或前台员工提供带房服务，正面引导宾客第一印象以及提供个性化服务	得到尊贵的感受和帮助
预约开发票	提示宾客提前预约开发票，以减少退房时等待时间	细心，为宾客着想
结账效率	每一位宾客等待结账时间不超过3分钟，且保证账单正确	快而不乱，专业
协助叫车	前台员工或礼宾员熟知交通及打车软件情况，及时根据需求为宾客提供叫车服务	省事儿，专业
真诚送行	宾客退房时像家人一样给予祝福，并欢迎宾客再来	亲切，舒服
糖果及水果	在前台区域增加糖果和水果或者小零食，供宾客自助取用	挺贴心，等待时有事干

续表

关键时刻（MOT）	实施细则	宾客体验
姓氏拖鞋	准备带有姓氏开头字母的拖鞋，在宾客到店时提供	量身定做，惊喜
早餐打包	宾客入住时主动询问退房时间，如果离开较早可主动表示提供早餐打包服务	像家人一样贴心
手绘地图	在宾客入住时提供酒店所在地区的手绘地图	时尚，细心，不错
移动手机充电	在大堂提供移动手机自助充电设备	懂我，点赞
信息联动	分享服务信息，实现信息联动，为宾客带来更好的入住体验	速度，效率
协助外卖	提供外卖上楼服务，并记录宾客点餐菜品，给餐饮部做参考	大气，服气

二、基于客房部"关键时刻"的服务接触点

（1）从宾客感知的角度，客房服务有11个必做"关键时刻"和5个选做"关键时刻"，如图11-4所示（加粗的为选做"关键时刻"）。

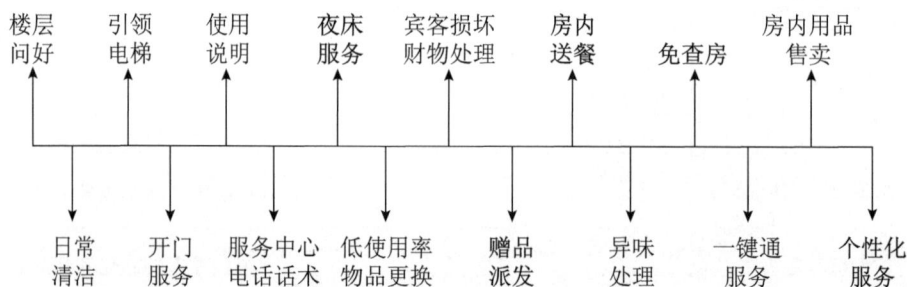

图11-4 客户服务的11个必做"关键时刻"和5个选做"关键时刻"

（2）客房部基于"关键时刻"的服务接触点及实施细则如表11-3所示。

表11-3 客房部基于"关键时刻"的服务接触点及实施细则

关键时刻（MOT）	实施细则	宾客体验
楼层问好	员工在楼层见到宾客时必须停下脚步，站立侧身问好并让宾客先行	挺有礼貌，受过训练
引领电梯	员工见到宾客往客梯间走要放下手中工作，引领其坐电梯并提供电梯服务	贴心，专业

续表

关键时刻（MOT）	实施细则	宾客体验
日常清洁	严格按照酒店日常清洁标准执行，保证房间的清洁卫生	挺干净，值得信任
夜床服务	提供夜床服务，但重点不是卫生而是服务，根据需求提供个性化服务	惊喜，这么棒
开门服务	无论何种情况，遇见有宾客让开门的情况一定要核实宾客身份后才能开门	有点麻烦，但是安全
使用说明	在空调、电视或其他容易让宾客不知如何操作的设备旁边贴上使用说明	不像叫服务员那么麻烦
服务中心电话话术	针对宾客常见问题做出标准话术，能电话解决的绝不上门服务（如电器的使用方法）；思考服务要求背后的逻辑，如宾客多要拖鞋不是简单地送拖鞋，而是考虑是否房间多了一位宾客，主动询问是否需要再送毛巾或者洗浴用品等	想得很周到
低使用率物品更换	定期更换低使用率物品，如浴袍等，保证宾客使用物品的干净整洁	我不知道，但我信任
赠品派发	制定赠品发放标准和流程，确认数量、分级方案和回收标准等	倍儿有面儿
异味处理	传统做法：热水烫+堵。新做法：购买专业异味处理工具地漏芯等	专业
房内送餐	提供酒店所在地特色食品和外地宾客来此地最想吃的食品	酒店就有，不用叫外卖
房内用品售卖	选择市面上热销的食品和用品，增加客房收入	方便，好吃，也不贵
一键通服务	房间电话设置一键通按钮，便于宾客直接找到服务提供者，便于员工快速响应需求	方便，一键解决问题
宾客损坏财物处理	考虑损坏酒店财物宾客是有意的还是无意的，并根据物品决定是否免赔或赔偿金额	怪不好意思的，下次再来
免查房	仅在退房时询问宾客是否消费，相信宾客所说，无须等待查房结果	就是嘛，谁没事儿撒谎
个性化服务	根据年龄、性别、职业、来店次数等将宾客分类，根据不同分类给予宾客更个性化的服务。例如将宾客分成老人、儿童、生日宾客、网络预订宾客、直销宾客等	私人定制，意外惊喜

三、基于餐饮部"关键时刻"的服务接触点

（1）根据餐饮服务流程及宾客的体验感知，可将餐饮部服务划分为8个必做"关键时刻"和4个选做"关键时刻"，如图11-5所示（加粗的为选做"关键时刻"）。

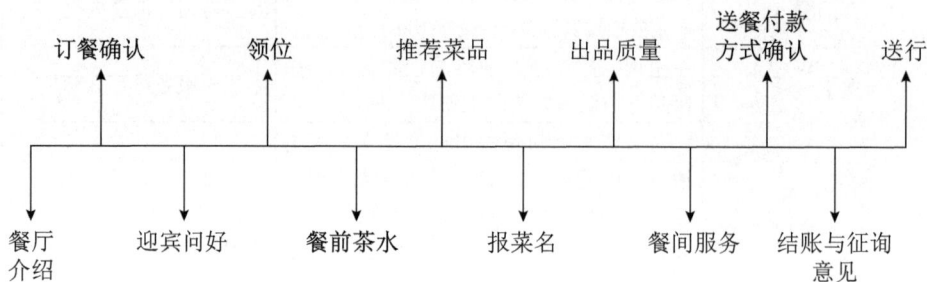

图 11-5 餐饮部服务的 8 个必做"关键时刻"和 4 个选做"关键时刻"

（2）餐饮部基于"关键时刻"的服务接触点及实施细则如表11-4所示。

表11-4 餐饮部基于"关键时刻"的服务接触点及实施细则

关键时刻（MOT）	实施细则	宾客体验
餐厅介绍	在宾客打电话了解或者现场参观了解餐厅特色时总结餐厅内涵和提供的服务，激发宾客兴趣；	总结挺到位，不错，专业
订餐确认	如果宾客预订餐位，需向宾客确认相关信息，提供确认短信或微信，并表示欢迎	周到
迎宾问好	宾客走进餐厅，无论是否有迎宾员和领位员，哪怕是正在工作的员工也必须向宾客问好	有人关注到我进来了，不错
领位	餐厅员工主动招呼，根据宾客需求安排并引领宾客到合适的餐位	省得自己找座儿了
餐前茶水	餐厅服务员完成领位后立刻上茶水，让宾客在安稳和舒适的环境中点菜	挺贴心
推荐菜品	根据宾客需求推荐适合宾客数量和爱好的菜肴，体现酒店服务意识和专业水平	站在我的角度考虑问题，不错

关键时刻（MOT）	实施细则	宾客体验
报菜名	上菜时用宾客听得清的音量报出菜名，体现酒店的专业水平	专业
出品质量	保持稳定以及高品质的出品，这是吸引客源的原因之一	一直这么好吃，带人来放心
餐间服务	餐间需要关注宾客的用餐进度，随时撤换骨碟和添加茶水等，重点是体现关注	受到关注
送餐付款方式确认	如果是送餐服务，一定要提前确认付款方式，以免多次打扰宾客	挺细心
结账与征询意见	结账要迅速，征询宾客意见是增加交流、表达诚意的方式，同时也能获取信息	受到重视，真诚
送行	宾客离开餐厅前向他道别，有条件的可以送到电梯口	还有人送，挺亲切

第 五 篇

酒店服务管理系统

第十二章
组织架构是服务水准的基石

组织架构不只是一张图

提起组织架构，很多人的脑海里会立刻浮现出一张图，一张写着自己所在企业各个部门名称、隶属关系和员工人数的图。的确，任何一家企业的组织架构都会用一张这样的图来显示，但您可千万别小看这一张图，它所传递出来的内涵比看上去要复杂得多。如果您看懂了这张图，可能会让您以一个完全不一样的视角去看待自己所在的企业。

一、组织架构反映企业的核心价值观

一说核心价值观，很多人就觉得很虚、很空洞，那笔者就换种方式来表达。一家企业想要什么不要什么、重视什么不重视什么，其实从企业的组织架构就能看得非常清楚。

举个例子来说，一家企业的组织架构里如果有一个专门的对客服务部门，不一定能代表他们的对客服务工作做得有多好。但当您看到一个完全找不到与对客服务相关的部门或者岗位的组织架构时，无论该企业再怎么表示很重视服务，您的心里可能都会对此打一个问号。

通过上述例子不难看出，其实组织架构反映的是一个企业的文化和战略。企业想成为什么样的企业，想重点关注什么业务，想把员工往什么方向引导，就应该按照这样的思路去设计自己的组织架构。某星级酒店的组织架构如图 12-1 所示。

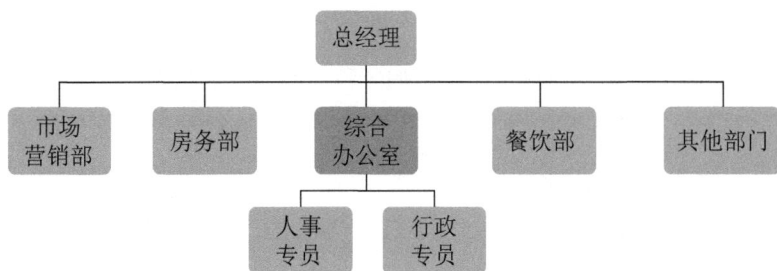

图 12-1　某星级酒店的组织架构

从上述组织架构能够看到该酒店对人力资源的认知情况。一家拥有 300 名员工的星级酒店，没有独立的人力资源部门，仅在综合办公室里设置了一个人事专员，其主要负责员工工资的资料收集和整理工作，除此之外没有任何与员工培训、后备人才养成、人才发展等相关工作的专业人员，可见该酒店的人力资源工作的模式。即便是不到酒店实地考察，光看这张图就能判断该酒店员工培训工作绝对好不到哪儿去。没有像样的培训体系支撑，该酒店的服务质量也可想而知。

如果您所在的酒店已经颇具规模，甚至已经有了让您接管的酒店或者您自己已经开了其他的分店，那么您的经营思路已经从对某一家单体酒店的运营扩展到考虑未来酒店管理的连锁化经营与发展，此时您应该考虑的就是以下问题：未来酒店是否有足够的人才储备？酒店是否有相应的可复制的标准与流程？这些事情应该谁干，专业的人员干还是业余的人员干？酒店是否需要成立相应的部门，应该赋予该部门什么样的责任和提出什么样的要求？以上种种思考均能通过组织架构得以呈现。图 12-2 为某酒店的组织架构。

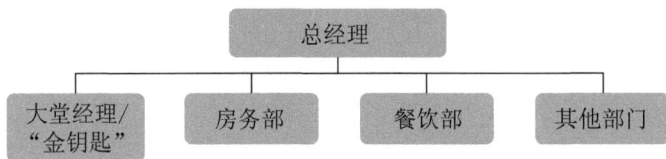

图 12-2　某酒店的组织架构

从上述组织架构就能看出该酒店对大堂经理的重视程度，而对大堂经理的重视程度又体现了酒店对宾客的重视程度。该酒店的大堂经理是以一个独立部门的身份参加每周一次的经理例会的。例会上是营销部率先发言，说明酒店经营情况和市场情况，让总经理了解酒店的经营情况；第二个发言的就是大堂经理，汇报上周宾客反映的各种问题以及解决情况，如果有需要其他部门沟通的就在例会上直接协调，总经理也会对重要事宜进行直接指示——当总经理将与宾客相关的事宜放在如此高的位置上时，该酒店其他部门对宾客的重视程度自然也会变高。

所以，如果您是一家酒店的管理者，当您作为酒店"领头羊"规划自己酒店的组织架构时，请务必想清楚您的酒店最终想要的以及您最关注的是什么。如果您真心认为宾客服务是酒店能够长期发展的原因，那么您就从源头上思考清楚了为宾客服务工作的彻底落实应该在组织架构上给予怎样的保证和支撑。对于规模较大的酒店，应考虑是否安排客户关系主任岗位来专门加强对宾客的现场服务力度；对于规模较小的酒店，应考虑是否需要安排管家来对接和处理宾客业务。如果您的酒店地理位置较为偏远，路不好找，应考虑是否还需要专门安排一位外出迎接宾客的员工，且提前把出行线路详细总结并告知宾客，在宾客到达前主动外出迎接以表现酒店的热情和安抚宾客因为道路复杂而产生的不安与焦虑。

换句话说，组织架构反映的是管理者的底层思维，一个好的组织架构应该符合以下两点要求。

（1）基于未来发展和企业战略。

（2）因岗设人而不是采取相反的做法。

所以，如果您关注服务，那就先看看在您酒店的组织架构中，与服务相关的架构在哪里，以及有哪些。

二、组织架构是"行走的江湖"

既然组织架构的设置基于企业的战略，那么当企业的战略进行调整时，组织架构自然也会随之变动。所以笔者说组织架构是"行走的江湖"，它不应该一成不变，而应该动态发展。

记得在很多年前，笔者所在的酒店经历过一次巨大的挑战：离酒店不远的地方新开了一家非常知名的外资品牌酒店，其无论是在品牌影响力还是在硬件条件上都胜出本酒店一筹，因此该酒店一开业就吸引了大批宾客前往，包括很多本酒店的老客户。在面临严峻的竞争情况下，本酒店总经理提出了很多举措，例如突出本酒店的本土优势以及软性优势，将酒店多年积淀的服务产品做到极致，最大程度提升顾客满意度以留住更加注重体验的那部分宾客。同时，他还做了一个让很多人吃惊的决定，就是在酒店设立两个营销部，并分别给这两个部门下发营业指标，要求他们合作并且竞争，看看年底时哪个部门对酒店的贡献更大。记得当时听到总经理宣布该项举措时，包括笔者在内的很多酒店中层管理者均觉得匪夷所思。在笔者的职业生涯中，以及不管哪一本酒店管理专业的教科书里，都从来没有一个酒店有两个营销部的情况。设立两个部门的意图本身就是竞争，所以自己人跟自己人争客户，这样真的好吗？

这个全新的组织架构一直持续到次年3月，持续了9个月。但就是在这短短的9个月里，营销部门创造了奇迹，两个部门的业绩比原来一个部门的提升了3倍，酒店当年的经营业绩不仅没有受到竞争对手的影响而下滑，反而得到了大幅度提升。为了证明自己，两个部门各显神通，积极开展营销工作，直到年底总结会上听到了奇迹般的数据，酒店各管理层才明白了总经理的良苦用心，原来特殊时期的创新与变革，可以不按常理出牌。

上面这个例子就是动态使用组织架构的典型案例。其实与之相类似的案例还有很多，例如，在信息透明的今天，对酒店房价的动态把控需要收益管理能力的提升，所以在酒店增加一个收益经理或者主管是有必要的；为了使酒店当下的宣传更匹配新时代消费者的需求，重新设立一个进行文案策划的小编岗位也是必然的。当然，如果您真的认为服务重要，那就在每次想要通过控制成本来节约资源时先琢磨一下某一个您想取消的岗位是否与服务有关，以及如果取消这个岗位会对服务质量有什么影响。

所以，对一家企业的所有者或者是高层管理者而言，当您的战略随着社会变革和行业发展发生变化时，请先回头看看您的组织架构是否能够跟上相应的变革与发展，倘若答案是不能，可能您最需要的是从组织架构开始改变。

工作职责不只是一个概念

之所以要聊这个看上去仿佛跟本书的主题"服务"毫无关系的话题，是源于笔者曾经碰到过的一个让人印象深刻的事件。

案例25　　　　　　　　　　**您是谁？为了谁？**

苏老师是一家酒店管理咨询公司的总经理，也是一名在酒店行业有多年实践经验的培训师。

一天上午，她在一家生意不错且小有名气的酒店给他们的一线中层管理者上一堂跟服务相关的培训课。她在上课前给所有学员出了一道题，让在场的每个学员写下过去的一周内、一月内自己做过的自认为最重要的工作，并在3分钟后将答案上交。

很快，大家都填写完毕并且将答案上交给了苏老师。当苏老师拿到40多张纸条并逐一看完答案时，轻轻摇了摇头，同时把其中的两张纸条取了出来，放在一边。她清了清嗓子对大家说："各位都是酒店的中坚力量，也都是酒店员工的镜子和目标，相信大家都知道'服务是酒店的生命线'这个道理，但是当让大家罗列出自己最重要的工作时，竟然只有两位同学的答案里提到了跟宾客相关的工作任务和安排。其他所有同学的答案要么集中在营销上，要么集中在管理上。例如，前台经理关注的是做了什么努力让收益增长了多少，客房经理关注的是打扫了多少间客房以应对酒店经营的需要，后线部门关注的是本部门做了多少维修、巡查以及其他各项具体的业务工作。竟然没有一个人提到，为提升服务质量做了哪些具体的工作。例如对宾客意见的收集整理和总结提炼，对后续服务工作的延展和改善等。这么多学员里，竟然只有两名前厅主管提到了针对宾客不满采取了什么做法，不知道大家有什么感受？"

听完苏老师的话，大家纷纷表示，自己其实还挺重视服务理念的呀！例如大家正在上课的教室的墙上，还张贴着"宾客第一，客户至上"的标语，宾客意识也是酒店总经理在会上频频提及的高频词。但为什么一到实际工作中就不一样了呢？

几分钟以后，一位销售经理站起来说："老师，我考虑了一下发现，虽然大家都说服务很重要，但是并没有把这个'重要'落实到自己的具体工作中。以我自己来说，我是一名销售经理，我的工作职责就是给酒店拉业务，每天出租住房，为酒店带来销售收入，这些也都是考核我的关键指标，至于我有没有跟客户处理好关系、有没有对他们做好服务就没有写在我的工作职责里。所以虽然经常说服务重要，但真的落实到行动上就非常明确地奔着业绩去了。"

前厅部经理也站了起来，她说："我刚才发短信给我们的总办主任，请她帮我查一下我的职责，发现其实在我的工作职责里有要做好宾客服务的内容，但只是很笼统地说，没有具体而明确的要求，所以一到具体工作就不了了之了。"

经过一起反思和总结，大家终于明白了问题所在。在他们的认识里，服务这个概念尽管在各种会议上被经常提及，但并没有被真正明确为可实施的行动并落实在自己的工作职责里。例如，是否应该定期召开酒店服务质量分析会，是否应该每周对网络点评进行归纳总结且据此制定出行动方案，管理者是否应该把员工服务质量得分作为对其进行绩效考核的重要参考依据，等等。大家的工作职责里并没有明确相关信息，即使是那些已经在书面的工作职责里进行了明确要求的酒店，由于并没有重视工作职责，所以各层级员工只是依靠自己的感觉或者是上级的要求做事，并不是根据自己的职责在做事。所以就会出现员工对具体工作任务认识不清的问题，时间长了，员工对自己应尽的工作职责就越发不清晰，从而导致漏项甚至产生反向的行为。

那么，工作职责到底是什么？

这个问题的答案与上一节的内容息息相关。有了清晰的组织架构，就有了明确的工作分工；有了明确的工作分工，接下来的工作就应该是对每个架构的员工进行梳理，明确他们的工作职责，也就是明确在某一个岗位上，一名员工应该承担的责任和应该做的工作。举个例子来说，一个酒店前台员工的工作职责可以有如下内容。

（1）为宾客办理登记入住、退房结账工作；必要时提前为重要宾客办理手续。

（2）掌握最新房价、报价、折扣标准、酒店营业设施、各项服务以及营业时间等信息，并为宾客提供准确的信息。

（3）熟练掌握信用卡、支票、会员卡等的相关规定和手续，并严格执行。

（4）及时通知客房部贵宾的预抵、预离时间以及相关信息。

（5）了解预订部的业务程序，熟练并且准确地为宾客提供订房服务。

（6）严格按照业务程序为宾客办理贵重物品存取手续。

（7）掌握电话服务技巧和规范，为宾客提供准确的电话转接服务。

（8）熟悉各种房型和卖点，积极推销客房及服务项目。

（9）制作当值班次营业日报表，参加部门会议，了解酒店当前各类推广活动。

（10）在工作中勤于思考和观察，及时向经理反映异常问题。

（11）熟悉安全和紧急事故的处理方式和预防程序并严格执行。

（12）确保自身工作区域各面客部位的清洁与卫生。

（13）具备良好的服务意识，尽量满足宾客提出的合法要求，为所有来酒店的宾客提供有温度的服务。

从以上工作职责中大家能够看到一名前台员工应该做什么以及应该具备什么能力。工作职责就相当于一张关于员工的工作说明书，一名合格员工应该做的工作和应具备的能力在工作职责里均有所体现，而有了这张说明书，员工开展很多工作都会更有效率。

以下将从 3 个方面来说明工作职责的价值。

1. 工作职责是酒店招聘的依据

上文说过一份合格的工作职责应该是一名合格员工的工作说明书。这张说明书恰好可以给酒店招聘员工提供帮助和依据。当酒店招聘员工时，工作职责是判断应聘者是否合格的直接依据，一名应聘者是否具备工作职责上要求的各项工作的能力则是面试者必须关注的问题。

您看，工作职责确定，工作要求就确定，您对员工的要求也就确定了下来。倘若您希望招来的员工具有强烈的服务意识，那就将该要求明确地写到该岗位的岗位职责内，并以此为依据，寻找最匹配岗位要求的他（她）。

2. 工作职责是培训需求的来源

所谓培训需求，就是自身技能与工作要求之间的差距。笔者对这句话的理解就是，本来工作要求您必须会做20件事，但是很遗憾，您只能做其中的12件事，那8件事您不会但是应该会的事情就是您的培训需求。在工作岗位上，您应该重点加强对这部分工作要求所具备的技能的学习。

之所以强调这一点，是因为在实际的管理工作中，确实也有培训和教导的内容，但很多情况下，我们并不知道真正应该为员工培训什么。有时候是我们会什么就教什么，有时候是领导要什么我们就教什么，有时候是为了满足培训的要求想教什么就教什么。其实我们都忘记了培训员工的目的就是让员工变成符合酒店要求的合格员工，而合格员工的标准就是工作职责，每个与自己工作职责不匹配的点都是员工的培训需求。

举个简单的例子，一个餐厅服务员应该掌握斟酒、托盘、折餐巾花和上菜等4项工作技能，但是某员工目前只会斟酒和托盘，他不熟悉折餐巾花和上菜，所以这两项工作内容也就自然成了他的培训需求。而从整个餐厅的情况看，如果一个餐厅里有6名员工，其中对摆台不熟悉的有4位，对折花不熟悉的有2位，如表12-1所示，那么对于餐厅主管而言，显然应该首先安排的是有4个人不会的摆台培训课程，因为这就是对标员工工作职责而产生的真正的培训需求。

表12-1　某餐厅员工的培训需求

任务	李某	张某	王某	赵某	孙某	钱某	累计
摆台							4人不了解
折花							2人不了解

3. 工作职责是评估员工的标准，是绩效考核的参考，是员工晋升的依据

写到这里，相信读者已经明白了有关工作职责的思路。没错，工作职责是基础，它就是一个参照物，无论在员工成长的哪一个环节，它都能在关键时刻助管理者一臂之力。

员工招聘需要它，员工培训需要它，员工评估需要它。评价一名员工是

否合格不是靠管理者的主观意识，而是靠更加科学而客观的评价标准，这个标准则非工作职责莫属。员工可以自己对标发现存在的问题以便于自我成长和改进。员工绩效考核需要它，因为管理者对员工进行评估和绩效考核时，客观的标准显然比主观的判断更容易让员工信服，并且还能对其改进方向进行指引。

当然在员工晋升阶段工作职责仍然有价值，能够基本满足甚至超水平满足自身工作职责要求内容的员工就已经具备了晋升的潜力。当然，有心的员工会提前去学习目标职位的工作职责，并且努力让自己提前掌握它。

工作流程不只是一条线

想要做好服务体系的基础工作，工作流程是个重要的概念，绕不过去。

先来明确一下什么是工作流程以及工作流程有什么作用？

工作流程就是企业中一系列创造价值的活动的组合，其表达工作活动的流向顺序。工作流程包含了 3 个因素：一是任务流向，指明任务的传递方向和次序；二是任务交接，指明任务交接的标准与过程；三是推动力量，指明流程的内在协调与控制机制。

光看定义还是很难表达清楚为什么建立服务体系与工作流程密切相关。为了说明这个概念，大家先看两个关于同一个工作岗位的不同流程，如图 12-3 和图 12-4 所示。

```
                    ┌──────────────┐
                    │  散客、团体  │──────────────────┐
                    └──────┬───────┘                  │
                           ↓                          ↓
                    ┌──────────────┐          ┌──────────────┐
                    │   前台接待   │←─────────│   预订处理   │
                    └──────┬───────┘          └──────────────┘
┌──────────┐ ┌──────────┐ ┌──────────────┐ ┌──────────┐ ┌──────────┐
│ 损物赔偿 │ │ 夜审过程 │ │   客房消费   │ │ 其他消费 │ │  电话费  │
└────┬─────┘ └────┬─────┘ └──────┬───────┘ └────┬─────┘ └────┬─────┘
     └───────────┴──────────────┼───────────────┴───────────┘
                                ↓
                         ┌──────────────┐
                         │   财务调整   │
                         └──────┬───────┘
                                ↓
                         ┌──────────────┐        ┌──────────────┐
                    ┌───→│   宾客退房   │←───────│   查房信息   │
                    │    └──────┬───────┘        └──────────────┘
              ┌─────┴────┐      ↓
              │ 临时挂账 │      │
              └─────┬────┘      ↓
                    └───→┌──────────────┐
                         │   收银结账   │
                         └──────────────┘
```

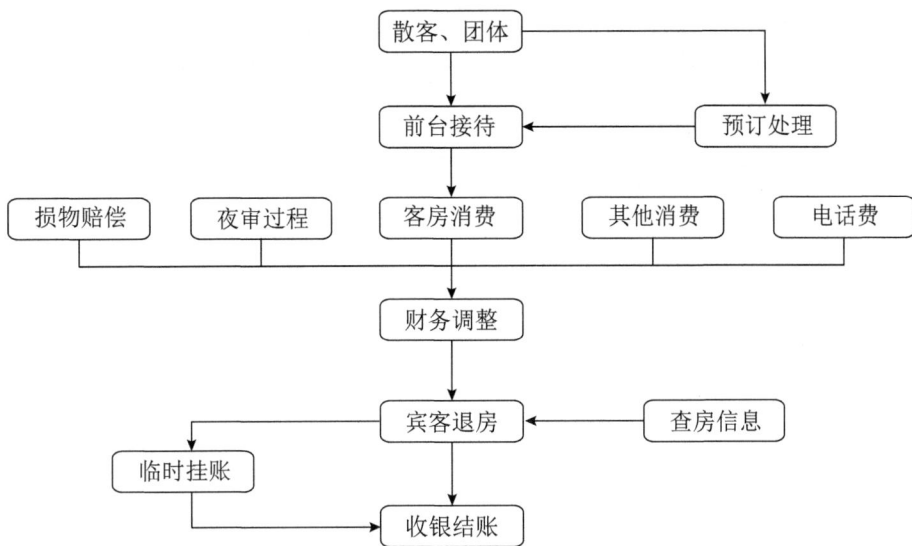

图 12-3 酒店前台接待流程（一）

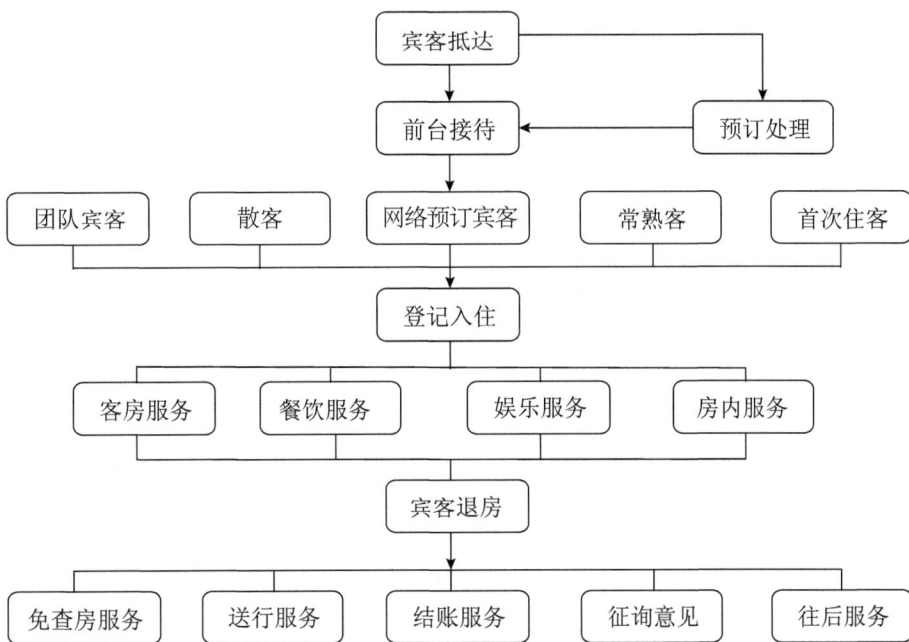

```
                    ┌──────────────┐
                    │   宾客抵达   │──────────────────┐
                    └──────┬───────┘                  │
                           ↓                          ↓
                    ┌──────────────┐          ┌──────────────┐
                    │   前台接待   │←─────────│   预订处理   │
                    └──────┬───────┘          └──────────────┘
┌──────────┐ ┌──────────┐ ┌──────────────┐ ┌──────────┐ ┌──────────┐
│ 团队宾客 │ │   散客   │ │ 网络预订宾客 │ │  常熟客  │ │ 首次住客 │
└────┬─────┘ └────┬─────┘ └──────┬───────┘ └────┬─────┘ └────┬─────┘
     └───────────┴──────────────┼───────────────┴───────────┘
                                ↓
                         ┌──────────────┐
                         │   登记入住   │
                         └──────┬───────┘
     ┌──────────┬──────────────┼──────────────┬──────────┐
┌────┴─────┐┌───┴──────┐  ┌────┴─────┐   ┌────┴─────┐
│ 客房服务 ││ 餐饮服务 │  │ 娱乐服务 │   │ 房内服务 │
└────┬─────┘└───┬──────┘  └────┬─────┘   └────┬─────┘
     └──────────┴─────────────┼──────────────┘
                              ↓
                       ┌──────────────┐
                       │   宾客退房   │
                       └──────┬───────┘
   ┌──────────┬─────────────┼─────────────┬──────────┐
┌──┴───────┐┌─┴────────┐┌───┴──────┐┌─────┴────┐┌────┴─────┐
│免查房服务││ 送行服务 ││ 结账服务 ││ 征询意见 ││ 往后服务 │
└──────────┘└──────────┘└──────────┘└──────────┘└──────────┘
```

图 12-4 酒店前台接待流程（二）

以上两个流程均表达的是酒店前台员工的服务行为，单独看它们每一个仿佛都没什么问题，但把它们放在一起来看就会发现，明明都是前台服务流程，表达的却是完全不同的理念和思想。

在第一个流程里，大家不难发现流程制定者的关注点在于"钱"，整体思路是围绕"能够收到宾客的哪些钱"和"如何保证这些收入的安全和避免风险"这两个主题。而在第二个流程里，流程制定者的关注点是"人"，例如把宾客组成、服务内容和送行内容均进行了分类，能够看到流程是如何对宾客实施更有针对性的服务的。让笔者来做一个猜测，第一个流程是财务部门制定的，而第二个流程则应该是熟悉并且非常看重服务的部门或管理者制定的。

基于此，大家可以发现，每一个流程的背后都有它的底层逻辑和意义——是以"客户体验"为中心还是以"方便操作"为中心，均能通过流程得到体现。举个很简单的例子，有一家酒店为了吸引更多宾客来店消费，开设了酒店"会员储值卡"的业务，即储值一定的数额就能享受一定的房价优惠。不少酒店的老客户都办理了这个业务，但是办完以后，这项业务却遭到了很多宾客的投诉，原因是当宾客没带这张储值卡入住时的流程非常烦琐：首先是不带储值卡不能享受房价优惠；其次是如果宾客投诉会由大堂经理处理，而大堂经理的处理方式则是必须先把宾客的身份证收走以进行抵押，让宾客先入住，然后再由大堂经理拿着宾客的身份证到财务去核实宾客身份，确认无误后请宾客签署一份保证书，然后宾客才能使用储值卡里进行消费，同时退还身份证。在互联网技术已经高速发展的今天，宾客带实体卡消费的概率已经大幅降低，这种烦琐的操作流程着实令人着恼。而产生这种流程的核心原因在于流程制定者是基于"聚拢资金"的目的制定流程。但如果基于"提升会员满意度"制定流程，酒店就会从客户体验的角度出发。如果宾客没有带实体卡，酒店可以通过什么方式既能保护酒店的财产安全又能不影响宾客的实际感受？例如用网络虚拟卡，或者用更加灵活的方式均能实现这个目的。但如果流程制定者只是考虑酒店自身的安全及便利性，那么自然就会忽略宾客的感受，引起众多投诉也就很正常。

通过上述案例，不难得出如下结论：工作流程与组织架构、工作职责一样，都是企业战略和文化的具体体现，它体现了酒店领导的方向和价值观；同时，工作流程更加具体，是领导者思想的具体载体。

因此，在为酒店服务质量保驾护航方面，工作流程不可小觑。是否以宾客为中心，是否以满足宾客需求为目的，是制定流程前必须考虑的因素。

第十三章

SOP 是服务水准的保证

本章重新梳理与思考 SOP 的相关问题，这些思考主要源于笔者 2018 年接受的关于酒店 SOP 主题的一节课。

一个在民宿培训行业做得风生水起的朋友找到笔者，希望笔者为他们的学员开设一堂关于酒店 SOP 的课程。这位朋友的学员绝大多数是中小酒店或民宿的业主，尽管酒店的规模不大，但在运营过程中日益发现工作标准和程序的重要性，因此希望能够学习有关酒店 SOP 的内容，并在自己的酒店把 SOP 建立起来。这位朋友之前请过几位曾经在高星级酒店一线部门成长起来并对酒店 SOP 有着很深的认知的老师去讲过课，但效果都不理想，他很困惑，希望我能帮他找找原因。笔者看了几位老师讲课的 PPT 以后把自己的思考与他分享并得到了他的认同。笔者告诉他，老师讲的东西大家不爱听，一方面是因为老师讲的内容都源自高星级酒店的 SOP，但高星级酒店和中小酒店的经营范围以及具体操作有着显著的差别，所以学员听到这些在他们眼里非常复杂的东西时觉得跟自己的实际情况完全不符，用处不大；另一方面，老师只是说明了应该怎么做，却没有说明为什么要这么做，学员接受了所学知识，但在落地实施的过程中并不理解为什么要这么做，久而久之，所学知识的作用大打折扣以致到最后毫无作用。笔者告诉他，万事万物都有自己的底层逻辑，SOP 作为一种普适性概念，在各个行业和企业均适用，但由于 SOP 依托的是员工的日常行为规范，员工的日常行为又与企业的特点密切相关，所以没有两家一模一样的企业，也就意味着不可能有两本一模一样的 SOP 手册。所以，想要让 SOP 在自己的酒店充分发挥作用，首先要做的不是了解怎么做，而是要明白 SOP 到底是什么，为什么要制定 SOP，以及在工作中如何应用 SOP。

也正是基于上述原因，结合行业的现状，笔者总结了目前酒店行业对 SOP 的认知误区并对 SOP 的运行逻辑进行了系统化的梳理。其中关于认知误区的部分在本书的第二章第四节已经做了阐述，例如笔者指出酒店行业目前对于 SOP 的认知和运用方面普遍存在下列问题。

（1）酒店 SOP 完全与实际运营情况不符，没有任何参考价值。

（2）酒店 SOP 曾经满足实际运营需要，后因工作内容调整未及时更新。

（3）酒店 SOP 表达清晰明了，但员工执行不到位，形同虚设。

本章将重点关注问题的解决方案，从理解、制定、传递、实施和优化 5 个部分系统地论述对酒店 SOP 的理解和认识，以及 SOP 对酒店服务体系搭建的重要作用和 SOP 的实施细则。

理解 SOP

SOP 对传统酒店人来说是个很熟悉的词，但很多人对它的理解其实真的远远不够。

一、什么是 SOP

标准作业程序（Standard Operation Procedure，SOP），指的是员工在日常工作中为了满足工作要求而采取的流程和做法。再具体地说，工作程序指的是将每一项工作任务分解开来，按照逻辑一步步执行的过程，程序的特点是有顺序，每个步骤和动作之间存在着先后顺序；而工作标准是对质量的阐述，是对每一项工作细则结果的要求和所能接受的最低水平。标准和程序密不可分，程序中往往包含标准。因此，人们总是将二者联系在一起共同表达为一个相对统一的概念。

举个例子，在电话礼仪的要求中，酒店从业者应该在"电话铃响 3 声内接起电话"就是一个标准，"3 声"和"接起"表达的是一种结果和状态，同时"3 声"说的是一个最低质量，员工不应该必须等到第 3 声才接起电话，而应该把"3

声"当作一条底线。在餐厅服务中，"宾客点菜后要在 5 分钟内上第一道凉菜，15 分钟内上第一道热菜"也是一种标准。

与标准不同的是，"（1）接电话前应该面带微笑；（2）铃响 3 声内迅速接起电话；（3）接电话时首先进行自我介绍：'您好，这是某某部门'"——这就是一个关于接电话的程序，一个有着先后顺序的服务程序，但程序中的"面带微笑""铃响 3 声""您好，这是某某部门"等都是表达标准的语言。

再来举一个例子以便大家更好地理解。在酒店工作中，无论是餐饮、客房还是保洁，都有需要清洁面盆的服务程序。通常情况下，清洁面盆的服务程序如下。

（1）戴上橡胶手套，将清洁剂均匀喷洒在面盆内侧和外壁。

（2）使用牙刷沿顺时针方向清洁面盆上沿的白胶和溢水口。

（3）右手持百洁布沿顺时针方向自下而上彻底清洁面盆内壁以及下水口。

（4）右手打开水龙头，放水冲洗面盆，直至没有残留泡沫。

（5）左手扶面盆边缘，右手用干抹布按自上而下、从后向前的顺序擦干面盆。

戴手套—刷白胶—清洁内壁—冲洗面盆—擦干面盆，这是一个很明显的工作程序，只有完成前面的动作，才能开始后面的动作。同时这个程序的每一个步骤有标准，例如"顺时针""自下而上"等语言就是在说明这些动作的标准。

SOP 就是一个有着明确逻辑顺序的行动指南，而每个行动里面又包含着对这些行动的最低要求。当然这份指南表达得越准确、越清晰，对员工的指导性就越强。怎么样？是不是很简单？有没有一种惊喜的感觉？

二、为什么需要 SOP

为什么需要 SOP，这真的是一个好问题。

无论是已经觉得 SOP 有些过时的传统星级酒店的管理者，还是正准备利用 SOP 大干一场的新兴中小单体酒店的管理者，都应该认真思考这个问题。

笔者想从以下 3 个方面来阐述这个问题。

1. SOP 是连接管理者思想和员工行为的纽带

常常听到高层管理者有这样的困惑：为什么员工做的都不是我想要的？为什么我想要的员工都很难做得到？

其实这种现象非常正常。沟通中有一个"漏斗效应"：人们心里想的在实际说出来时，往往会漏掉一些，从实际说出到被听到，再从被听到到被理解，再到实际行动，这中间信息传播力度逐级递减。信息的不完整和不落地也就是常态，而这也是人们常说的"知道和做到之间的距离是世界上最遥远的距离"。

那么如何才能将管理者的思想转化成员工的实际行动？这也是包括管理学家在内的教育者和实践者都关注的问题。"执行力"这个词或许能解决一些问题，人们对此进行了详细的研究和论证，而在所有与执行力有关的课程中，关于"建立可执行、可操作的工作标准和程序"这一项被摆在了重要位置。

如果您希望员工能够用热情和善意对待宾客，那就制定出酒店的欢迎程序。微笑、问好、具体的语言表达方式——认真考虑怎样做、怎样说能够带给宾客最好的感受，并罗列出一条条可执行的具体步骤和标准，让员工参照执行。

"只要有宾客进入大堂区域，就必须注视宾客并给予微笑。"

"在宾客到达服务区域后，一米范围内的员工要大声问好。"

"递交宾客证件必须使用双手，并辅以真诚的问候：'这是您的证件，请收好。'"

"办理完入住登记手续后主动为宾客指示电梯方向：'电梯在这边，请慢走。'"

…………

以上种种都可以是您酒店 SOP 的内容，只要员工能够做到，管理者和员工的思想就能连接到一起。

2. SOP 决定了酒店服务质量的最低标准

在不少传统酒店里流传着这样一种说法：当下宾客的要求越来越高，越来越个性化，对员工服务意识的要求也越来越高。过去的 SOP 过于标准和机械，按这样的 SOP 员工不能带给宾客真正有温度、有个性的服务。

持这个观点的人经常引用的是以下这个例子。一位宾客入住酒店时员工对他说："先生您好。"宾客觉得员工很有礼貌。当宾客入住以后外出经过大堂时，员工又说了一声"先生您好"。等到宾客从外面回到酒店大堂时，员工又说了一遍"先生您好"，这回宾客生气了，指着员工说："我都来回走了好几趟了，你们不知道我姓什么吗？难道只会说一声'先生您好'？"

这是一个很典型的机械化执行工作标准的案例。的确，宾客入住以后 3 次经过大堂，员工应该记住宾客姓名。员工用宾客的姓氏来称呼宾客能够给宾客带来更温暖的体验和感受。该酒店的 SOP 存在着可提升之处，应该在原有基础上增加"宾客入住后应使用姓氏称呼宾客"的要求，将 SOP 修改得更加符合宾客需求以提升宾客体验，这是该酒店需要加强的。

但是如果换个角度，假如该酒店连"先生您好"这样的标准都没有会怎样？不管宾客第几次经过前台，员工只是完成自己的工作而没有主动招呼宾客，那么对于宾客而言，体验和感受会更好还是更差？

有了"先生您好"的 SOP，才能基本保证员工对客服务的最低服务质量。

原有的 SOP 太机械，我们需要做的是优化它，而不是放弃它。

当然我们也见过太多因为员工个人的素质能力和服务意识而让宾客感动的例子，但我们不应该将对客服务结果的期望放在某一个或几个员工身上。员工服务的意识一方面取决于员工的素质基础，例如性格特点、个人愿望甚至是情绪心情，其本身附带着太多的不确定和不稳定性，而酒店对服务质量的要求则应该是稳定的、确定的以及有保障的，所以我们才说：

（1）SOP 决定的是酒店服务质量的最低标准，而员工服务意识决定了最高标准；

（2）没有 SOP 的个性化服务是无源之水、无本之木，缺乏持续成长的动力；

（3）没有员工服务意识的 SOP 是一本丧失了灵魂的书，味同嚼蜡；

（4）想要保证稳定且持续提升的服务水准，SOP 和员工服务意识一个都不能少。

3. SOP 是企业文化的传承，满足酒店可持续发展

很多酒店都会经历一个可持续发展的阶段。对于高星级酒店来说，可以开展委托管理等拓展业务，将个体经验传授给其他同行；对于中小酒店来说，开

了一家店后还可以继续连锁化发展，成为一家有持续成长目标的连锁企业。这些都是目前我们看到的同行们的努力目标。

关于将自己积累的经验和成果转化成可以直接使用的可复制的标准，SOP在这个领域就展示了重要作用。

前文说过，没有两家一模一样的企业，所以没有两本完全一样的 SOP 手册，因为每一本可以传承的 SOP 手册都会带有本企业明显的文化和特色。

只要一走进酒店大堂，闭着眼睛就知道这是香格里拉酒店，因为神秘而熟悉的香味让您瞬间就能做出正确的判断。

无论走到国内外的哪一个城市，只要有丽思卡尔顿酒店，您就能随时感受到"宾客最大，宾客的要求是最高准则"，您也能随时看到酒店员工对"我们是为绅士和淑女服务的绅士和淑女"这句广为流传的名句的认知和践行。

巨大的落地书架和琳琅满目的书籍，宽敞而舒适的休息大厅，入住时一杯欢迎红茶，甚至房间里有一双印着自己姓氏字母的拖鞋，不用说，这是亚朵酒店。

…………

下面再来介绍一个 SOP 体现酒店文化的案例。

案例26 一只美丽的"白天鹅"是如何养成的

小玮是一个来自农村的孩子，大学读了酒店管理专业，毕业以后进入了北京一家知名的国际酒店做餐厅服务员。8 个月过去了，她的工作表现非常优异，还晋升成了领班。

有一天，她在利用业余时间帮北京某知名培训咨询公司对某五星级酒店的餐厅宾客进行问卷调查时发生了这样一件事情。

那天上午在自助餐厅用餐的宾客并不是很多，餐厅里几个服务员或站立或走动地在提供服务。小玮的工作是站在餐厅门口向前来就餐的宾客问好以及征询是否可以填写问卷，当她刚向一位宾客发放完问卷并目送他进入餐厅后，突然看到了这样一幕。

原来这位宾客手上正拿着一根吸管准备喝酸奶，但这根管已经软了，无法戳开酸奶瓶上的锡箔。宾客捣鼓了半天没弄好，情急之下正在四处张望仿佛在找人帮忙。但问题是，虽然她的身边一直有员工走来走去，还有一个员工就站在离她不远的地方，但没有一个员工看向这位宾客。这个场景被小玮尽收眼底，她看了看自己今天穿的衣服，虽然不是酒店制服但也是职业装，于是毫不犹豫地走到宾客面前，跟宾客打招呼以后帮她把吸管插进了酸奶瓶，宾客如释重负地舒了一口气，小玮也开心地笑了。

更为凑巧的是，这一幕被带她过来调研的咨询公司的同事小铃看到并拍了下来，事后小铃问她："小玮，这也不是你的酒店，这里的宾客遇到问题，你为什么要这么激动地跑过去帮忙？"小玮想了想说："我也不知道啊，在我们酒店，凡是宾客的事情就是最重要的事情，一切都要为这个让路，所以当时想也没想就直接去了。"

接着，小玮还给这位同事展示了她手机里的几个同事群，群里说的全是针对不同宾客的需求要提供什么样的个性化服务，例如有的提醒某位宾客吃哪种面包，有的提醒某位女宾客用依云矿泉水和白开水兑着喝……

小玮说，在她们酒店，宾客的事情大过天，碰到与宾客有关的事情只有一个处理原则，那就是"让宾客高兴"——只要遵循了这个原则，就不会错！哪怕是为此而让酒店多了一些支出，例如，听说是宾客生日送上生日蛋糕，听说宾客慕名前来享用海鲜自助却对食物种类不够满意，厨师长临时决定加购其他海鲜等。这些事情被上级领导知道后，当事员工一定会收到一个大大的"赞"！当然，上级自己也特别重视服务，外籍总经理每天在大堂，还经常跟宾客聊天，餐厅经理每天餐间都在餐厅为宾客提供服务……

小玮还说，包括她在内的酒店所有一线员工在每天开班前会时都会拿到一本小册子，上面会有当天到店的所有贵宾的姓名和照片，以便于所有员工认识他们并为他们提供个性化服务。小册子里还有对宾客服务格言的解读，这是为了让大家更好地理解那些话的意思。更重要的是，在这本小册子上，有一个专门的栏目叫"WOW Story"（让人惊喜的服务），里面专门展示在前一天的服务工作中表现优异。为宾客创造难忘体验的员工服务案例，这就意味着，哪个员工在对客服务方面有比别人更优秀的表现，第二天他（她）的故事就会在全酒店范围内被宣传，而自己也将成为众人眼中的"明星"。在介绍这个环节时，小玮的眼里闪烁着熠熠光芒……

听完小玮的话，小铃陷入沉思。原来总听说文化的力量，但总觉得很虚。今天听到小玮及其所在酒店的事，她突然意识到了，原来无论是同事群的事无巨细、开班前会的榜样塑造，还是每次服务以后的管理者"点赞"和管理者自身的工作习惯，这些看似日常的行为背后其实都有一个文化理念在做支撑，那就是"宾客至上"。而在这样的文化指引下，所有的管理者行为和酒店 SOP，都变成了酒店文化的载体。难怪小玮所在的酒店能够成为国际知名的酒店呢！

以上种种，均能体现非常明显的文化标签，SOP 则是这些文化最好的载体。如果您想让自己的酒店拥有强大的可识别度，那就用 SOP 来清晰地表达并且传递自己的文化。

三、对酒店 SOP 的总体认知

上文描述了许多对酒店 SOP 的理解和认识，笔者在此做一个归纳和总结。

1. 酒店 SOP 不是写出来的，而是员工做出来的

当我们说起某家酒店的 SOP 如何时，脑海里首先浮现的不应该是某一本厚厚的书，而是员工的日常行为。因为衡量一家酒店经营管理水平的依据不是这家酒店是否拥有已经或者即将出版、装帧精美的 SOP 操作手册，而是该酒店的员工是否正在践行基于酒店战略思想的行为准则。那本手册，只是帮助员工践行酒店思想的载体，仅此而已。

2. 酒店 SOP 是要满足宾客需求的

一个好的 SOP 是需要从宾客立场去制定的，只有真正满足宾客需求的 SOP 才是好的 SOP。

举个简单的例子，笔者 3 年前去上海附近的一个知名旅游文化小镇出差，入住一家国内很有名的民宿酒店。酒店环境典雅，设施设备很有特色。笔者一

进房间就被酒店提供的拖鞋吸引了目光。拖鞋颜色亮丽，鞋面上还有非常有艺术感的花纹，有两个颜色，可区分度很高，一看就是经过精心设计的。笔者正要换鞋的时候发现这是夹脚拖鞋，必须得脱了袜子才能穿。先不说拖鞋的消毒情况令人担忧，即便拖鞋很干净、很卫生笔者也没法穿，因为身处 12 月已经很冷但却没有暖气的长江三角洲，即便是有空调，光脚穿着一双冰冷的拖鞋都需要勇气。笔者在北方生活多年，实在不习惯大脚趾被约束着。于是，这两双很美丽的拖鞋，能满足笔者的审美需求而无法满足笔者的实际需求。

再举一个例子。笔者曾经去过一家杭州的老字号餐厅用餐，菜肴质量无可挑剔，老字号，老手艺，色香味俱全，很有特色，但是在餐后水果上桌时满席人都发出了一声惊叹："哇哦！"确实，一个硕大的果盘，盘子里有一棵用不锈钢做成的树，西瓜、圣女果、哈密瓜、葡萄等各种水果被切成块以后穿到每一枝枝丫上，非常好看。但问题是，员工切好水果后将水果穿到枝丫上去时戴手套了吗？这棵不锈钢做成的树清洁干净了吗？餐厅考虑到宾客用牙签将水果从枝丫上取下的困难程度了吗？

所以，无论是传统还是创新，酒店提供的服务一定要以宾客需求为前提，SOP 绝不是一成不变的，而是为了满足宾客需求随时发生改变的。这部分内容将在优化 SOP 这一节中详细介绍。

3. 酒店 SOP 必须要体现企业文化，具有可识别度

在之前的内容中，我们已经谈到为什么需要 SOP。那么在这里应该换个视角提醒各位酒店的所有者和经营者：想要让 SOP 实现传承文化的功能，首先应将需要传递的信息思考清楚并且撰写明白，再将其融入 SOP 中，这样打磨出来的 SOP 才是属于自己的内容充实的文化载体。

换句话说，您可以作为旁观者来审视自己的 SOP：别人拥有后能不能很容易地用上？如果答案是肯定的，那么很遗憾，说明您的文化的渗透度和可识别度仍需提升。

让宾客认可酒店的前提是，他们能够识别酒店，并且记住酒店。

制定 SOP

在对 SOP 的基本概念和思考逻辑进行了认知梳理以后，我们开始进入具体的实际操作层面。在这个层面，也需要解决两个问题。

一、如何制定实用性强且便于员工理解和操作的 SOP

想要回答好这个问题，首先得思考一份好的 SOP 是什么样的。根据上文分析，不难得出以下结论。

（1）好的 SOP 是表达清楚、可操作性强的。

（2）好的 SOP 是要让员工容易理解并愿意实施的。

先给大家看两个例子。

案例27　　　　　　前台转交房卡 SOP（一）

（1）询问转交宾客的房号和姓名，并与计算机系统核对无误。

（2）验证房卡是否为有效期内房卡。

（3）留下转交宾客的联系电话。

（4）确认被转交宾客的身份信息及抵达时间。

（5）确认被转交宾客的联系电话。

（6）将转交房卡放进单独的信封。

（7）在信封上注明转交和被转交宾客的相关信息。

（8）将转交任务在物品转交本上进行记录。

（9）将转交房卡放专门位置存放。

（10）在接待被转交宾客时，须核对转交宾客信息及被转交宾客的身份证件，核对后方可将房卡转交。

（11）如被转交宾客没带身份证件，可询问转交宾客是否可以转交。

（12）请被转交宾客在登记本上签字。

（13）将登记本放于固定位置存放。

案例 28　　　　前台转交房卡 SOP（二）

以表格形式呈现的 SOP 如表 13-1 所示。

表13-1　前台转交房卡SOP

工作项目（WHAT）	工作标准和流程（HOW）（加粗的是标准）	工作说明（WHY）
确认转交宾客信息	询问转交宾客的房号和姓名，并与计算机系统核对无误； 验证房卡是否为**有效期内**房卡； 留下转交宾客的联系电话	确保信息准确； 便于联系转交宾客
确认被转交宾客信息	确认被转交宾客的**身份信息**及**抵达时间**； 确认被转交宾客的联系电话	确保信息准确； 便于联系被转交宾客
放入信封	将转交房卡放进**单独**的信封； 在信封上注明转交和被转交宾客的相关信息	便于同事了解信息
信息记录	将转交任务在物品转交本上进行记录； 将转交房卡存放在**专门位置**	留下记录便于检查； 专门位置便于查找
核实信息	在接待被转交宾客时，须核对转交宾客信息及被转交宾客的身份证件，确认后方可转交； 如被转交宾客没带身份证件，可询问转交宾客是否可以转交	核实以确保被转交宾客可靠
确认完成	请被转交宾客在登记本上签字； 将登记本放于**固定位置**存放	完成转交工作并记录，便于查找和总结

细心的读者会发现，第一个 SOP 其实是第二个 SOP 的一部分，而第二个 SOP 与第一个 SOP 之间主要存在以下差异。

（1）将具体的工作内容进行了总结，便于员工记忆。

（2）增加了"为什么做"的部分，便于员工理解。

之所以进行这样的改变，主要是为了实现让员工"记得住，用得上"的目的和需求。一方面，太多的文字，员工记忆起来较为困难，如果将一段文字精简成几个字，能够便于员工记住工作重点；另一方面，将操作步骤的原因表达出来，让员工除了知道应该怎么做，还知道为什么要这么做，员工理解了以后再操作，效果自然更好。

二、谁是 SOP 的制定者

这是一个被严重忽视的问题。

在本书第二章笔者就说过，很多酒店的 SOP 是严重脱离现实的，因此久而久之，SOP 就成了一纸空文，员工用不上也不想用。尽管造成这种现象的原因很多，但忽略谁是 SOP 的制定者应该是其中非常关键的原因。

毫无疑问，一个优秀的 SOP 应该源于实践而高于实践。

首先，SOP 存在的本质意义就是指导员工的实际工作，当然不能脱离实际工作。那么基于这个前提，答案就已经浮出水面：一线的管理者不仅是 SOP 的执行者，还是制定者。

但事实上，大量的酒店管理者只是执行者，要么被动执行 SOP 的内容，要么不执行，很少把自己置于一个主动制定者的位置。

因为有大量的实践经验，所以一线管理者最有可能发现原有 SOP 中存在的问题和不足。

因为与宾客保持通常和直接的沟通，所以一线管理者能发现并了解宾客的需求是否发生了变化。

因为如果自己参与了 SOP 的编撰和修订，一线管理者则可以更主动地去承担自己参与制定的工作标准和要求。

所以，管理者要让自己成为 SOP 的制定者，这是管理者自我成长的第一步。

再说高于实践。所谓高于实践，指的是除了将实际工作进行总结外，还应该将看似零散、琐碎的日常工作用一个看不见的"绳子"串联起来。例如制定各种 SOP 的具体内容时要明白这么做的原因是要优化宾客体验，这样"优化体验"就会成为所有动作的核心指向，有这样的指向为前提，内心就会很笃定地对相关动作进行重新设计和梳理。

想要实现"源于实践而高于实践"的目的，对管理者的要求是相当高的。管理者既要有精通日常业务的专业能力，也要有善于提炼总结核心的逻辑能力，还要有高超的文字整合能力，这确实不是普通管理者随便能做到的。但是请记住，越高的要求对管理者而言越有价值，什么时候您能够随时根据宾客的需求有意识、主动并且熟练地去编撰和完善 SOP 了，那么恭喜您，在从优秀到卓越这条路上，您已经比大多数人走得更远了。

传递 SOP

在本章的第一节笔者就提到了一个名叫"沟通漏斗"的理论，也提到了目前酒店在对 SOP 的践行上存在的几个问题。细心的读者可能已经发现，本章的每一节其实都在试图解决这些"沟通漏斗"带来的问题。在本章的第一节，我们讨论了对 SOP 的正确理解，想要解决员工的基本认知问题；第二节我们讨论了如何制定一份便于员工操作和理解的 SOP；到了本节，笔者将重点阐述如何将写好的 SOP 更有效果地传递给员工，让这部分的"漏斗"漏掉的东西少一点。

准确地说，这部分内容其实就是关于如何更有效地培训员工的问题。

为了更有针对性地解决问题，笔者将与培训有关的其他系统性问题放在另外一章详细阐述，本节我们仅讨论一种行之有效的具体方法，这个在培训领域广泛流传且被多次印证是行之有效的方法的名字叫作四步培训法。具体说明如下。

一、四步培训法——说明（I Tell You）

想把制定好的 SOP 更有效地教给员工，首先需要告诉员工做这件事情的目的和意义。

以一个非常简单的"擦杯子"的 SOP 为例，在告知员工如何擦杯子以前，先要告诉他们以下内容。

（1）为什么杯子需要擦干净。

① 没有擦干净的杯子会给宾客带来酒店卫生工作不到位的感受。

② 锃亮而有光泽的杯子不仅能让宾客感受到酒店对卫生工作的重视，更能提升酒店的档次，提高宾客体验。

（2）擦干净的杯子是什么样子的。

① 向参加培训的员工展示一个已经擦干净的杯子，询问员工看到干净杯子的感受，再次印证刚才提到的干净杯子能够提升宾客体验的说法。

② 询问员工的学习愿望，问员工是否愿意学会擦出这样明亮干净的杯子，以激发员工的学习动机。

（3）本次培训的目的。

① 说明本次培训就是要让员工学会如何擦出这样一个干净的杯子。

② 告诉员工只要认真学，每个人都能学会。

二、四步培训法——示范（I Show You）

在说明了培训目的和意义以后，管理者（培训师）开始进入正式讲解和培训阶段，在这个部分，他们应该做的有如下几件事情。

（1）用正常速度完整示范擦杯子的整个操作过程，在第一遍的操作中并不需要教员工怎么做，而是让受训员工对操作过程有一个全面的理解。

（2）第二遍开始放慢速度，将整个过程分解成一个个具体的步骤（需要说明的是，这里的每个步骤都有标准），并逐步进行讲解，以及对为什么这么做进行详细的说明，以确保员工能够理解。

仍以刚才的"擦杯子"为例，管理者（培训师）应该在授课前做好如表 13-2 所示的 SOP。

表13-2 "擦杯子"的SOP

工作项目（WHAT）	工作标准和流程（HOW）	工作要求（WHY）
拿布	将口布展开，口布的一角放在左手心上，布角朝向自己的手臂，口布盖住整个左手掌	保证手不接触杯体
持杯	右手将清洗过的水杯杯口朝上放在左手布上，布角包住整个杯底	保证杯体不受接触
放布	右手拿起口布对角线的另一角放入杯底，尽可能让口布塞满杯底	保证不留死角
擦杯	左手用口布托住杯底，右手用口布（拇指在内、四指在外）左右手相反旋转擦杯，操作中，双手均不可直接碰到杯体	保证杯体清洁
检查	左手用口布握住杯底，举杯检查，无水迹、手印、口红印及杂物	确保完成标准
放杯	左手用口布握住杯底，将杯口朝下放在有干净垫布的托盘中	保证杯体干净

如果能将上述 SOP 先行发放给员工，让其先对这个 SOP 有感性认知后再来

听课和实践效果应该可以更加理想。

（3）在慢慢示范每一个步骤时一定要注意效果，确保员工看到老师的每一个动作，并将该动作与 SOP 上的内容一一对应，让员工理解这么做的理由，以及怎样做。在这个阶段，需要做好多次重复解释的准备。

（4）当管理者（培训师）将所有动作完成后需要通过提问来检查员工的掌握情况，例如是否明确操作理由以及操作重点，是否已经记住相关知识，等等。如果有不确定的信息，需要及时给予帮助和纠正，确保学员对知识的理解和记忆。

三、四步培训法——你试（You Try）

不是员工说他已经完全记住或者经过提问确保他们已经完全记住要点就意味着培训结束。事实往往是，无论员工看得多明白、记得多牢固，真正到上手操作的时候，依然无从下手。所以，学习以后的练习是整个四步培训法中最重要但常常被忽略的环节。具体做法如下。

（1）让员工按照刚才老师讲述的内容进行实际操练。

（2）让员工一边做一边说明该步骤的标准和原因，以确认员工是否真的已经理解，如果有不能表达清楚的请务必及时纠正。

（3）在员工操作过程中，经常用"为什么"来提问，以明确员工对该项操作的理解程度。

四、四步培训法——我查（I Check）

在员工实际操练完以后，培训仍未结束，仍需管理者（培训师）对员工刚才的实践进行综合点评，告知学员整体掌握情况以及仍需改进的地方，以激发员工的兴趣和主动性。如果有需要，可让员工重复进行实践，直到员工熟练操作为止。

管理者（培训师）在进行检查的过程中，需要注意以下几个内容。

（1）强调酒店服务工作中安全的重要性。

（2）鼓励员工进行与工作有关的提问。

（3）在反馈信息时，尽量多采用正面评价，再给予建议。

（4）用积极的心态和语句来结束本次培训，再次给予鼓励。

以上便是使用四步培训法向员工传递 SOP 的过程，看似简单，实则非常有效。在笔者从事培训工作的 20 余年里，已有不下 500 位酒店管理者（培训师）验证了这个简单而神奇的方法带来的作用，并将他们的感受分享给笔者。

实施 SOP

实施 SOP 的部分主要是基于关键时刻和服务接触的理念，确认宾客与酒店发生交流的每一个场景都有满足宾客需求的 SOP 提供保障。关键时刻和服务接触的内容已在第四篇中进行过详细讲解，为了保持本部分的系统性和完整性，在此处做出说明，详情参照第四篇。

优化 SOP

本章第一节里就说明了在任何一家酒店，SOP 都是动态发展的，因为随着时代发展和行业变迁，宾客需求不断变化，酒店的行为也必将随着宾客需求的变化而发生相应的变革。这就需要酒店管理者敏锐捕捉及把握宾客需求，并将其运用到 SOP 的变革中去，以实现最大限度地增强宾客体验和满足行业要求的 SOP 的优化工作。

以目前酒店行业的现状来说，不断攀升的人力资源成本和不再明显的酒店营收优势之间的矛盾非常突出。因此，对很多酒店来讲，一方面需要提升服务质量，另一方面需要降低成本，这本身就是矛盾的。本书第一篇第二章第三节里也曾经讲过，这个矛盾并非不可调和，可以通过优化 SOP 的方式来解决这个矛盾。

尽管每家酒店实际情况、优化场景都不一样，但基于近年来笔者所在团队为行业多家企业提供的咨询项目的思考，笔者建议读者从以下 4 个方面来考虑优化事宜。

（1）不应遗失的要重建。对于以服务为核心竞争力的酒店业来说，即便是社会再发展、科技再发达，服务仍然是我们要倾力维护并且提升的看家本领。因此，以员工人手不足为由而放弃的服务应该被重新提上日程。例如礼宾服务、微笑服务、双手递拿宾客物品规范、应该时刻保持的礼貌用语等，这些基本规范和流程，不是可以不做了，而是要做得更好，因为这些操作细节和 SOP 才能真正体现酒店服务水平。

（2）不够优化的要改进。这是各家酒店需要各显神通的精髓所在。每家酒店背景各异，情况不一，因此必然要根据自己的情况对 SOP 进行调整。当然，也有一些共性的方法可以参考。例如考虑到员工来回取拿物品的成本而采用更加科学的楼层工作车装车方法；宾客借用物品的保存地点、房间小商品的设计和摆放方式、餐厅员工的岗位合并等都可进行调整，这些具体措施和做法均能以小见大，产生不俗效果。需要注意的是，当酒店开始考虑优化 SOP 细节时，依然需要把宾客体验放在最重要的位置上。

（3）没有具备的要建立。根据酒店具体情况，将原来不具备但对提升宾客体验和减少损耗有帮助的制度和规范重新梳理并建立起来。例如合并订房中心和服务中心后制定新的工作规范和流程，建立中央厨房制度，工程部将被动维修调整为主动计划维保，等等。

（4）宾客关注度不高的可弱化。根据本酒店客源分布情况，通过科学分析，抓住宾客体验的关键点以保证服务质量，而对某些宾客关注度不高且对工作效能益处不大的流程进行简化。例如针对宾客的饮食习惯，弱化自助早餐时主动询问咖啡或茶的服务，减少客房内售卖商品的种类，撤走宾客使用率不高的冰壶、小洋酒等商品，等等。同时考虑如何才能更好地满足宾客的需求，例如提供热水、热奶、热豆浆等更加符合宾客饮食习惯的餐品以供宾客选择等。

需要特别说明的是，根据第三篇中的数据调研和分析，我们看到不同宾客对服务有不同的需求。因此在实施 SOP 的优化工作时，一定要先对自身酒店的客源结构进行分析，充分了解宾客需求，并站在宾客角度去研究能让他们体验最好的服务方式，并以此为基础确定需要优化的 SOP。而在新的结果出来时，请务必先进行测试，测试后再调整，直到确保该 SOP 更加满足宾客和酒店双方需要后再进行大面积推广。

换不换床单，谁说了算

2016 年 8 月，酒店人的朋友圈被一件关于纽约高级酒店不为新宾客更换床单的新闻刷了屏。为了方便大家了解整体情况，下面简要回顾一下事情的经过。

案例29

美国电视新闻杂志 *Inside Edition* 日前暗访了 9 家位于纽约曼哈顿的包含洲际、万豪等国际知名品牌管理的高级酒店。暗访员假扮宾客入住后，在床单上用无害且可清洗的荧光喷漆做了记号后退房，后用其他身份再次入住之前住过的客房时发现有 3 家酒店的客房床单上的喷漆痕迹仍在，这也就清晰地证明了该房间的床单并未更换的事实。3 家酒店的管理者对此事的回应也几乎如出一辙，都是先对发生这样的事情表示吃惊与怀疑，而在员工承认问题之后才反应过来，开始忙不迭地道歉，并表示会严肃处理此事。

新闻一出，酒店业一片哗然，各位同行反应强烈，众说纷纭。有人对知名外资品牌酒店如此犯错感到震惊，也有人质疑该杂志记者的行为有"钓鱼取证"之嫌。但更多的同行，尤其是酒店中高层管理者们纷纷表示：见此案例心生忐忑，且扪心自问"倘若这个记者入住我们酒店，员工能否禁得起考验"这个问题时，居然并不能给自己一个笃定的答案！结合案例中的管理者从目瞪口呆到哑口无言的表现，不难得出以下两个结论。

（1）为客房更换床单本是酒店的基础工作，员工应按规定完成这个工作。

（2）该做的事情员工不按规范去做，管理者虽明知不对却力不从心。

如果要用更简单的语言再总结一下，那就是：换不换床单，谁说了算？

这个问题的答案仿佛非常简单，翻开任何一家酒店的工作手册，"一客一换"都是一条最简单且清晰明确的工作标准，也是员工在接受岗位培训时的一项必须学习的内容，那为什么在实际操作过程中员工并未照此执行，"换不换床单，酒店说了算"怎么在执行过程中就变成了"换不换床单，员工说了算"？

稍做思考，其实无外乎以下两个原因。

（1）基本认知和职业素养影响员工行为。近年来，酒店人力资源成本的攀升催生了员工结构的变化和员工收益方式的调整。年龄、背景各异的多元化员工组成以及"多劳多得"的收入分配方式让员工在执行标准过程中要不产生"这床单又干净又平整，为啥要换"的低级认知，要不就萌生"多一事不如少一事，赶快做事"的逐利心态。

（2）管理手段和检查方法制约管理效能。无论是上述哪种员工心态，其实都隐含了一个很明确的假设，那就是"即便不换，大概率不会被发现！"那事实是这样的吗？稍微翻看一下客房部管理者的工作记录就不难发现，果然如此。查房、接待、文案、处理宾客意见、应对突发事件，甚至高峰时上阵做房的高强度工作已让管理者分身乏术，为验证员工是否按规定更换布草而逐条清点的做法是否得不偿失？更何况，由于缺乏人手，这种"查遗补漏"的做法不仅耗能，并且低效。

那么，该怎么办？

一般来说，针对上述问题，我们采用的方法有如下两种。

（1）加强员工培训，提升员工质量。对认知不够和素养不足的员工循循善诱，用职业道德的标准培养员工职业认知，提升其职业修养。

（2）强化考核机制。鉴于人手缺乏，不做逐条检验，但一旦发现问题，便有严厉的处罚等着员工。因为，"我给你信任，你须还我忠诚"。

然而，上述两种做法尽管有很多酒店实行却收效甚微，原因在于其中一种为事前预防，另外一种为事后惩罚，虽能产生一定管理效果，但对事中的管控环节明显乏力而导致管控效果大打折扣。其实，随着时代进步和技术发展，利用智能手段将类似问题不动声色地解决已非难事。

以近年来发展和应用得如火如荼的酒店智慧管控系统举例，员工每天出入房间时间和在房间使用物料布草的情况将会被如实记录，如图 14-1 所示。管理者通过系统自动生成的报表就会对当天房间出租以及员工使用物料布草的情况了如指掌，从而判断员工是否按照客房房间数配备布草则变得非常简单。

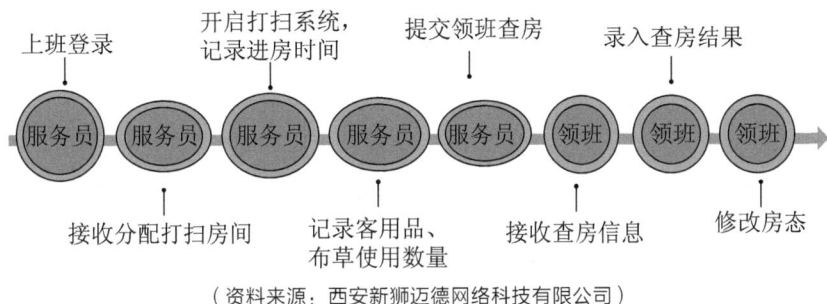

（资料来源：西安新狮迈德网络科技有限公司）

图 14-1 日常打扫示意图

其实，智能和技术带来的价值远不止于此。仍以上述智慧管控系统举例，笔者曾经看过某家酒店的一次性用品统计报表，令人吃惊的是该酒店每月易耗品消耗最多的除了垃圾袋外，就是咖啡！不知道看到这个结果的同仁们脑海里会浮现出何等联想？

"君子生非异也，善假于物也。"技术进步方兴未艾，善加利用者必能有所收获。在技术进步的大潮中，"换不换床单，谁说了算"的答案已经很明显了。

酒店智慧管控系统的优势

有没有一种管理模式，既能提高顾客满意度，又能降低酒店成本？这个问题，在今天完全可以借助酒店智慧管控系统这种基于技术进步的管理系统得以实现。

所谓酒店智慧管控系统，就是通过技术支持，在酒店建立一套数字化服务系统，重组酒店组织架构，优化工作流程，将原来必须借助人力才能完成的工作利用技术手段来实现，从而提高工作效率、降低管理运营成本、提升酒店核心竞争力。

智慧管控系统一般分为两个层面。

一是对客服务层面，即通过技术手段的应用让宾客的入住更加方便快捷，提升顾客满意度。例如宾客可以通过手机自助订房、订餐、订会、呼叫服务等，宾客还能利用房间的电视设备享受增值服务，如电视商务办公、观看海量高清影片等。

二是内部管理层面，即为酒店管理者提供完善的管理和应用服务，通过建立一站式服务中心提高工作效率，提升管理效能。

简单来说，酒店智慧管控系统在内部管理方面的核心价值主要体现在以下几个方面。

（1）人力成本的节约。通过引入酒店智慧管控系统，优化工作流程，减少实际人员编制，节省酒店人力总成本。例如北京某五星级大酒店在使用西安新狮迈德网络科技有限公司的 SMIT 酒店智慧管控系统后，重新优化了客房部和工程部的组织架构，经整合，两个部门的员工数量共减少了 60 人，为酒店节约了150 万元的人工成本支出。而酒店在此效果推动下，又开展了全酒店的流程再造工作，经过 4 年的不断优化和改进，员工数量从系统使用前的 1 100 人减少到目前的 550 人，节约了一半的人力资源，而直接人工成本则降低到 1 800 万元 / 年。

（2）工作流程的优化。使用酒店智慧管控系统后，员工的绝大部分工作可以直接通过手机简单操作解决。以客房清扫员的每日工作任务为例，使用智慧管控系统后，没有特殊情况的话，员工的所有工作均可通过手机进行收发、安排、记录等，既节约了大量纸张，又管理了酒店物料，减少了部门之间、管理者与员工之间的沟通成本，同时极大地优化了工作流程、提升了工作效率。

（3）工作效能的提升。酒店智慧管控系统并不仅仅意味着减员，其更着重强调的还有员工工作效能的转化。员工数量的减少意味着留下的员工工作量的提升，而工作量的提升既是对留下的员工工作表现的肯定，又需要通过提升薪酬来匹配工作量。因此，某五星级酒店员工的工资在每月提升 1 000 元的前提下，仍能为酒店节约 200 多万元的人力成本，且员工的有效工时大大增加。

（4）绩效考核的升级。对很多管理者而言，管理就意味着无时无刻不检查员工的工作行为和目标完成情况，一天到晚奔波，累得筋疲力尽。想象一下，如果您使用了智慧管控系统，每天每个员工的工作情况实时在您的掌控之下。是在清理客房还是在提供服务？哪些员工应该注意哪些问题？哪个员工的表现异常优异？这些问题的答案早已通过实时报表得到。因此，无论是每天、每月，还是每年，需要对员工进行综合评估时，您都可以冲杯咖啡，然后轻松调出所有数据资料——查看和分析，真实的结果和科学的统计一定能在您做员工绩效评估时助您一臂之力。而管理者就可以投入更多的精力和时间去做那些比监督检查更有价值和意义的事情，例如制定计划和学习思考。

那些您完全可以使用的工具

一、保持最低标准的工具

1. 不理我，我就叫

在酒店日常工作中，经常有一些达不到宾客要求但由于宾客选择了忍耐而没有被管理者知晓的事情。例如宾客要求送一件物品到房间，但员工迟迟没有送到，以致最后不了了之或者需要宾客再次发出申请。这些事件如果没有升级到宾客投诉的阶段往往管理者并不知情，但宾客的体验感却已经打了很大的折扣，有办法解决吗？

很多公司都进行了这方面的研究。例如广州蓝豆软件科技有限公司研发的住客服务管家系统中有一个名叫"住客服务报警"的板块，如图 14-2 所示。宾客发出要求后，应用程序实时提醒，40 秒后员工仍没有接收，会收到电话和短信提醒；如果超过 2 分钟员工还没有接收，那么该员工的上级主管会收到超时提醒。不同服务项目可以设置不同的超时预警。从主管到经理再到高管，员工有一个服务不执行，最终可能总经理都会知道。所以您看，如果酒店使用了这个系统，员工对服务的关注和执行力是否会变得不同？

图14-2 "住客服务报警"板块

2. 维修可视与精细化工程管理

很多酒店都存在工程维修需要涉及沟通部门较多以及维修情况个性化特征明显而导致无法跟进维修情况的问题，在智能发展的前提下，该难题也可被完全解决。

移动报修、移动维修以及移动验收，通过相关智慧管控系统能实现从报修到验收的全过程可视化。报修后多久工程部接单、接单后师傅是否到达现场、到达现场后是否需要更换部件、现场维修情况如何、维修结束后验收结果是否合格等，全部服务过程尽收眼底，为管理者提供了详尽的管理参考。

与此同时，诸如酒店能耗统计、数据对比的功能又为管理者提供了更准确的支持和保证。正如上文所说，通过使用这样的管理系统，管理者的精力得到了释放，时间得到了节约。

二、提升工作效率的工具

1. 从此告别纸和笔

还记得客房服务员每天要做的功课吗？填写宾客信息查询表、动态情况分析表、异常情况登记表、做房工作报表等。员工每天都要把相关信息登记在表格上，既占用大量的工作时间，也难免会出现忙中出错的情况导致信息不准确。下载一个应用程序，上述问题全部能够得到解决，主管点击两个按钮，就能同时完成10个房间的操作，批量进行查房和放房的功能，让前厅和客房在高峰时期的压力瞬间缓解。

2. 用户数据中心

当下，人人都知道大数据对企业的价值，但酒店人对数据的认知和运用却一直不到位。DOSSM-MarTech 系统是让企业基于第一方用户数据而开展精准运营和营销的自动化系统。它通过打通企业自有用户在不同系统和互联网入口的数据（包括企业官方网站、官方微信公众平台、官方小程序、APP 和 CRM 系统等），并对数据进行相关分析与整理，根据用户行为贴标签形成用户画像。在酒店客户的消费旅程的不同接触点，DOSSM-MarTech 系统可以采集数据，并根据用户画像在合适的时间通过合适的共聚自动向酒店客户推送合适的内容。无论是来参加会议的商务人士，还是来休闲度假的旅游者，无论是喜爱饕餮美食的本地宾客，还是喜欢健康生活的年轻白领，都能在有需求的时候，手机上提示酒店已经恰到好处地为宾客提供了称心的服务方案。DOSSM-MarTech 系统如图 14-3 所示。

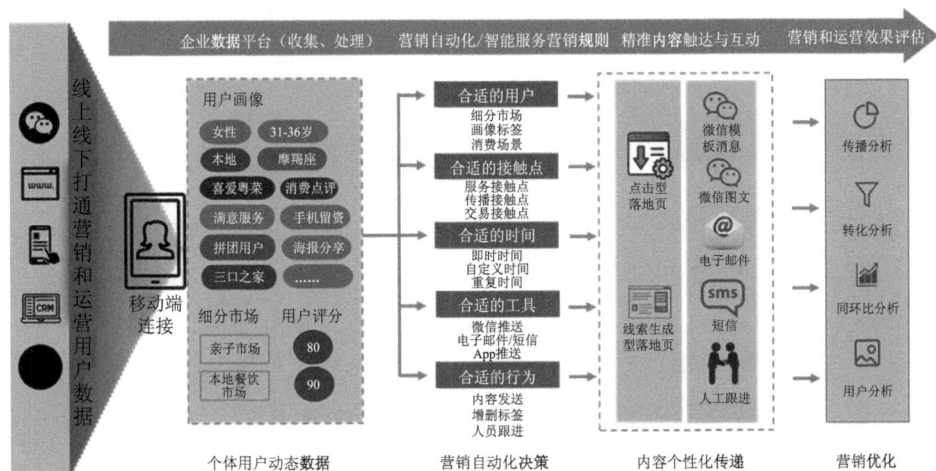

（资料来源：广州问途信息技术有限公司）

图 14-3　DOSSM-MarTech 系统

三、增强宾客体验的工具

（1）网络舆情管理。

在上述包括其他很多品牌的酒店智慧管控系统中，均有涉及对宾客意见处理以及提升体验的功能。例如可以随时查看宾客评价（评价来自网络评价和酒店评价），可以进行宾客投诉管理（表扬、建议甚至意见投诉），这边，宾客的点评刚刚发出，那边，酒店立即进行处理，宾客也马上就能收到来自酒店的道谢、道歉或问候。如此快速地对宾客意见进行即时反馈并开展舆情和投诉管理，显然可以更进一步地提升宾客体验。

（2）服务场景设计。

除了可以即时反馈的舆情管理系统，上文介绍过的问途公司的DOSSM-MarTech系统还可根据宾客在酒店的关键接触点和服务场景进行服务设计，例如，在前台办理入住时可以根据不同宾客的人口属性提供针对性的当地旅行建议，或是针对不同场景下的宾客提供酒店不同的增销或精彩活动推荐等，或是在宾客的消费场所，如会议、宴会、餐厅等，均可通过该系统向宾客自动提供个性化的解决方案，如图14-4所示。在与客户的精准互动过程中，又会产生大量的客户数据，帮助酒店更好地了解所服务的客户，从而向客户持续提供个性化的服务内容。提升顾客满意度和忠诚度同时，也创造了良好的口碑。

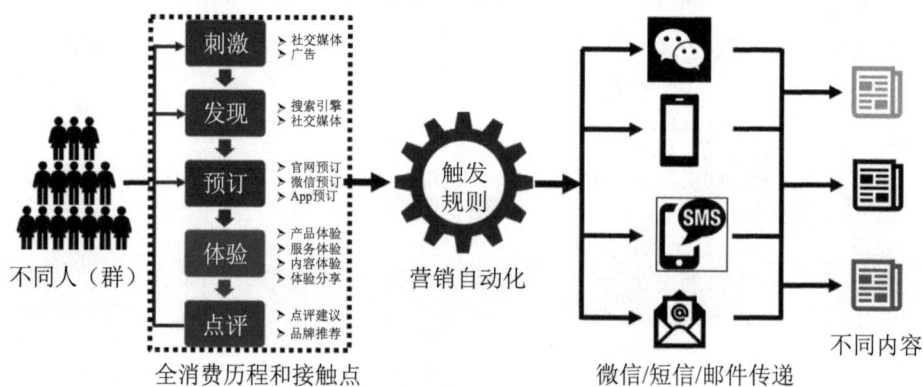

（图片来源：广州问途信息技术有限公司）

图14-4 服务场景设计

（3）个性需求满足。

与一般意义上的精品主题类酒店不同，广州致爱空间旅业网络技术有限公司在提升宾客入住体验上进行了"在同一家酒店内进行多主题尝试以满足不同宾客需求"的"酒店+主题客房"尝试并获赞无数。例如他们协助酒店推出的巨幕影院房、睡眠质量检测房等均是在通过对同一家酒店进行不同主题和场景设计以满足来店宾客的差异化需求，如图 14-5、图 14-6 所示。以睡眠质量检测房为例，这种主题房型是在客房内装置一款集助眠、呼吸、窦性心律等多项睡眠健康参数检测于一体的多功能睡眠质量检测床垫，除了检测宾客的各项健康指标，还能起到助眠作用，当一早起床看到自己的睡眠检测报告时，相信那些对睡眠条件有更高要求的宾客会获得更好的入住体验。

（图片来源：广州致爱空间旅业网络技术有限公司）

图 14-5　睡眠质量检测房

（图片来源：广州致爱空间旅业网络技术有限公司）

图 14-6　丁丁巨幕影院房

同理，虽然不是电影主题酒店，也一样可以做到"可以看电影的酒店"与"可以睡觉的电影院"的完美结合，100 英寸的巨幕和 3LCD 的投影仪设备带来的震撼观影效果、支持手机无线投屏的便利条件以及躺在舒适温暖的酒店大床上就能享受包场影院的感觉无疑能够提升住店宾客中的"爱影客"的个性需求。

四、全面提升认知的工具

在 2020 年 1 月参加"《酒店在线服务质量评价与等级划分》团体标准"的发布会上，通过参会酒店代表的发言，笔者发现了一个非常有价值的综合评价系统，即美团为合作酒店商家提供的 HOS 系统（Hotel Operating System），如图 14-7 所示。该系统通过 HOS 指数对商家进行评分，根据评分结果，商家可获得不同的权益，分数越高，权益越多。

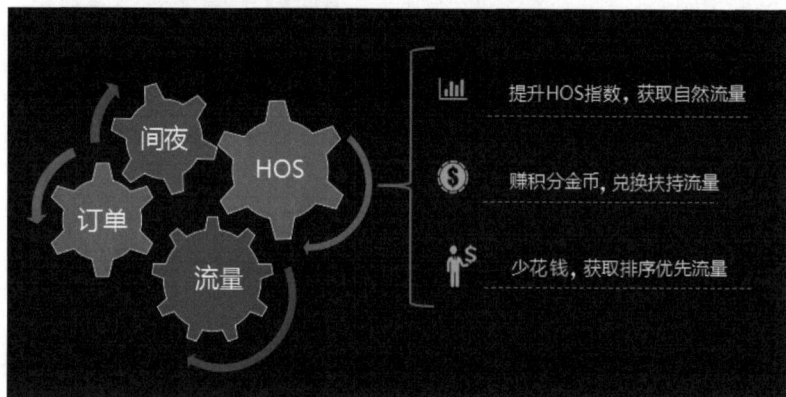

图 14-7　HOS 系统

具体来看，HOS 系统评分体系分为两部分，如图 14-8 所示，一部分为基础分，只要做到系统要求的三大类（酒店信息、服务质量和经营产能）要求就能获得相应分数，基础分满足的是美团希望商家达到的基本标准；另一部分为浮动分，浮动分又分为奖励加分和违规减分两类，商家在达到基础分要求的基础上达到更高水准便可获得加分，反之，如有违规违约等系统不提倡的行为，便会减分，影响 HOS 得分及相应权益。

了解HOS指标

HOS指标-基础分

指标类型	指标
酒店信息	酒店资质
	酒店发票
	描述信息
	图片
服务质量	5分钟确认率
	拒单率
	用户综合评分
	差评维护率
经营产能	预订消费间夜
	淡旺季系数
	预留房消费间夜占比

HOS指标-奖励加分

奖励加分，0.5分	
指标类型	指标
奖励任务	预约发票

HOS指标-违规减分

违规减分，-5分	
指标类型	指标
违规违约	到店无房与未到店无房
	拒开发票
	其他违规

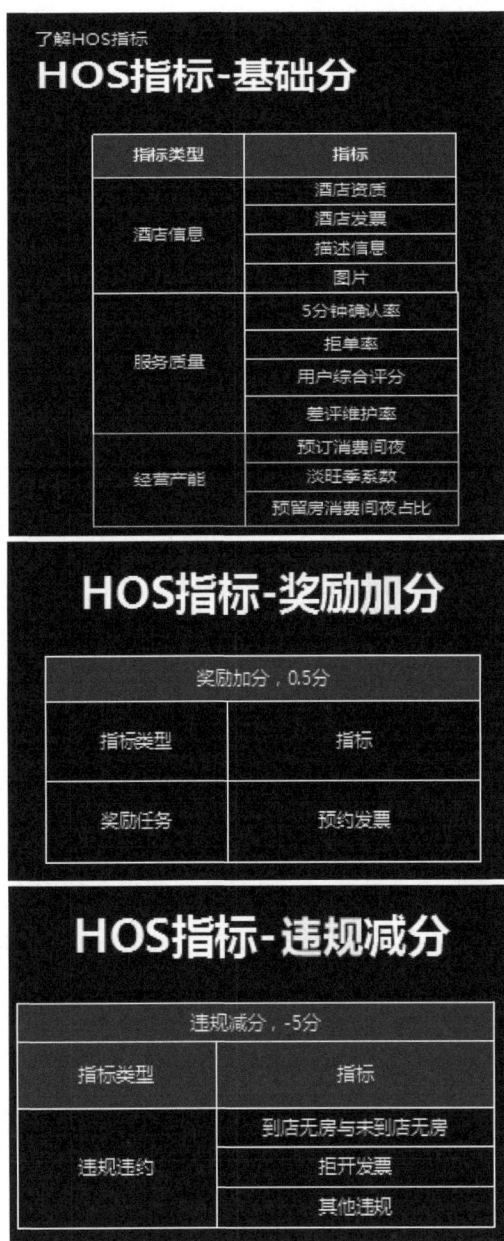

资料来源：美团酒店培训中心

图 14-8　HOS 系统基础分和浮动分说明

　　尽管 HOS 系统考量的是商家的整体运营能力而非单纯的服务质量评价体系，

但仔细观察即可发现，该评价系统与宾客体验密切相关，且直击宾客痛点，具体总结如下。

（1）评价维度简单、易懂、可操作，直击问题要害。从基础分的服务质量维度不难看到，5分钟确认率、拒单率、差评维护率等指标清晰、落地、可衡量，据说该指标的设立是美团对使用平台预订的宾客意见进行大数据分析后得出的结果，智能时代的威力果然不同凡响。

（2）浮动分指标灵活动态，符合宾客可变需求。浮动分是动态分值，可以满足基础分无法涵盖的服务体验，从60分到100分的衡量指标因时制宜、因事制宜，但这恰恰满足了酒店行业的可持续发展要求和宾客需求变化的特点。

（3）得分与权益密切捆绑，正向指导商家行为。有要求便要衡量，有衡量便有结果，有结果便会落实。听商家介绍，如果能够获得更高的HOS评分，便可大大增加排名靠前的概率，获得皇冠权益以及广告和推广权益等实实在在的优质权益，这对商家来说无疑是一种很有力量的正向指引。在这种指引下，商家会努力根据系统要求完善资料，加强服务，久而久之，条件满足了，分值上去了，权益得到了，而服务质量也就自然水涨船高。

最有价值的是，尽管国内酒店业一直并不缺少运营质量和服务质量评价标准，但对近年来日趋成为主导预订模式的在线服务质量评价标准却一直未有涉及，而HOS系统尽管原本是美团对商家综合运营水平和能力的评价体系，但却为酒店的在线服务提供了非常有价值的参考，最终促成了《酒店在线服务质量评价与等级划分》团体标准的形成，填补了国内酒店业在该领域的空白，不仅帮助了美团商家，也帮助了其他同行，甚至助力了整个酒店行业的发展与进步。

第十五章

员工的服务意识，怎么培养

第十二章、第十三章、第十四章从认知和工具的层面对酒店服务管理系统做了阐述，接下来要做的事情就是让员工同意并且愿意去做服务标准和流程中要求做的事情了。换句话说，SOP写得再好、再有水平，员工不愿意干也是问题！这一章就来讲讲，如何培养员工的服务意识，或者说如何让员工心甘情愿地开展对客服务。

说培训，何为培训

培训，是一个常被提及的词汇，但并没有多少人真正了解它的内涵。笔者曾经问过很多酒店管理者什么是培训，大部分人都告诉笔者，培训就是让员工学会正确地做事——是这样吗？说培训，何为培训？

培训是站在讲台上讲课。

培训是让员工学会干活。

以上两个答案是笔者常听到的答案，但这些回答都没触及根本。

先说培训是不是讲课甚至是演讲的问题。很多人一提起培训，脑海里就浮现出老师站在讲台上的样子。台上的人妙语连珠，台下的人满心崇拜。一场课程下来，讲的人收获了掌声，听的人内心充满激情——如果主办方在此时发放一张培训意见调查表，收集的意见想必让人欣喜，但是这样的培训就一定是好培训吗？衡量一场培训是不是一场好培训的标准是什么呢？

首先，培训不只是站着讲课，但这里有一个很大的误区，即错把培训当演讲，而这两者差别很大。在一场演讲里，演讲者本人是焦点，是核心，是被所有人关注的对象；而在一场培训中，唯一的中心人物就是员工。演讲者关注的是自己的表现是否引人注意或让人喜爱，主角是自己；培训师关注的是员工是否能够将知识听懂并且学会，主角是员工。所以，很多培训师不小心把自己变成了演讲者，忘记了培训的关注重点是员工。

那么，培训就是让员工学会干活吗？这是把员工当主角和核心的思想吗？通过培训教会员工知识和技能，同时通过考核和评价来确保他们确实学会了相关知识和技能。这不存在以培训师为核心了吧，这次是把员工当焦点了吧？

但问题是，员工学会了，就一定会在工作中主动按照培训要求去做吗？

很显然，这是一个很容易回答的问题。在酒店行业中，很多员工一进酒店就接受了相关专业培训，但是员工在工作中出现的各种不符合标准要求的行为又是因为什么？

所以，是时候揭晓谜底了。

笔者认为，培训应包含4个概念——知、能、行、愿。

前3个很容易理解：通过培训让员工知道要做什么，或者说让员工获取相关的知识；让员工除了获取知识还能收获技能，也就是能够做到；再就是让员工将学习到的东西落实到日常行动中去。一般酒店管理者对培训的认知理解到这儿就打住了，其实真能理解到这一步也不错了，很多酒店管理者连这一步都没有想明白。那么最后一个"愿"是什么意思呢？

"愿"就是接受培训的员工能够从培训中获得什么。

有没有发现，当管理者把"培训是福利"这句话挂在嘴边时，其实员工未必认同。在一些员工的眼里，无论是上班还是休息期间让员工接受培训，都是出于酒店诉求。"把我们培训好了就是为了让我们更好地工作，为酒店创造收益"应该是很多员工的共同想法，而员工产生这样的想法，到底是员工的问题，还是管理者的问题？

举个简单的例子，每个酒店的员工在入职时必然要接受酒店礼仪培训，那么在培训时管理者是怎么解释为什么员工需要具备良好的礼仪形态以及行为举止的？"让我们看上去更精神，好让宾客产生良好的印象，从而愿意在店里消费"，"员工代表酒店形象，礼仪不好会让酒店的形象受损"。请问，管理者是不是这样引导员工的？所以管理者能怨员工不愿意培训吗？因为管理者的字里行间都在告诉员工，员工所学习的知识和技能都是为了满足酒店而不是他自己的需要。再请问一下，对一件于个人无益的事情，有多少人愿意去主动学习？

礼仪习惯的养成难道只对酒店有好处吗？为什么长期在酒店工作的人就是显得比别的行业的人年轻？为什么酒店的员工在别人的眼中总是"暖男""知心姐姐"等让人温暖的形象？这难道不是因为长期的礼仪和行为规范的训练让酒店人养成了不收拾好自己绝不出门的习惯吗？不正是"赠人玫瑰，手有余香"的职业信条让酒店人在面对所有问题时总是最后一个想到自己而第一个想到他人吗？而这种习惯是不是也让员工自己得到了更多的机会和友谊呢？很多企业在选择总裁助理或者其他一些重要岗位时总是希望加上一条：有酒店工作经验者优先——这不也正是对酒店礼仪行为成效的诠释吗？

但问题是，这么多对员工自己的好处，管理者告诉过他们吗？

同样，做一名酒店服务工作者，除了付出辛勤汗水外，就没有别的收获了吗？

（详见终结篇）

说培训，到底培训什么

说完了培训是什么这样一个认知上的问题，笔者来教大家一个关于"培训什么"的思维方式——是的，是思维方式，不是工作方法。

要说明这部分内容的原因是笔者曾经看过很多酒店的阶梯式课程目录，例如对某一个层面的管理者，应该要给他们上有关外语能力、团队合作能力、激励能力等课程。这看上去特别有道理，但是总感觉思考得不够全面，除了这些课程就没有别的了吗？思考真的很全面吗？课程设置是最佳的吗？

希望读者能够认真考虑这些问题：培训的内容应该是员工需要的，那么哪些是员工需要的？培训内容是否是基于员工的岗位职责来确定的？培训的目的除了让员工得到成长外是否还能满足员工现有工作要求的需要？

想通了这些，思考逻辑就会发生转变。

刚才不是说，培训的概念包括知、能、行、愿吗？这是一个行为逻辑，先学会知识，再掌握技能，然后运用实践，最后在工作中实现自己的愿望，而思考逻辑恰好相反。

培训什么？愿、行、能、知，如图 15-1 所示。

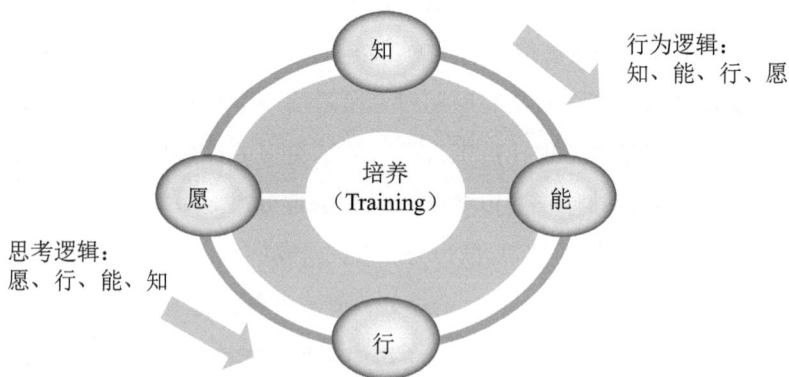

图 15-1　"培训什么"思维模型

举例来说，想培养一名优秀的管理者，必须从底层逻辑出发，回到思维原点，想清楚为什么这么做，再一步步倒推——从愿到行、从行到能、从能到知，然后再设计课程。

案例30　　　　　　　　**优秀保安主管的培养**

如何培养一名优秀的保安主管，笔者列在了表15-1里。

表15-1　如何培养一名优秀的保安主管

愿（工作目标）	行（工作职责）	能（工作内容）	知（工作能力）	学（培训课程）
配合保安部经理保卫好酒店宾客人身财务安全、酒店自身设施设备和员工人身财务安全	（1）文化层面对酒店的忠诚与认同；将文化传递给员工（2）业务层面消防工作及其落实；治安工作及其落实；设施设备维保及使用；特殊情况处理（3）管理层面打造高绩效团队；培养合格保安员	（1）文化层面企业忠诚度养成；文化的落地实施（2）业务层面车场指挥和安排；指挥中心安排；消防工作落实；应急事件处理（3）管理层面团队建设；培训员工	（1）素质感恩和积极心态；企业文化的理解（2）知识安全知识；消防知识；治安知识；设施设备知识（3）能力沟通能力；应变能力；培训能力	素质层面《企业文化及落实》《积极心态塑造》《酒店安全知识大全》《酒店消防知识》《治安问题处理》《安全设备及使用》《沟通与协调》《如何带好一支队伍》《应急技巧培养》《保安主管的一天》《如何带好新员工》

从要实现的目标着手逆向思考：要完成什么目标，为了这个目标需要承担什么责任，为了完成这些目标需要做哪些工作，以及完成这些工作内容需要掌握什么能力，而掌握这些能力又需要哪些东西。就这样从后向前，从未来到现在地思考某一个群体需要学习的东西，是否逻辑就清晰了很多？同时也不会因为点状思考而产生遗漏？

说白了，这就是"以终为始"的概念。学会了这个思维方式，逻辑思维能力也会提升很多。主观定出培训课程的培训师往往都是基于自己的认知，而"以终为始"的逻辑才是基于培训对象的需求。

浅析培训体系

想要真正地实现服务意识的传递，并且不依赖于员工的个体差异，建立一套系统的培训体系就显得尤为重要。

管理者对于培训体系的认知也同样容易碰到理解上的偏差问题。笔者在与很多酒店同行进行交流时，都被告知，其酒店有培训体系，而证明材料则是贴在办公室墙面的一张关于培训体系的纸，上面写着培训体系架构及人员名单。也有酒店同行给笔者一本又一本厚厚的培训计划表，那都是各业务部门报上来的，但培训效果往往都不尽如人意。也有同行在被问到酒店是否有培训师队伍时很骄傲地说有，但问到具体的培训师人选竟然出现多位培训师是部门秘书的情况，在被问及培训师都讲什么课程时，答案就更五花八门。最常见的课程内容是给大家宣读集团或业主公司下发的文件和制度。这样的培训体系，要么形同虚设，要么运转无效。

那么，真正的培训体系应该是什么样子的？

笔者也曾经就这个问题思考良久，最终总结了一句话试图来简单明了地表达培训体系的核心价值和意义：培训体系是将总经理思想变成员工行为的通道。在很多酒店，将总经理思想变成员工行为的常见方法是搞一场轰轰烈烈的"动员"，通过"动员"传达和落地总经理的思想。但问题是，总经理的思想那么多，光靠"动员"做得过来吗？"动员"结束以后呢？员工能够保持多久的热情？"动员"不如"系统"，培训体系最大的功能是将原来的"动员"型服务模式变成常态性的行为方法，通过日复一日、年复一年的持续努力，将酒店的品质持续而完美地展现，而这种展现不会因为换了任何一个层面的管理者或者员工而发生大的问题和偏差。

下面简单地介绍培训体系的构成。

培训体系主要分为4个系统：组织系统、基础系统、支持系统和实施系统。

组织系统指的是以培训为核心建立的一个虚拟组织架构，里面包含总训导师（总经理）、执行训导师（培训部经理）、各部门培训师（部门经理）以及培训员（一线主管或领班）等岗位，每个岗位的员工都有自己的工作职责和内容，如图 15-2 所示。

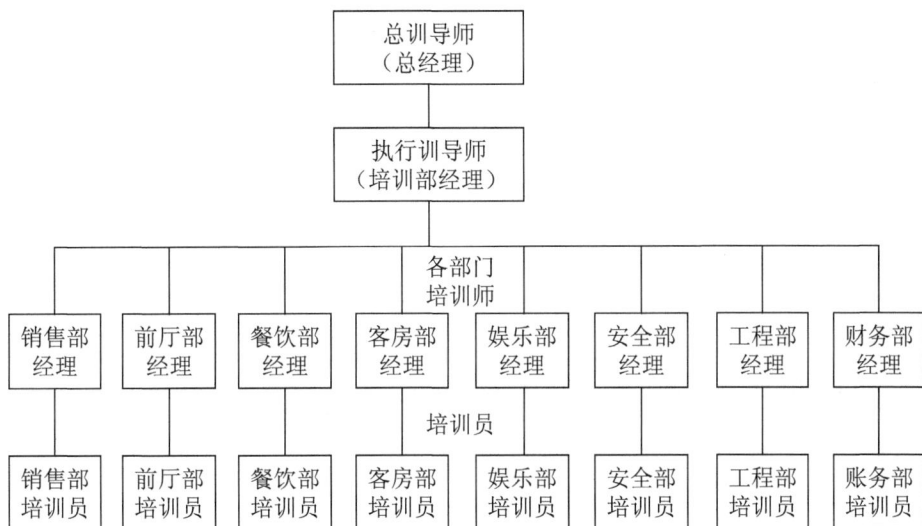

图 15-2　培训体系组织架构

总经理要给予酒店的培训工作足够的支持和帮助；培训部经理除了组织安排酒店公开课程外，还需要组织好部门培训师和培训员的课程统筹以及对培训师的培养和管理，同时还要对各部门的培训情况进行实际的监督、检查和指导；各部门培训师需要在一线收集培训需求并作为一线培训师承担起对本部门员工的培训工作，并为酒店提供相应的课程，充实课程库，为酒店的可持续发展打好基础。组织系统的建立主要是为了将培训有关的事情通过一个组织进行系统性串联。

基础系统指的是能够保证各项培训活动得以正常开始的基础资源。例如培训制度的建立和落实，各层级管理者和员工的课程体系的搭建，以及适合培训活动的培训教室、培训资源和其他各项基础资料等，如表 15-2 所示。

表15-2 基础系统

受训者	培训内容	培训渠道	培训类型	培训手段	培训方式	培训师资
员工	入职基础 SOP 服务理念 经营哲学 仪表仪容 礼貌礼仪 外语 消防安全 卫生知识 岗位技能 应知应会 推销技能 对客沟通 解决问题 团队合作	自培	在岗培训 业余培训	长期培训	讲授 模拟训练 一对一	培训主管 培训员
基层管理 人员	晋升 SOP编写 领导艺术 沟通技能 用工分配 TTT培训 时间管理 员工激励 团队建设	自培	业余培训 半脱产培训	项目培训	讲座研讨 模拟训练	培训经理 部门经理
中层管理 人员	轮岗 领导艺术 人力资源 财务知识 营销知识 劳资关系	外派、内请	半脱产培训	项目培训	研讨讲座 模拟练习	外请培训师 总经理
高层管理 人员	战略决策 政策经营 环境研究	外派	脱产培训	资讯报告	讲座 论坛 讨论	教授 专家

支持系统指的是酒店高层管理人员，尤其是总经理对培训的支持不应停留在口头表达，更应该有实际的行动，例如经费支持（合适的年度培训预算）、

人员支持（专人负责培训工作）和时间支持（不急于求成）等。

实施系统则是对整个培训实施流程的系统性安排。因为本书不是关于人力资源和培训的书籍，所以对此不做详细阐述。但需要说明的是，在实施系统里最核心的问题是，培训谁和培训什么的问题。

很多酒店做培训是想培训什么就培训什么、管理者擅长什么就培训什么，但事实上，培训内容的正确打开方式是：员工需要什么就培训什么！

而"员工需要什么"的答案并不是仅由员工自己提出，也不是发一张培训需求调研表要求员工填写得来的，而是要在分析酒店的战略、分析员工的工作岗位以及员工现有能力以后做出一个评判，而员工能力与岗位要求的差距刚好就是员工的培训需求。

所以，培训体系实施的第一步不是制定计划（很多计划是培训部经理坐在办公室里想出来的），而是进行需求分析。培训的需求分析如表15-3所示。

表15-3 培训的需求分析

阶段 层次	理论知识培训	岗位操作培训	横向交流培训	考核评估	备注
高层管理人员	企业经营战略、市场营销管理、预算管理、财务报表分析、领导艺术、人力资源管理、酒店运营与管理实务、服务质量管理、现代企业资本运营	在酒店集团安排下进行跟岗实习	根据条件到其他酒店进行实地考察培训	理论知识培训的考核评估由人力资源部组织实施；岗位培训由被评估人的直接上级和人力资源部共同进行评定	岗位评估可结合人力资源部的管理人员考评工作，对被评估人的理论成绩、专业水平、管理能力、个人素质、工作业绩进行综合测评
中层管理人员	管理基本原理、沟通与激励、解决问题、财务管理、培训能力、人力资源管理、部门运作与管理、时间管理、服务质量管理	在上一级管理人员指导下进行在岗培训	到本酒店相关部门和其他酒店对口部门进行考察或岗位培训	同上	同上；若岗位为横向变动，只需进行不同部门"部门运作与管理"的培训

阶段 层次	理论知识培训	岗位操作 培训	横向交流 培训	考核评估	备注
督导管理 人员	管理基础知识、督导管理技巧、培训技巧、管区工作流程和管理特点、管区服务规范和检查细则、岗位英语	同上	到部门相关管区进行考察或轮岗培训	同上	同上； 若岗位为横向变动，只需进行不同管区业务和岗位英语的培训
新员工	新员工入职培训指南所规定的内容、岗位操作程序和工作标准、礼貌外语、岗位外语	岗位实习，指派专人帮带培训	参观酒店，了解酒店全貌和各营业场所基本情况	部门和人力资源部对受训人员的理论成绩做评估	若岗位为横向变动，只需进行不同岗位的"岗位操作程序和工作标准"和岗位英语的培训

　　培训效果的评估也很重要，但由于教育本身的特殊性，即便有柯氏评估法帮助建立评估维度，但直接将培训效果与员工绩效和行为进行连接依然是一件较为困难的事情。所以，与其花很多时间和精力去考虑如何通过指标来衡量培训效果，以及培训到底为酒店收益带来了什么好处，不如单纯地相信教育本身的力量，相信只要做了培训，就一定会产生积极的影响。

　　以上是对酒店培训体系的简单介绍，需要指出的是，这里介绍的体系更重要的是一个系统化思考的概念，并不是所有的酒店都需要把所有的机构都搭建齐全，一些中小规模的酒店可以根据自己的实际情况进行调整，在"系统化"思维指引下对四大系统进行总结、整合和优化，形成自己的培训体系。

　　管理者建立体系思维后，一条无形的组织系统的线就贯穿其中了。管理者明白了实施的逻辑和思路后，再来争取总经理的支持，接下来就是持之以恒地去做。这并不是一件简单的事情，但可以肯定的是，只要坚持就会有效果。

第十六章

酒店服务好不好，谁说了算

酒店品质诊断模型

说起质检，管理者满腹苦水。因为缺乏人手，酒店的质检大多流于形式，很多酒店的质检变成了卫生检查和仪容仪表检查，最多就是对宾客投诉和服务问题做一个简要的记录和奖罚。那么，邀请外部咨询服务机构做的服务质量暗访呢？没错，暗访显然比酒店的自检更加科学和严谨，但由于暗访本身具备客观存在的偶然性，不仅接受检查的酒店对结果不服，也限制了对酒店综合服务质量的进一步探索。

服务不等于品质，服务表现是员工心态的一种表现，其与员工的技能密切相关，更与员工的心态和信念不可分割。因此，真正的酒店品质诊断不应只是就事论事地谈论发现了什么服务问题以及以后应该怎么做，更应该深挖现象背后的原因，并从多种维度开展对顾客满意度的综合调研和诊断分析。

为了更好地把握宾客评价的深层次原因，以及借此为宾客提供更有针对性的服务，和泰机构在经过大量思考和论证后提出了图16-1所示的酒店品质诊断模型。

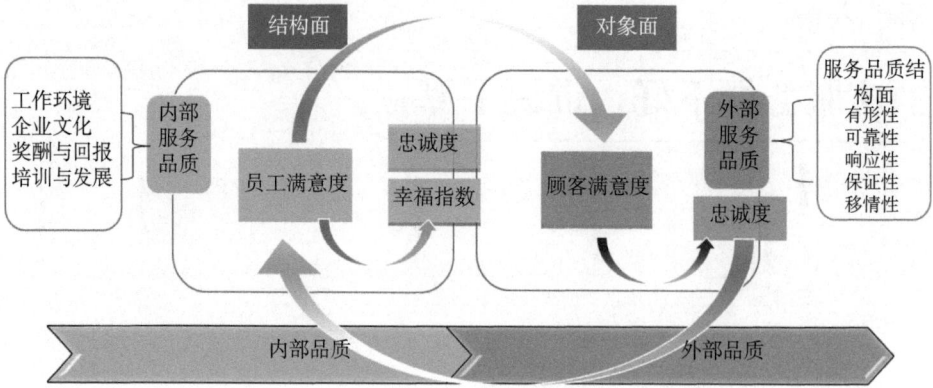

图 16-1 酒店品质诊断模型

从图 16-1 便可看出，品质诊断模型将酒店品质分为两个层面，一是外部品质，二是内部品质。在外部品质方面，品质分为顾客满意度和顾客忠诚度，这个概念曾经有所提及。满意度是宾客对各类产品的满意程度，而忠诚度则是指宾客是否选择再次消费以及向他人推荐。在内部品质方面，品质分为两个部分，即员工满意度和员工忠诚度，这样分类的原因和实践效果，将在下文进行说明。

品质诊断和传统服务质量检查完全不同，其优势如下。

（1）从对象上看，传统服务质量检查仅考察对客服务，并未涉及对员工的调查和研究；而品质诊断则既研究宾客，也研究员工，因为服务质量的呈现不仅与宾客需求相关，也与员工满意度及能动性息息相关。已有大量研究表明，顾客满意度与员工满意度呈正相关关系，笔者通过查阅大量相关文献印证了这一观点：一线员工的感受和体会很大程度决定了他们的对客服务意识和做法。因此在做品质诊断时，不仅要考虑酒店的外部服务品质，即来自宾客方面的意见和感受，也要考虑内部服务品质，即来自员工方面的意见和建议。

更有价值的是，深入了解员工的需求和想法以后，得到了很多很有意思的结论，这些结论也能对酒店管理者产生启发。例如，笔者对不同酒店集团的下属酒店（包含各不同档次酒店）的 5 000 多名员工的员工满意度进行了调查，结果如图 16-2 所示。

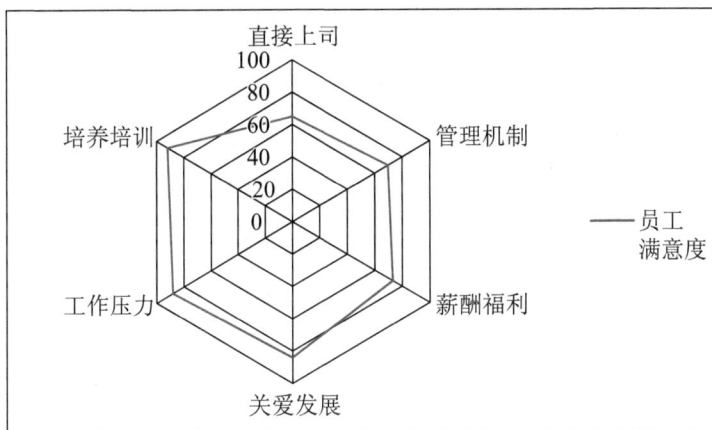

（数据来源：根据和泰智研管理咨询有限公司数据整理）

图 16-2 员工满意度调查结果

通过图 16-2 不难看出，在对 5 000 多名员工进行满意度调研的结果中，得分最低的不是很多人想象中的薪酬福利，而是"直接上司"，换句话说，员工的直接上司是影响他（她）满意的最重要的因素。

估计很多管理者会提出异议：难道不是薪酬吗？酒店行业的员工平均工资很低，也正因为如此，很多管理者才纷纷感慨：没有钱，哪能留得住好员工？

数据统计结果让管理者从另一个角度去思考：原来，管理者认为最重要的因素其实在员工眼里并不是最重要的，而员工认为最重要的却恰恰和管理者自己有关。

有这么一句话不知您是否听说过——员工因企业而来，因管理者而走。细想起来颇有道理。当初员工选择来酒店工作大抵是因为这家酒店的名声和口碑，员工选择离开时，酒店其实还是那个酒店，那让员工离开的当然是酒店里对他（她）影响最大的人。

再给大家看另一个统计数据，如图 16-3 所示。

图 16-3 是和泰智研管理咨询有限公司为某酒店集团做的品质诊断报告中关于员工满意度"管理团队"维度的统计结果。从上述结果可见，该集团的 Q21 和 Q22 满意度得分较低，抱怨指数较高，而 Q21 和 Q22 分别指代的问题如下。

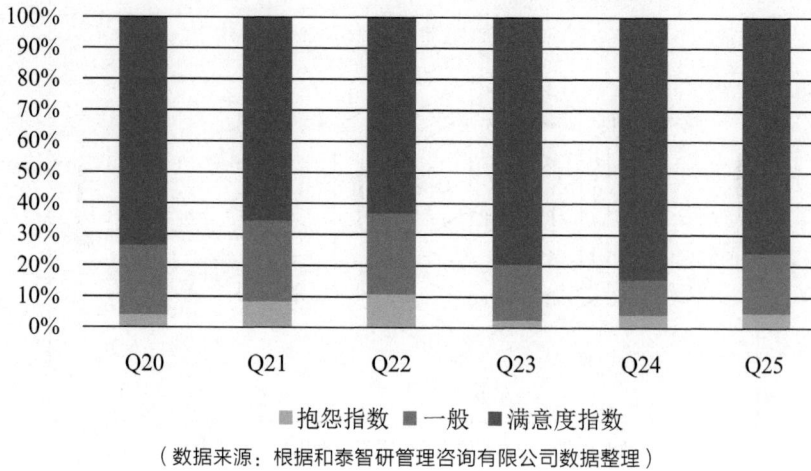

（数据来源：根据和泰智研管理咨询有限公司数据整理）

图 16-3　某酒店员工满意度"管理团队"维度的统计结果（一）

Q21：公司高管非常关心员工的想法。

Q22：员工有与公司高管沟通的渠道。

无独有偶，在同一份报告中，还有另一个统计结果，如图 16-4 所示。

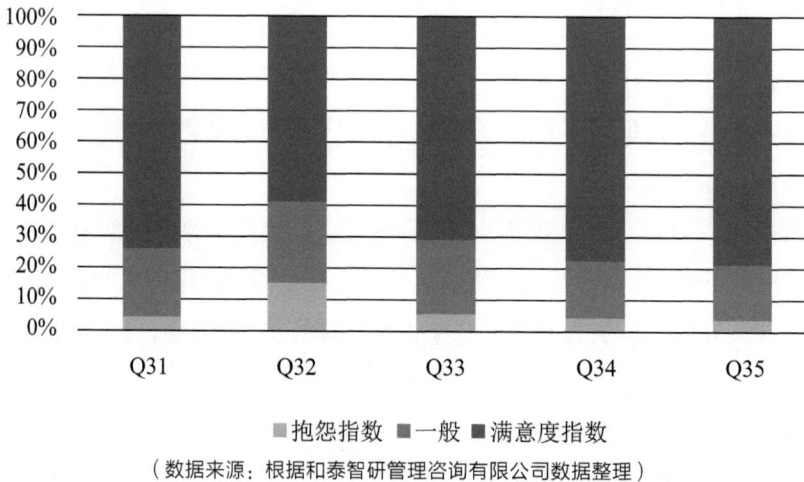

（数据来源：根据和泰智研管理咨询有限公司数据整理）

图 16-4　某酒店员工满意度"管理团队"维度的统计结果（二）

这里面满意度得分最低的 Q32 所指代的问题：过去三个月有人关注员工的进步。

不知道看到这些数据您是否会有一些不一样的感受。可以肯定的是，当笔者看到这些统计结果时，脑海里浮现的是多年前曾经读过的席慕蓉的一首诗《一棵开花的树》：当你走近，请你细听，那颤抖的叶是我等待的热情，而当你终于无视地走过，在你身后落了一地的，朋友啊，那不是花瓣，而是我凋零的心……

是的，人人心中都有一个天使，绝大多数员工工作的目的不是要"干最少的活儿，挣最多的钱"，而是"我的努力，领导能看得见"。

作为管理者，如果您总是用薪酬来衡量员工是否愿意留下，一方面忽略了管理者本身自省的需要，另一方面也对员工有了一定的负向影响。

需要说明的是，上述所有参与调研的员工，85% 都是领班以下的基层员工，15% 是领班和主管，没有涉及部门经理及以上的中高层管理者，上述统计结果代表的是基层员工的心声。

（2）从评估手段上看，传统酒店一般采用酒店自检明查和外请公司暗访的形式对本酒店服务质量进行检查。自检方式的弊端在于"不识庐山真面目，只缘身在此山中"。暗访也存在一定的问题，笔者曾经有过为多家集团或者酒店进行服务质量暗访的经历，而提交暗访报告以后，总是能够听到一些这样的酒店反馈：这次暗访太不巧了！专家检查时，恰恰是酒店最缺人的时候，提供服务的偏偏又是实习生，所以专家看到的情况是偶然情况！

如果您是经历过暗访的酒店管理者，估计对上述说法并不陌生。暗访员总是强调服务的连续性和稳定性，但一年一次或两次的暗访结果也的确存在着主观性和偶然性。

而品质诊断模型则增加了诊断维度，采用顾客满意度现场问卷调研、网络点评分析以及专家暗访检查 3 种方式对酒店顾客满意度进行多维度分析，通过员工满意度问卷调研和现场访谈两种方法来对员工满意度进行分析，以获得更为客观和准确的调研结果。品质诊断模型中的诊断维度如图 16-5 所示。

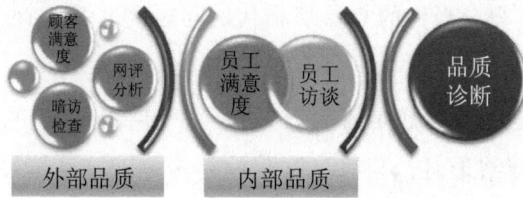

图 16-5　品质诊断模型中的诊断维度

对某酒店进行宾客现场意见收集后的统计结果如图 16-6 所示。

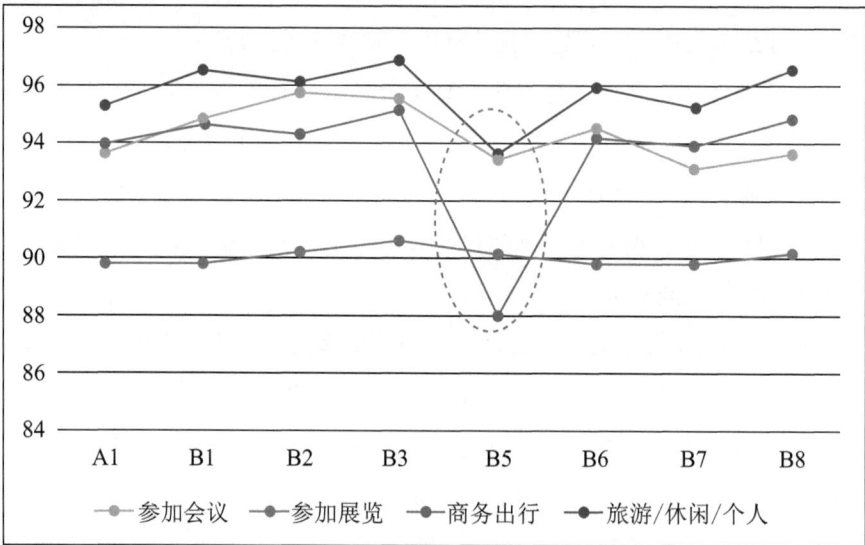

（数据来源：根据和泰智研管理咨询有限公司数据整理）

图 16-6　某酒店现场宾客意见

如图 16-6 所示，无论是参加会议的还是参加展览的宾客，又或者是商务出行和旅游休闲的宾客，他们都对该酒店的某一个部分的评价最低，也就是图 16-6 中的"B5"，而该项的问题是：员工办理入住手续的效率。也就是说，尽管宾客的身份不同，但大家都对该酒店的工作效率不满意。

可以想象的是，把这张表格拿给前厅部经理和员工看的时候，他（她）的心里应该不会再出现"只有一个暗访员，得出的结论大抵是偶然的"的想法了吧？或者换句话说，这样的统计是否能够更加准确地体现酒店的问题呢？

从结果上看，一方面，因为测量维度更全面和更科学，得到的结果也会有更大的参考价值。同时，如果连续将酒店的服务质量数据进行统计归纳，将会帮助酒店获得更有价值的结果。

某酒店 2015 年、2017 年的顾客满意度情况如图 16-7、图 16-8 所示。

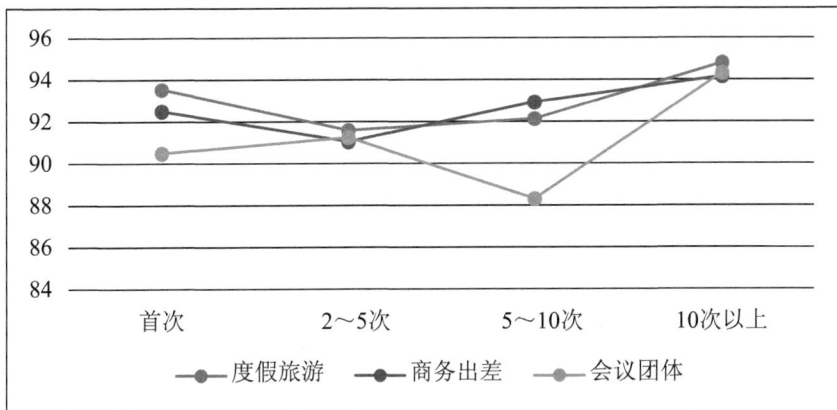

（数据来源：根据和泰智研管理咨询有限公司数据整理）

图 16-7　某酒店 2015 年顾客满意度情况

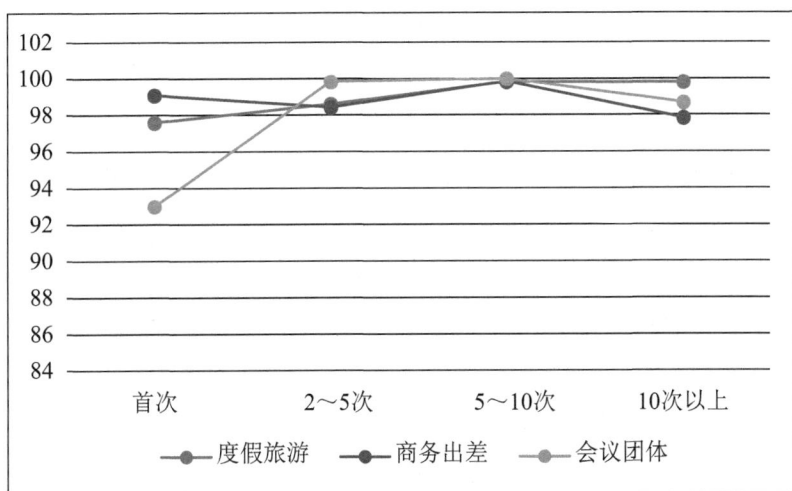

（数据来源：根据和泰智研管理咨询有限公司数据整理）

图 16-8　该酒店 2017 年顾客满意度情况

从上述同一家酒店的不同年份的两张顾客满意度图中不难看出，该酒店通过两年的努力，在会议团体宾客接待方面取得了很大的进步，这样的结果会让为此付出努力的所有员工感到欣慰。

除此以外，一些统计结果也会让酒店高管进行其他反思，如图16-9所示。

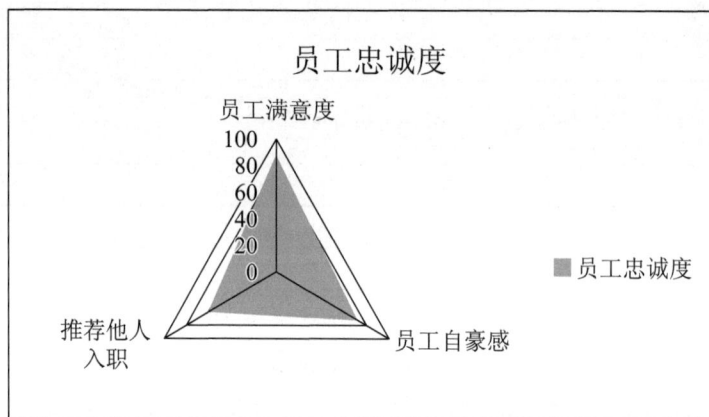

图 16-9　某酒店的员工忠诚度统计结果

图 16-9 是某酒店的员工忠诚度统计结果。读者通过图 16-9 可以很清晰地看到，员工满意度得分很高，几乎达到了 90 分的高分，但这并不意味着员工是忠诚的。因为与询问员工对某项举措是否满意相比，更能体现员工感受的还有"是否为成为该酒店的一员而感到自豪"以及"是否愿意推荐亲朋好友入职酒店"这两个问题。而图 16-9 表明，员工对酒店的忠诚度或认可度或许远没有管理者想象的那么高。

以上数据仅是用酒店品质诊断模型对酒店数据进行分析得到的，以供读者了解，酒店可用更为严谨和科学的方法去判断酒店在服务方面存在的问题。还有一些对于网络点评的分析因为在前文中有所提及，此处便不再赘述，但也可将网络点评的文字数字化，用数据来体现结果，以对酒店服务品质有更为直观的了解。

当然，酒店品质诊断模型是手段不是结果，酒店还需要根据诊断结果对酒店管理的难点、痛点进行梳理，建立与酒店服务管理现状相匹配的服务质量管理体系，以实现治标又治本的目的。

基于品质诊断结果的奖惩机制

有了很具说服力的数据，再来讨论如何将数据分析结果与员工绩效挂钩。有了数据做支撑，开展奖惩就变得轻松很多。具体来说，基于服务品质的奖惩机制应从以下几个方面来考虑和实施。

目标。让酒店全员重视服务，并将服务水平与绩效科学对接。

原则。物质激励与精神激励结合，正激励与负激励并施。

实施。

（1）组织。建立以"客户服务"为中心的虚拟组织（可由总经办、人力资源部、培训部等部门兼任），由该组织负责建立和实施全酒店的服务质量和水平的考核标准。

（2）内容。根据本酒店的实际情况，制定适合本酒店的服务标准。该标准应以宾客体验为核心，站在宾客视角建立标准，每个标准应有是什么、为什么、怎么做的具体内容，便于员工实际操作。

（3）形式。考核形式可以采用自查或第三方检查两种形式。无论是采用哪种形式，均可参考本章第一节酒店品质诊断模型的内容，通过不同维度对酒店的内外部服务质量进行测试。

（4）评估。根据酒店的实际运营情况，对不同检查内容给予不同的分值。例如来自宾客点评的意见的分值最高，来自酒店和部门自查的结果可酌情减少分值，最终得到更加准确和公平的品质得分结果。

（5）奖惩。对于综合得分优秀的部门和员工要予以奖励，奖励分为物质和精神两类。物质奖励与薪资或奖金直接挂钩；精神奖励可以以升职、总经理颁奖等多种方式和渠道进行。具体方法如下。

① 物质奖励。

采用积分制的方式对员工的服务行为进行打分，可以将不同渠道反馈的员工服务行为赋予不同的分值。例如，将得到宾客直接好评的行为、管理者发现的员工服务行为以及员工自己介绍的行为等赋予不同的分值，员工达到一定分值后可获得一定的物质奖励。

对于服务优秀的员工可以给予一定晋升，让其享受比一般员工更高的待遇，当然也需要对其进行持续的跟踪和管理。

对服务表现优异的员工可以给予其更多旅游和外出培训的机会，让他们获得更多开拓视野的机会，感受到酒店对他们的重视。

② 精神奖励。

评优选先，鼓励先进。具体做法有开展服务大使、服务标兵等专项评选活动，获奖者由总经理在员工大会上表彰、颁奖。

金点子收纳。采集最受宾客欢迎的服务举措并将其纳入酒店服务金点子库，将个人项目转变成集体项目。对于采纳的金点子，除了给予贡献该金点子的员工一定的物质奖励外，还可以用员工的名字为这些有创意的金点子命名。例如某位员工发明了帮宾客收纳物品的收纳袋，可以叫"某某收纳袋"等，对员工的创新意识给予精神激励。

通过公开宣传的形式，例如微信公众号分享、专业文章发表、感动故事大会分享等，将员工的优秀服务行为进行归纳总结和宣传推广，让优秀员工成为每个员工心中的"大明星"。

（6）管理。梳理相关服务的 SOP，加大员工培训力度，用案例分享、师傅传帮带等多种手段和教育形式将点状的个性服务系统化，以实现酒店服务系统的有序运作。

以上这些做法并不罕见，很多酒店已经进行了尝试，并取得了很好的效果，这里不再赘述。其实重点不是有什么具体的奖惩和管理条例，而是所有办法和条例在关注什么、引导什么，只要保证引导的方向是对的，行动就会起作用。

写给最爱的人

第十七章
宾客、员工与管理者

写给酒店宾客——安琪

在酒店一线工作数年，最令我难忘的是宾客送的各式各样的礼物。

有一些礼物，特别适合在某个阳光灿烂的午后，把它们小心地取出，逐一把玩。指尖触及处，处处皆回忆，清晰而美好。

泰国的彩釉碗，是长住宾客 Nancy 去东南亚旅游后带来的礼物；蓝色的世界杯棒球帽，是美国宾客 Gary 在赴德国观看世界杯后带回的纪念品；水晶的跳舞小人，是遥远的冰岛宾客 Patrick 的心意；而这一条崭新如初的 18K 黄金镶碎钻项链，是满头银发的澳籍华人夫妇浓浓的情意。

我至今记得那一年的春节，半年没见的老夫妇刚到酒店就把我叫到房间，问候的话还没说完，陈太太就从行李箱往外掏礼物。"小赵啊，虽然好久没来，可我一直记挂着你呢，你瞧，这是给你准备的圣诞礼物，这是元旦的，这是春节的……"澳洲绵羊油、香薰蜡烛、蝴蝶胸针，瞬间，我的双手就已被堆满，一声谢字还未出口，老人又捧出了一个精美的盒子。我打开一看，一条雅致美丽的项链躺在金色的绒布上泛着柔和的光。"不不不，这太贵重了，我坚决不能收！"我赶紧推辞，老人笑着摆了摆手，拉我坐在床边。"孩子，这份礼物不是宾客送的，而是长辈送的。半年前我们来酒店时，听别人讲了你要结婚的消息，正好我们的小女儿也婚期将近，所以为女儿挑选礼物时也为你——我们的中国女儿买了一份一样的礼物。几年来，你对我们的照顾让我们倍感亲切，请你接受这份来自长辈的馈赠！"这番话语在十几年后的今天依然清晰的原因是当时心头的那份感动。回首与老夫妇相处的点滴，自问并没有刻意为他们做太多。老人花白的头发让我想起远在千里之外的父母，所以在他们每次来店时，我多给了几句关怀和问候，在他们需要外出办事时为他们跑了跑腿，而这一些小小的举动却能赢得这份浓浓的关爱。年轻的我第一次明白，人与人之间的相处贵在真诚，真心待人，必有人真心待你。老夫妇用他们的实际行动为我送了一份厚礼，而这份厚礼将伴我终生。

也有一种"礼物"，初见不太愉快，回首却收获满满。大堂经理的工作让我面对了无数的美好，却也遭遇了很多的无奈。每一次接到投诉，不管心里是多么惧怕，却还得硬着头皮冲向"战场"。与宾客从"不打不相识"到宾客变成常客，这样的结局让人满心欢喜，这样的记忆也同样弥足珍贵，因为它让我褪去青涩，迈向成熟。这难道不是一种收获？

记忆中最深刻的教训是发生在半夜的一桩投诉。一位宾客因被隔壁房间看球的宾客吵得不能休息而致电前台抱怨良久并要求换房，接听电话的年轻的我想着赶紧给宾客换好房间让其休息而在不经意间先于宾客挂断了电话。我以为宾客说完了，其实并没有。于是当我急匆匆地把换好的房间钥匙送给宾客时却发现房间是空的，宾客此时已经拎着箱子站在酒店大堂破口大骂，理由是，大堂经理居然挂断了他的电话。最初的委屈和愤怒过后，我终于明白了自己的过错——永远不要用自己的想法去推断别人的想法，一定要站在对方的角度去想他最需要什么。我以为宾客要的是早点休息，可实际上他要的是发泄情绪。我明白了这一点，再去处理任何问题和投诉，立马变得得心应手，游刃有余。当然，再接到电话，不听到耳边传来滴滴的忙音绝不放下听筒也早就变成一种习惯。回首往事，我由衷地感谢那位宾客，因为凡事都先想对方需要的思维，是他送我的厚礼，而这份礼物，早已不仅用于工作，更让我的人生变得饱满与宽广。

还有一份特殊的礼物，很难用语言形容。Mary 是随丈夫来中国的居家太太，性情温柔和善，从没见她发脾气。当时酒店有一位外籍员工 A，因为酒店的外国宾客很多，A 的语言优势就凸显出来了，所以与外宾相处甚欢的她令酒店格外重视。可这份重视同时也滋长了她的某种负面情绪，她常常借着宾客的名义对其他员工颐指气使、吆五喝六。记得那是一个安静的午后，当 A 再一次为了某件小事对前厅员工破口大骂时，正好下楼办事的 Mary 看到这一幕，一向安静温和的她瞬间变得像一头发怒的狮子，她愤怒地对 A 说："请你向他们道歉，不然，我将与你绝交！"刚好赶来上班的我目睹了这一切，娇小的 Mary 瞬间变得高大。善良却必须坚持原则，是我对此事的总结，这也变成了日后自己践行的原则。

还有一位可爱的 David，这位乐呵呵的美国老头是我们很多员工的好朋友，关于他的故事不少都已被我编成了案例在讲台上与大家分享。可是，他给我们的却不止这些。10 年前，他离开中国，5 年前，他被查出身患癌症。听到这个消息时，我很痛心，想给他发邮件安慰他，却又不知如何开口。正在犹豫间反而先收到了他的邮件，战战兢兢打开邮件，我以为会看到他对人生的嗟叹，结果却看到一部励志"大片"——老先生无比轻松地告诉老朋友们，他很好，只可惜最近不能旅游了，因为得陪身体里的一个"新朋友"住一段时间，等他送走了那位朋友，再去环球旅行。于是，每隔两个月，他的邮件便会如期而至，手术成功了，复查没有发现癌细胞，再复查，癌细胞依然没出现，去泰国旅游了，抱孙子了，孙女结婚了……我每次看他的邮件，都似乎能看到他炯炯有神的眼睛和兴高采烈的样子，这哪里是一个癌症病人呢？从最初对这份从容感到震惊和不理解，到今天的接受与感动，自己的心态也在悄然发生改变。原来，人生的长度不能由自己决定，而宽度却是完全可以由自己掌控的；原来，心态真的能改变你我的一生。

何其有幸，在人生途中能遇上这一群能够一起走上一段的人，他们的鼓励给了我力量，他们的批评让我警醒，而他们自身性格折射出的光辉又为在前进路上踽踽而行的我提供了指引。事实上，他们存在的本身，就是我生命中的礼物。

这群人，我把他叫作宾客。当然，他们还有另一个名字，那就是——安琪（Angel）。

写给酒店员工（一）：我们为什么要做酒店人

我们为什么要做酒店人？写下这个题目，我心中万千感慨。所有酒店人一起见证了行业的兴衰，携手共度了酒店行业的涨与落。时至今日，美好有之，欢乐有之，遗憾有之，纠结亦有之。当一种名叫"骄傲"的东西慢慢从我们的身体里被剥离出来时，当面对麻烦我们不得不发出一声又一声叹息时，当亲朋好友来咨询将来是否可让孩子从事酒店行业我们欲言又止时……是否有一个声音在心中回荡：难道，选择酒店行业，真的是选错了吗？难道酒店，真的没有给我们留下些什么？

我第一次正面回答这个问题是在某高校酒店管理学院的课堂上。开场时我问这些酒店管理专业的学子们将来会从事酒店业的有多少，只有寥寥可数的学生举了手。当我下意识地问他们"为什么选择学酒店管理却不打算做酒店人"时，有个学生站起来问我："老师，您能给我一个做酒店人的理由吗？"就在那一刹那，我突然百感交集，数十年的经历和感悟在心中碰撞，而在这瞬间，却有一种久违的豪情在慢慢升腾。于是，下面这段话，便不假思索地倾泻而出。

我给你的理由，不止一个。

做酒店人让我们不会老去。

我在很多场合与很多同行相聚，虽然已经下意识地把对方的年龄往年轻了猜，可结果还是经常会让人大跌眼镜。"怎么可能？这么年轻孩子就大学毕业了？""天哪，您是怎么保养的？"——这真的不是恭维，酒店人的年轻和朝气仿佛非常常见。由于职业关系，我们不得不非常重视自己的仪容仪表。开始是人事部管着，慢慢地，就成了习惯。每天照镜子是必须的，无淡妆，不上岗；身材也要保持，不然，哪怕只涨了一厘米的腰围，裁剪合身的工服也得提出"抗议"；挺胸抬头更是必须的，穿上西装，往大堂一站，没有气场怎么行；笑容也是必须的，迎来送往的礼节早已变成无法改变的习惯。所以，当日复一日的训练最终带给我们更加挺拔的身躯和衰老缓慢的容颜，当我们看到别人知道我们年龄时诧异的脸，别忘了，这是职业给我们的馈赠。

做酒店人让我们不会认输。

都说在酒店工作的人，女人像男人，男人像超人——这句包含着心酸和泪水的话除了让身为酒店人的您感同身受外，您是否还能从中读出更多其他的东西？酒店人的辛苦众所周知，这亦是很多人想要放弃成为酒店人的根本原因。

但换个角度想，也正是这份辛苦给我们带来了意想不到的收获，例如泪水过后的坚毅，挫折之后的勇敢，当我们从日出到日落能够打扫出 14 个房间；当我们从早到晚站了一天依然笑容可掬；当我们下班回家发现鲜血浸湿袜子而丝毫不觉得疼；当我们能够一再突破自己的承受底线，发现自己又比昨天进步了一点……展望未来时，您有没有想过，这世上仿佛已经再没有什么困难能把我们吓倒。所有的荆棘与苦难，在经历了体力和精力的极限挑战以后，已然渺小得如沙似尘。记得自己最初在酒店工作的那两年里，从原本喜欢藏在别人后面变成每天主动面带笑容对每一个走到我面前的人微笑着打招呼；从没有给自己的人生做过任何决定到经常要深更半夜独自处理醉酒宾客的无理取闹。我便在这无法预知的考验中悄然成长。人生是公平的，付出更多的汗水，也同样会获得额外的财富。对酒店人而言，这份财富，显然就是坚韧的毅力和无畏的精神，而它们必将让我们受益终身。

做酒店人让我们的人生更精彩。

都说人生是一场旅行，而生命的质量高低就取决于旅程的经历是否丰富多彩。如此，酒店无疑为我们铸就精彩人生提供了一个无可比拟的华美舞台。各地的美食、美酒，名人轶事，难得一见的奇珍异宝，精彩纷呈的趣事要闻……这些对酒店人来讲稀松平常的东西其实对很多人来讲是不寻常的。因为职业，我们能够比别人有更多的机会和条件去感受那些豪华、独具特色、有品位的房间，去品味那些好吃、健康、让人回味的佳肴……而当我们在朋友们艳羡的目光中一次又一次地游走于各色山水灯影之间时，请不要忘记，是我们投身的行业让我们有了更加丰富而有质感的人生。

做酒店人让我们更受欢迎。

有空时，问问朋友自己是否是朋友圈内最受欢迎的那一个？估计结果会让您自己都有点喜出望外。这个答案，我十分笃定，因为我深深地了解到酒店人的思维共性。我们所从事的职业已经让我们形成了一种做任何事情都先考虑别人的想法和利益的习惯。这样的人，想不受欢迎都难。所以，当很多朋友告诉我其他行业的高管寻觅助理时总喜欢用曾经在酒店工作过的人时我并不诧异，只是有那么一点小小的自豪而已。

记得我讲完这段话后，课后有好几个学生过来告诉我，他们将会坚定成为酒店人的信念。我一边欣慰，一边忐忑，欣慰的是或许能为行业留住几名未来的精英，忐忑的是但愿我没有误人子弟。

酒店行业，历来由于其向他人提供服务的本质和准入门槛低的特点在很多人眼里并不能登大雅之堂。即便是身边很亲近的朋友，偶尔也会冒出几句类似"你怎么会进入这个行业"的话。尤其是近年来的政策变化和市场危机，让很多同行们丢了信心，失了精神。我写下这段文字，不是自欺欺人，也不是夜郎自大，只是想告诉亲爱的同行和未来想与我们成为同行的人，其实，这个行业虽然没有那么好，但也不至于那么糟。

突然就想起了一句话——没有不成功的行业，只有不成功的企业。在任何行业，有所付出，便必然有所收获。所以，尽管是误打误撞地成为了酒店人，我却没有一天后悔过当初的选择。而且，我已准备好，要做一辈子的酒店人。

那么，您呢？

写给酒店员工（二）：我们要做什么样的酒店人

我非常感谢我的职业，能让我在这几年里，了解大量行业前端发展的信息，接触众多在前所未有的变化大潮中或苦苦挣扎或砥砺前行的同行们。这几年我看到了同行们在面对突如其来的变化时不同的认知和做法，这引发了我基于职业而不得不进行的各种思考。

其实，被铺天盖地的新闻和争论裹挟的酒店人，尤其是已经把半生岁月奉献给行业的酒店人，面对自己和自己所投身的这个行业，认知愈发模糊。因为不知从何时开始，人们曾经非常引以为豪的经验在面对现实时竟然变得毫无用武之地。强大的无力感让每个酒店人不得不向自己提出这样的问题：真的要彻底改变了吗？我们到底应该怎么办？怎么提升业绩？怎么降低成本？怎么战胜对手？怎么赢得口碑？而最重要的是，面对这不再熟悉的世界，我们应该做一个什么样的酒店人？

我们应该做一个什么样的酒店人？这个问题，我也在心里无数次地问过自己。这两年来，我见到了很多非常优秀的酒店经理人，他们的思维具有前瞻性，他们的行动迅速，无论是战略理念和落地行动都交出了一份令人惊喜的答卷，也为行业注入了许多正能量，我发自内心地敬重他们。但对于绝大多数酒店管理者甚至是员工来说，这个问题仿佛还是问题，甚至很多人可能都没有认真地想过这个问题。因为，经营业绩是领导的事，处理变化也是领导的事，员工只管每天做好份内工作就好……我作为传统酒店人，也曾在迷雾中辨不清方向，茫然之余苦苦思索，略有所得，愿为同行提供一些想法，以期抛砖引玉。

一、我们要做"不糊涂"的酒店人

我们到底身处一个什么样的世界？我们的周围到底在发生着怎样的变化？而这样的变化是否与我们的生活、工作存在联系？这样的问题，亲爱的酒店人们，你们想过吗？前央视主持人张泉灵曾在她的离职信里这样写道："我开始有一种恐惧。世界正在翻页，而如果我不够好奇和好学，便会被压在过去的那一页里，似乎看见的还是那样的天和地，那些字。而真的世界与你无关！"我看到这段话时，突然有流泪的冲动。我与张同龄，感悟竟然也是如出一辙。就在不远的过去，我也和大多数酒店人一样，觉得酒店就应该是一个永远华丽优雅的场所，面积要大，装修要好，灯光要有艺术，员工要规范，应该按照 SOP 一丝不苟地进行所有的工作，所有的部门都有一套自己的完整的工作程序。所以，订房平台的争斗是与我无关的，因为我们根本不在一条线上。天天被炒得火热的互联网和大数据与我是无关的，因为我们只需要会用酒店的 PMS（Performance Management System，绩效管理系统），偶尔听说的那些养老产业涉足酒店以及 Airbnb（AirBed and Breakfast，爱彼迎）等现象都离我很远。

然而，那些我们以为"与我无关"的事情真的与我们无关吗？当我们兴高采烈地欣赏完别人的争斗突然发现"两匹狼打架，受伤的却是羊"这句话原来是在描述自己；当互联网基于渠道端、数据端、支付端和信用端而建立的酒店王国已经活生生地摆在我们眼前，当我们还在为各种理由导致业绩下降而长吁短叹时，却突然发现，离我们的酒店不到 5 000 米的一个我们从未听说过名字的酒店的平均房价是我们酒店的 3 倍，而即便如此人家的房间还得提前一周预订，我们有没有反思，到底是宾客少了，还是宾客跑了？

所以，当您准备评价一件事物是好还是不好，当您准备做出决定是迎接还是逃避之前，请先尝试去了解它，好吗？

二、我们要做"莫叹气"的酒店人

上文所写的内容，可能多少会对亲爱的同行们有一些打击，说了半天，难道就是想告诉我们高星级酒店风光不再、传统酒店人已无用武之地的事实？说出上面的话，只是为了让大家更清醒地看到我们所处的世界。因为只有这样，才能让我们客观冷静地分析行业现状，分析自己的情况，才能让我们从混沌的信息中提炼出对自己有价值的东西。

"这是一个最坏的世界，也是一个最好的世界。"这句大家并不陌生的话是否能够给您一些启示？个人以为，关于自己与行业的发展，前景虽然没有曾经以为的那么乐观，却也远远没有今天所看到的那么悲观。

一是从社会发展角度来讲，移动互联网的确已颠覆了人们的生活，但无论是"互联网+"还是"+互联网"其实都在清晰无比地表明这个新时代的本质——光有互联网是远远不够的，不管加什么，它必须得"加"！互联网再强大，也只是一种工具，它强调的只是一种思维模式的改变，而再准确的信息如果缺乏线下行为的支撑也只是一堆无用的数据。当您了解了这些，就会明白为什么阿里巴巴要用 283 亿元入股苏宁，李彦宏为什么要表明"将要打造一个闭环的生态系统"，这个新阶段，被他们称为"索引真实世界"。

二是从行业发展角度看，酒店行业是一个需要利用面对面交流来增强体验感的行业。再优秀的工作流程精细化和科学化程度，都不能取代面对面的服务，隔着听筒或者屏幕的传递效果也不如我们面对宾客时展露的一个甜美微笑，递上的一杯充满关怀的白开水的效果。所以，酒店人，请不要叹气，因为我们有一万个理由相信，酒店业不是一个会彻底消失的行业；同时我们也有一万零一个理由坚信，无论世界怎么变，能留下的一定是最好的，关键是要看你是留还是走。

三、我们要做"勤思考"的酒店人

因为工作原因，我接触了许多非酒店业但又或多或少与这个行业打过交道的朋友。在与他们交流对传统酒店人的看法时，我经常听到的评价是"保守""固执""经验主义""不爱思考和学习"这些词。通常碰到这种情况，我一般都会红着脸代表传统酒店人先感谢对方的意见，同时也会做一些辩解："您说得对，我们的确很少有时间去思考和学习，但这主要是因为我们太忙了，酒店的工作太多、太繁杂，每天应付工作都身心俱疲，哪里还有思考和学习的时间？"虽然离开酒店一线工作已经很久了，虽然这句话我越说声音越小，但我知道，我说的是很多酒店人的心里话。我们不是天生不爱思考和学习，真的是工作太忙了、事情太多了，没精力再思考了……

亚里士多德说过："人生最终的价值在于觉醒和思考，而不只在于生存。"是的，只有爱思考的人才会有思想，而只有有思想的人，才能对人生做出清晰而准确的规划，才能对工作进行有效的总结和提升，也是我们酒店人应该追求的目标。

其实，学习和思考，都不会占用太多时间，我们需要的只是思维方式的转变。看到一个有明显牙印痕迹的牙刷包装袋，在不会思考的人眼里这只是个垃圾，而在会思考的人眼里这是一个信号，是一个可能是由于牙刷包装袋太结实导致宾客无法用手打开的信号，也是一个提升宾客体验感和酒店口碑的机会。你说，这样的思考，费时间吗？

可以随时随地思考，关键是您有没有这样的习惯，以及您愿不愿意去养成这样的习惯。

四、我们要做"有准备"的酒店人

我认识很多值得敬重的老酒店人。敬重他们是因为他们那份勤恳和专注，那种现在很多年轻人所无法理解的不求回报和乐于付出的品质，可这种敬重有时候又会转化成一种不知名的心疼。

我曾经在课堂上讲过这样一个例子：一个在酒店工作了 20 年的客房部经理

与她的大学同学聚会，大家在点菜时她的同学建议："应该让某某（就是这位客房部经理）点，她在酒店工作 20 年，绝对是专家，今天的科学配餐和红酒就交给她吧。"她是我的一名学员，下面是她的原话："赵老师，您知道吗？当那份菜单在我面前摊开，我简直想找个地缝钻进去。说是在酒店工作了 20 年，其实就是在客房工作了 20 年，每天看到的就是那些从脏到干净的房间，每天关注的就是那数不尽的报表，什么科学配餐，什么红酒，我是真的一概不知。"听完她的话，我的心情特别沉重。这是一群已经把酒店当作家并且打定主意要把所有的爱付诸于此的可亲可敬的酒店人，可是，他们却忘记了准备好自己。

哦，忘记说了，她也与我同龄。

这是一个以"变化是永恒的不变"为主题的时代，这也是大浪淘沙后去尘留金的时代。我们永远都不知道明天会发生什么。刘欢的"从头再来"唱得荡气回肠，可那背后却藏着一个又一个令人动容的故事。这些故事有的轻快，有的却沉重，而两者之间却只差了两个字——准备。

其实，我只是想要告诉大家，商海沉浮，滔天巨浪不知何时来袭，不想被淹没，就请提前准备好用知识和能力织就的救生衣。

我前天晚上为处理一些文件，走进公司所在地北京某酒店的大堂，在大堂我不由自主地挺直了胸膛，看见迎面走来一位外宾，也下意识地点头问好，等走到电梯前再次不自觉地为同在等电梯的宾客按好电梯并请他先进且收获一个灿烂的微笑时，我自己也哑然失笑。是啊，早已脱下了工装，却仍在不经意的举手投足间折射出酒店人的影子。所以，文章的最后，请让我写一个让人温暖一点的结束语吧。这个行业曾经带给我的，直到今天依然是我的财富，并且，它们已融入我的血液，与我的生命同在。

写给酒店管理者——您给的，远比您知道的多

异常庆幸，在我初入职场时，便遇上了几位优秀上司，今天想来，依然觉得受益匪浅又无比幸福。

实习结束后，我的直接上司便是我在课堂上频频提及的大名鼎鼎的赖先生。这位帅气英俊的小伙子，是世界饭店金钥匙组织中国区第 27 名成员，也是解决了无数难题、缔造了无数服务神话的传奇人物。为荷兰宾客定制 60 码的鞋，应宾客要求准备 100 只五颜六色破壳而出的小雏鸡作为复活节礼物，帮宾客寻找随手拍下电视剧里出现的孔雀毛屏风，动用海陆空 3 种交通工具将挑剔难缠的宾客感动得泪如雨下……这位为我的案例教学贡献了大量生动精彩实例的我的首任上司，在与其共事的短短 3 年里，他教会我的，可能比他自己想象的多得多。

那时候，我最怕与他一起当班。因为，跟他在一起，我会觉得自己好笨。他永远都比我先看到我们自己服务的不足，他永远都会比我先发现宾客的需求。没错，就在我们一起站在大堂当值时，突然间他已几个箭步走到 10 米外，回来时手上便多了一个在哪个角落里发现的纸团；再不然，就是我上一分钟还在跟他说着工作，下一分钟，他已笑语盈盈地把双手递给了我身后的某位宾客，聊起了某个让宾客感兴趣的话题。而发生这一切时，我尚在懵懂中，常常被这突然的变化弄得不知所措，不知道他的一双眼睛是怎么能够同时关注那么多人和事的。也正因为有如此的压力，我每天上班战战兢兢、如履薄冰，总怕这双火眼金睛突然就出现在我的身后。我从来没有挨过他的批评，但这无形的压力却跟随着我。要眼观六路，要耳听八方，要看懂每个宾客的每个眼神，要随时准备着出动，要懂得服务工作没有最好只有更好，要明白再挑剔的宾客也会被我的真诚打动。只要有百分之一的希望，便要付出百分之百的努力去争取。所以，入职 3 个月后，当我不小心看到他的年度总结里写的"新来的大学生 Susan 素质优秀且上进努力，经过 3 个月的培养，她已经具备一名优秀大堂经理的能力"这句话时，我清晰地听到了自己的心跳声，能够获得他的认可，对当时的我已是莫大的荣耀。虽然我在大学学的也是酒店管理专业，但始终觉得，对于这一行业的专业启蒙教育，是从这里开的拔，起的锚。身边有一位这样敬业、专业的上司，我想不迅速成长都很难。所以，当多年以后听说他后来跳槽去的另外一家酒店里有 26 位长住宾客联名致信给他的总经理请求为他加薪升职时，我一点都没觉得奇怪。他就是这样一位能搞定所有宾客的奇才，而我，就这么稀里糊涂地被他带领着入了行，直至今日，与这个行业血肉相连，无法割舍。

　　我与赖先生共同的上司便是当时的前厅部经理刘先生，当然他现在早已成为某酒店集团下属酒店里最优秀的总经理。对于这位上司，其实很难用语言来形容他对我的影响，只能说，自己后来所有的员工管理理念，以及在课堂上对管理内涵的诠释，都来自他。如果说赖先生教会我的是专业能力，那么刘先生则是用他的实际行动为我展示了一名优秀管理者的管理技巧和水平。

　　我从来没有想过上班第一天就去部门经理家里吃火锅，这是他为了欢迎我们3个第一天上班的大学生专门准备的。下班后，我坐上一位礼宾员同事的摩托，来到了一个充满温暖的房子里。我与前厅部的其他10来位同事一起，就着8月炎热湿润的空气，看着部门经理美丽大方却很少下厨的太太为我们亲手串好大虾，吃着火锅聊着天，如此成就了一段难忘的美好记忆。

　　让我感触最深的还是刘先生的鼓励。我第一次被投诉，是因为酒店的某个政策不符合某位宾客的需求，而告知宾客这个政策的是正好当班的我。无论再委婉的语言也无法遏制宾客的暴怒，这是我在入职几个月后面临的最严重的危机。不管是不是自己的责任，被投诉就必须承担责罚这一理念在当时的酒店是不二的铁律，但是就在我下定决心等待一切惩罚时，等来的却是升职的消息。长久的惊讶以后，我听说本来是要给我处罚的，但当时正在休年假的刘先生听说以后专门致电酒店，力陈此事非我之责，酒店不应墨守成规打击一名优秀的员工。被宾客指着鼻子破口大骂都没有流泪的我，听到这个消息却哭得稀里哗啦。从此我心里认定，不用尽全力，便愧对此人。

　　工作4年以后，日子开始变得不咸不淡，我仿佛该会的都会了，再向上看，又觉得有点遥不可及。酒店周边新开了不少酒店，橄榄枝多少也伸过来一些，虽然我并没打算跳槽，但心里的躁动还是有的。年轻人的心事大约会写在脸上吧，不知是否这份浮躁已全部落进刘先生的眼里，再与我聊天时，他什么都没说，只是告诉我："部门又要来几位新人，你要帮我好好带他们。"我自嘲哪有这水平时，他笑着但是非常认真地对我说："如果新来的每个人，都能像你一样，我就算睡着了也会笑醒的。"就这一句话，让我瞬间"满血复活"，至少两年内再无他念。

　　从刘先生的身上，我懂得了员工是应该被爱护和培养的，而不仅仅是拿来用的。他用他的实际行动告诉我，对于绝大多数人来说，正激励永远要比惩罚有效得多。而每当我在课堂上与同行们探讨一个又一个管理案例时，脑海里浮现的总是他曾经给予的一次又一次温暖。用今天的语言来讲，他是一位如假包换的"暖男"。

回首数十年的职场生涯，蓦然发现，初入职场时碰到的那几个人，原来对我的一生都有着如此巨大的影响，我今天的所有言行，早已不自觉地被烙上了他们或有意或无心留下的印记。再往深了想，同样作为管理者，我是如何对待自己的员工的，又将如何影响他的人生？面对一个个初涉职场的员工时，管理者可曾想过自己的一言一行会让他们蜕变，而他们或许会因为管理者的哪句话、哪个行为而改变自己的人生轨迹？

原来管理者能给的，远比管理者自己想到的要多。那么，告诉自己，好好给，从此刻开始。

作为一名职业教育工作者，这些年来的确走了不少地方，讲了不少课，为了避免误人子弟，多年来一直尝试将每一门课的底层逻辑和核心思想用简单的语言表述出来，一是想反复证实这个逻辑是否能够一直说服自己以及经得起推敲，二是想让学员确切了解课程想要传递的准确信息，同时便于记忆。

于是，在讲职场礼仪的时候，我会让同学们记住一句话："绿叶对红花的情意。"这句话有两层含义，第一层意思是，要把对方当做是红花，而自己则是为红花做衬托的绿叶，因此真正的礼仪就是把最美的舞台或者形象留给对方，让对方觉得舒服。举例来说，之所以服务业的员工不能染时尚头发，不能穿性感服装，不能戴夸张首饰，甚至连鞋袜都被硬性要求只能穿深色，原因就是在服务场所，宾客才是最闪亮的群体，因此最漂亮的服装，最时髦的装扮应该留给宾客，因为他们是红花，而员工则是不能比红花美的绿叶。第二层意思是，尽管员工是绿叶，但应该是能够衬托得起红花的绿叶，是整洁卫生、光亮可鉴的绿叶，所以我们需要整洁大方、端庄典雅却不能夸张妖娆——每次当我这么形容礼仪的本质，同学们都恍然大悟地说，原来礼仪这么简单啊，明白了这个道理，就算没有系统学习过礼仪知识，行为上也大致不会出错了。

在讲 TTT（Training the Trainer to Train，培训培训师）的课程时，我会跟同学们说，想成为一名优秀的培训师，请务必要分清"演讲者"和"培训师"的区别，因为前者的关注点在自己，而后者的关注点在学员；演讲者想要的是展示自我的魅力和表现，而培训师却应该关注学员是否通过学习真正掌握培训内容。所以记住"WIFE（What is for me）"这句话对老师来讲就显得尤为重要：这节课的目的和意义是什么？学员学完能收获什么？这些东西对学员的当下或未来有什么帮助？每每我讲到这里，台下这些未来的培训师们都会不由自主地感慨道，哦，原来一名优秀的培训师不是自己会讲什么就讲什么，而必须是对方需要什么才讲什么……

在讲沟通技巧课程的时候，我会让大家记住一个非常简单但饱含哲理的沟通原则："沟通不在于你说了什么，而在于对方理解了什么。"一件事情无论您说了多久，说了几遍，衡量是否沟通成功的唯一标准就是，对方是否真正理解了您的意思——所以，如果您的员工犯错，您的第一反应不该是"为什么我讲了那么多遍他还是记不住"，而应该是"我该怎么说才能让他们能真正记住"。然后你就会发现，比语言本身更重要的是表达方式和沟通时的态度！

讲激励课程的时候，我会告诉学员，激励的本质就是"满足需要"，管理中的激励就是通过满足员工的需要，让人们坚持不懈地为了某个目标而高质量地努力工作。也正因为如此，管理者需要满足员工的一些共性需求，例如薪资和福利，也要满足一些个性需求，例如为想读书的员工提供宽松的休假制度，给喜欢某个二次元人物的员工送一个她喜欢的周边，给喜欢特立独行但有很多创新点子的员工提供一个独立完成项目的机会，等等。

等等，等等，等等！

说到这里，您有没有像我一样，突然电火石光地发现了一个惊天秘密？

想有职场礼仪，就得将对方置于更尊贵的位置，让别人怎么舒服和便利怎么来，而在这个让别人舒服的过程中，自己也获得了形象上的美好和进步。

想当优秀老师，就得满心满眼都是学员而不是自己，时时提醒自己"我教的东西能帮到对方什么？""我怎么讲才能让学生更好理解和学会？"相信我，只要这么做，您的学员一定会爱上你，而您也会收获满满的幸福与喜悦。

想做有效沟通，就得先考虑对方想听什么，能听懂什么，然后从对方关注的话题着手，用对方能听懂也愿意听的表达方式去交流，并且把对方有没有接受到准确信息当做是自己的责任而不是对方，试试看，结果会让你大吃一惊。

想要真正激励，你得先了解对方的家庭和背景，关注他的兴趣和喜好，探索对方的真正需要，明确他内心深处最柔软的地方，信息越准确细致，激励的效果越突出，否则很可能把"喜出望外"变成"不痛不痒"甚至"嗤之以鼻"。

所以，以上这些发现和结论，您觉得面熟吗？明明说的是不同的事情，但听起来怎么觉得似曾相识？它们的背后是不是有一个共同的密码？

而这个密码，是否就是"同理心"？而这，是否恰恰也是服务的真谛？

还记得我们在本书的各个角落都有所提及的对服务的理解吗？

所谓服务，说白了就是"设身处地"，尤其是在直接面对处理宾客意见的场景下，只要你能站在对方的视角处理问题，在大多数情况下，能够化干戈为玉帛。记得曾经给学员们总结了两个很简单但是经过千锤百炼的句子，第一句是"特别理解您的感受"，第二句是"如果我是您，我也会和您一样……"，这两个句子很神奇，几乎所有使用过它的人们后来给我的反馈都是"老师，我用了您的神句，宾客真的就不生气了""老师，我这么一说，宾客非常非常的开心"……

当我第一次发现这个秘密的时候，满心满眼都是幸福的喜悦。

有了服务意识，您会把自己收拾得整齐漂亮又不突兀，既让对方身处高位却不失舒适，又让自己端庄典雅而不卑不亢，于是可以：愉悦他人，美好自己。

有了服务意识，您会更加关注他人的感受，无论是语言本身还是表达方式，都会把"让别人觉得舒服"作为沟通目标，于是可以：理解他人，幸福自己；

有了服务意识，您会把别人的需求放在首位，当您把"他能获得什么"和"他有什么成长"一直放在心头，自然就能：服务他人，成就自己。

原来，服务的真谛是"同理心"，而拥有"同理心"不仅能帮我们做好酒店服务，还能帮我们解决一切与人相处的问题；

原来，拥有服务意识，不仅对我们当下的工作大有裨益，它竟然更是帮助我们实现美好人生的终极密码！

原来，这才是服务背后的秘密。

突然就想起前段时间看过的一篇文章，文章里说大凡成功的人一般都会具有三个特点，一是合作，而是给予，三是共情。

我很喜欢这个说法，你呢？

赵箫敏

2019 年 12 月 1 日

ICS 35.240.99

L67

团 体 标 准

T/ISC-1-2020

酒店在线服务质量评价与等级划分

The Rating and Evaluation of Online Service Quality for Hotels

（报批稿）

××××-××-×× 发布　　　　　××××-××-×× 实施

中国互联网协会发布

本标准的主要内容包括酒店在线服务质量评价与等级划分团体标准的适用范围、规范性引用文件、术语和定义、服务体系、评价内容、评价指标、评价方法、等级划分以及酒店在线服务质量评分表。

本标准按照 GB/T 1.1–2009 给出的规则起草。

请注意本文件的某些内容可能涉及专利。本文件的发布机构不承担识别这些专利的责任。

本标准由中国互联网协会标准工作委员会提出并归口。

本标准起草单位：北京三快在线科技有限公司、上海商学院酒店管理学院、华东师范大学旅游规划与发展研究中心、上海锐澄企业管理有限公司、上海市金澄律师事务所。

本标准起草人：郭庆、符全胜、刘巍嵩、林一丁、张俊彪、向小娟、史月阳、张腾、姜鹏、赵翠、林茜茜、刘丹。

酒店在线服务质量评价与等级划分

一、范围

本标准提出了酒店在线服务体系，规定了酒店在线服务质量的评价内容、评价指标、评价方法和等级划分等内容。

本标准适用于行业市场内的酒店电子商务平台及其在线酒店。

二、规范性引用文件

下列文件对于本文件的应用是必不可少的。凡是注日期的引用文件，仅注日期的版本适用于本文件。凡是不注日期的引用文件，其最新版本（包括所有的修改单）适用于本文件。

GB/T 14308　旅游饭店星级的划分与评定

GB/T 22239　信息安全技术 网络安全等级保护基本要求

GB/T 31526　电子商务平台服务质量评价与等级划分

GB/T 35273　信息安全技术 个人信息安全规范

三、术语和定义

下列术语和定义适用于本文件。

1. 电子商务平台（Electronic ecommerce platform）

在电子商务活动中为交易双方或多方提供交易撮合及相关服务的信息网络系统总和。

[GB/T 31526–2015，定义 3.2]

2. 在线酒店（Online hotel）

指通过与酒店电子商务平台建立合作关系，为消费者提供在线服务的酒店。

3. 在线服务（Online services）

是指酒店利用互联网技术，通过电子商务平台向消费者提供酒店预订、服务评价等服务。

4. 消费者（Consumer）

指利用酒店电子商务平台购买产品与服务的组织或个人。

5. 在线服务质量（Online service quality）

指在线酒店所提供的在线服务能够满足消费者需求的程度。

6. 拒单率（Rejection rate of reservation）

指当在线酒店管理后台获取到消费者所下订单后，无正当理由将订单取消，拒绝接受消费者的预订申请，此类拒单数量占总预订量的比率。

7. 合理拒单（Reasonable Rejection）

指在线酒店有正当理由，合理拒绝消费者的预订申请。

8. 差评维护率（Poor reviewmaintenance rate）

指在线酒店客服人员所完成的，针对消费者差评所进行的沟通、回应并处理消费者诉求等工作的案件数量占总差评数量的比率。

9. 在线预订率（Online reservation rate）

指在一定时期内，酒店通过在线预订的房间数量占总的可出租房间数量的比率。

10. 到店无房（Over booking）

指酒店确认了消费者预订房间的订单后，未给消费者保留该订单相应房间，导致消费者到达酒店后无法按订单约定得到酒店入住服务的行为。

四、服务体系

酒店在线服务体系构成评价的主要内容，服务体系见图1。在线服务体系包括服务提供、规章制度和消费者评价。具体内容如下：

服务提供是为保证交易双方的交易过程顺利进行，在线酒店为交易双方的在线交易过程所提供的服务。在线服务的核心内容包括基础信息、服务能力、经营能力、诚信经营和信息安全。

规章制度是为交易双方的安全可信交易提供各种保障，主要包括在线服务规章与流程，以及投诉处理制度。

消费者评价是消费者对酒店电子商务平台在线酒店服务质量的满意程度，主要以消费者综合评分形式体现。

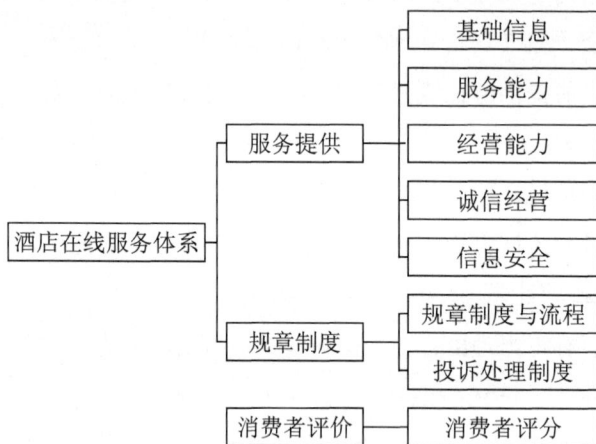

图 1 酒店在线服务体系图

五、评价内容

1. 基础信息

本项评价内容包括但不限于：

应具备酒店经营资质，包括但不限于固定营业场所和营业执照。

应为已离店消费者开具规范的发票。须通过其他途径开具发票的，酒店应明确告知。

描述信息应完整，内容包括但不限于酒店名称、类型、地理位置、房型及价格、预订取消和变更方式、注意事项和风险警示、支付形式、发票提供等。

描述信息应保证真实性，与实际一致，包括但不限于：酒店名称应与实际门店一致；酒店简介应如实描述，无虚假宣传和虚假表述；图片或视频应真实，应与实际一致；地址和联系电话应准确和真实；房型与实际情况应相符；设施应符合实际。

描述信息应规范，内容包括但不限于：酒店星级描述规范，符合 GB/T14308 的要求；酒店中英文名称和商标符合市场监管部门的相关法规要求。信息更新应及时，包括但不限于：酒店装修、价格、可预订房间、设施等信息更新。

2. 服务能力

本项评价内容包括但不限于：

在线酒店对平台上消费者订单应及时予以确认；

除有正当理由的合理拒单外，应避免出现拒单现象。正当理由包括但不限于消费者有恶意投诉历史、消费者在政府相关机构公布的失信人名单中、现有法规不允许接受预订的情况等；

应对差评予以维护。

3. 经营能力

本项评价内容包括但不限于：

应具备接受在线预订的能力；

应具备为在线预订保留房间的预留能力。

4. 诚信经营

本项评价内容包括但不限于：

无提供虚假信息行为；

到店无房次数；

无虚假交易发生；

无虚假评价；

无违反法律法规及平台规则的行为。

5. 信息安全

本项评价内容包括但不限于：

应有专人负责信息安全工作。

信息安全应符合 GB/T 22239 及 GB/T 35273 的相关要求，确保酒店内网络安全，包括：WIFI 的安全性，不发生安全事故；网络服务应无不良内容传播；

支付环境安全，不发生支付安全事故。

应采取必要的技术措施和管理措施，确保消费者个人隐私和个人信息安全，全年无个人信息安全事故发生。

6.规章制度

本项评价内容包括但不限于：

应制定在线服务的规章制度、操作流程以及相应的标准。

应制定投诉处理制度。

7.消费者评价

消费者评价内容主要为消费者对酒店的综合评分。

六、评价指标

酒店在线服务质量评价的一级指标和二级指标如表1所示。

表1　酒店在线服务质量评价指标

序号	一级指标	二级指标	评分标准
1	基础信息	酒店资质	具备酒店经营资质，包括但不限于固定营业场所和营业执照
		酒店发票	遵守相关法律法规、平台规则的规定
		描述信息	平台公布信息完整
			信息描述真实
			信息描述规范
			信息更新及时
2	服务能力	订单确认率	订单确认率数值
		拒单率	订单拒单率数值
		差评维护率	差评维护率数值
3	经营能力	在线预订率	在线预订率数值
		预留房消费间夜占比	预留房消费间夜占比数值
4	诚信经营	虚假信息	无虚假信息
		到店无房次数	到店无房次数
		虚假交易	无虚假交易
		虚假评价	无虚假评价
		其他违规行为	无违规行为

续表

序号	一级指标	二级指标	评分标准
5	信息安全	信息管理	有专人负责
		网络安全	确保WIFI的安全性，未发生安全事故
			网络服务无不良内容传播
			支付环境安全，未发生支付安全事故
		技术措施和管理措施	无个人信息安全事故
6	规章制度	在线服务规章制度	是否制定了在线服务规章制度和操作流程
		投诉处理制度	是否制定了投诉处理制度
7	消费者评价	消费者评分	消费者综合评分数值

七、评价方法

1. 方法

采用评价要素打分的方法，对具体评价要素的内容逐项进行评分。评价方式主要有文件审查、平台数据和消费者反馈三种。根据评分的总分数，进行等级划分。

2. 分值

评定得分设值详见表2。

表2 酒店在线服务质量评定得分设值

评定指标	分值（分）
基础信息	100
服务能力	200
经营能力	150
诚信经营	150
信息安全	100
规章制度	100
消费者评价	200
总分	1000

八、等级划分

在线酒店等级从高到低分为三个级别，即三级、二级、一级。在评定等级时，根据评定所获分值得分，对应相应等级。700分以下不评定等级，700分以上（含700分）的等级与分值得分的对应关系见表3。

表3　等级划分

等级	分值（分）
三级	900～1000
二级	800～899
一级	700～799

九、酒店在线服务质量评分表

表4给出了酒店在线服务质量的评分表。

表4　酒店在线服务质量评分表

序号	项目	分值（分）			得分
一、基础信息（100）					
		各大项分值	各分项分值	计分	
1	酒店资质	20			
	提供酒店经营资质		20		
2	酒店发票	20			
	遵守相关法律法规、平台规则的规定		20		
3	描述信息	60			
	平台公布信息完整		15		
	信息描述真实		15		
	信息描述规范		15		
	信息更新及时		15		
二、服务能力（200）					
		各大项分值	各分项分值	计分	
1	消费者订单确认率	80			
	消费者订单确认率100%		80		
	消费者订单确认率小于100%，大于等于80%		60		
	消费者订单确认率小于80%		30		
2	消费者订单拒单率	60			
	消费者订单拒单率为0		60		
	消费者订单拒单率大于0，小于等于2.5%		40		

续表

序号	项目	分值（分）			得分
	消费者订单拒单率大于2.5%			20	
3	差评维护率	60			
	差评维护率大于等于99%			60	
	差评维护率小于99%，大于等于80%			40	
	差评维护率小于80%			20	
	三、经营能力（150）				
		各大项分值	各分项分值	计分	
1	在线预订率	70			
	在线预订率大于等于60%			70	
	在线预订率小于60%，大于等于20%			50	
	在线预订率小于20%			30	
2	预留房消费间夜占比	80			
	预留房消费间夜占比大于等于40%			80	
	预留房消费间夜占比小于40%，大于等于18%			60	
	预留房消费间夜占比小于18%			40	
	四、诚信经营（150）				
		各大项分值	各分项分值	计分	
1	无虚假信息	30			
2	到店无房次数	30			
	到店无房累计总和小于等于1次			30	
	到店无房累计总和大于1次，小于等于3次			20	
	到店无房累计总和大于3次			0	
3	无虚假交易	30			
4	无虚假评价	30			
5	无违规行为	30			
	五、信息安全（100）				
		各大项分值	各分项分值	计分	
1	有专人负责	30			
2	网络安全	30			
	确保WIFI的安全性，未发生安全事故		10		
	网络服务无不良内容传播		10		
	支付环境安全，未发生支付安全事故		10		

序号	项目	分值（分）			得分
3	无个人信息安全事故发生	40			
	六、规章制度（100）				
		各大项分值	各分项分值	计分	
1	有在线服务规章制度	50			
2	有投诉处理制度	50			
	七、消费者评价（200）				
		各大项总分	各分项总分	计分	
1	消费者评分	200			
	大于等于4.9			200	
	小于4.9，大于等于4.8			180	
	小于4.8，大于等于4.7			120	

注：消费者评价的评分按满分5分打分，非5分制的评分需换算成5分制的分数。